U0610304

国家社科基金项目资助(项目批准号：12AGL005)

中国地方政府
债务形成机制与风险管控研究

ZHONGGUO DIFANGZHENGFU
ZHAIWU XINGCHENG JIZHI YU FENGXIAN GUANKONG YANJIU

孙玉栋　孟凡达◎ 著

中国财经出版传媒集团

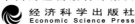

经济科学出版社
Economic Science Press

图书在版编目（CIP）数据

中国地方政府债务形成机制与风险管控研究/孙玉栋，
孟凡达著 . —北京：经济科学出版社，2019.5
ISBN 978 - 7 - 5218 - 0464 - 5

Ⅰ . ①中… Ⅱ . ①孙…②孟… Ⅲ . ①地方财政 - 债务 -
形成机制 - 研究 - 中国②地方财政 - 债务管理 - 风险管理 -
研究 - 中国 Ⅳ . ①F812.7

中国版本图书馆 CIP 数据核字（2019）第 072497 号

责任编辑：周国强
责任校对：王苗苗
责任印制：邱　天

中国地方政府债务形成机制与风险管控研究
孙玉栋　孟凡达　著
经济科学出版社出版、发行　新华书店经销
社址：北京市海淀区阜成路甲 28 号　邮编：100142
总编部电话：010 - 88191217　发行部电话：010 - 88191522
网址：www. esp. com. cn
电子邮件：esp@ esp. com. cn
天猫网店：经济科学出版社旗舰店
网址：http://jjkxcbs. tmall. com
固安华明印业有限公司印装
710 × 1000　16 开　17.25 印张　300000 字
2019 年 5 月第 1 版　2019 年 5 月第 1 次印刷
ISBN 978 - 7 - 5218 - 0464 - 5　定价：86.00 元
（图书出现印装问题，本社负责调换。电话：010 - 88191510）
（版权所有　侵权必究　打击盗版　举报热线：010 - 88191661
QQ：2242791300　营销中心电话：010 - 88191537
电子邮箱：dbts@ esp. com. cn）

前　　言

> 重大危机发生之前的种种端倪，其实都是一次次绝佳的机遇。
>
> ——米歇尔·渥克《灰犀牛》

地方政府债务是关系国计民生的重要问题，从承债主体角度，涉及政府的平稳运作与职能有效发挥，从资金投向角度，往往涉及地方基础设施建设的推进与民生的改善。"四万亿"刺激政策释放的信贷洪流支撑了政府主导下的"大基建"热潮，但飞瀑之下，必有深潭，由于当时地方政府并无举债权，融资平台大行其道，隐性债务激增，致使地方政府债务池深浅难测。中共十八大以来，中央针对地方政府债务风险化解出台了一系列举措，修改《中华人民共和国预算法》赋予地方政府举债权，发行置换债平滑偿债压力，推动 PPP 项目分担债务压力，取得了一定的治理效果，但地方债务风险管控的笼子还未扎牢，深层次体制改革依然有待深化。当前"三大攻坚战"中防范化解重大风险攻坚战居于首位，地方政府债务风险作为其中的主要内容之一，仍然是我们研究关注的重难点。

地方政府债务问题妥善处置要克服三大难点。地方有决断之难，中央有管控之难，而化解地方政府债务风险的根本之策，还要面对改革之难。

决断之难，难在平衡与取舍，要在代际间的时间维度、区域间的空间维度进行权衡。短时期的高杠杆可能带来地方基建的快速改善，但风险化解的压力也可能成为制约后人手脚的束缚；部分地方政府举债融资的行为及效果，益则引发其他地方的效仿跟进，损则促发寒蝉效应令人畏缩不前，而损益之变数，不仅取决于地方施政者的智慧，也操之于中央政府的态度与决断。

管控之难，难不仅在制度架构的设计，更难在利益掣肘下的执行落实。新《预算法》修订打开了地方政府公开举债的前门，但并没有堵实举债融资

i

的后门，地方政府的债务除了债市公开发行的一般债、专项债，还有部分 PPP 项目、产业投资基金不规范运作形成的隐性债务，地方政府债务池的深浅仍未探明。地方政府债务风险管控，不仅以地方政府账面收支安全为目标，更主要在于通过更加透明的信息披露、更为完善的管控机制，形成良好的市场预期与社会信心。地方政府债务管控机制建设，依然任重而道远。

改革之难，难在该问题的根源要追溯到财税体制改革这一宏大主题。地方政府债务问题背后，是中央与地方关于财权、事权划分匹配程度的长期矛盾，地方政府在发展意愿的驱动下，争取更多的财力用于基建投资开发。改革开放以来，从 20 世纪 80 年代的"藏税于企""藏税于民"，到 90 年代分税制改革后的乱收费现象，到 21 世纪前十年大兴的土地财政，再到现阶段突出的地方政府债务风险，问题的根源均指向地方政府财权与事权的匹配问题。特别是"营改增"全面扩围以来，地方税体系主体税种缺失，原有分税制为特征的财税体制如何改革，诸多问题尚在变数，亟待政界、学界、业界凝聚智慧，合力推进改革。

"我们唯一感到恐惧的就是恐惧本身"，这句大萧条时期的名言同样适用于在地方政府债务风险面前怀有鸵鸟心态的局中人。"灰犀牛"的脚步仍未停止，我们也有阻击的武器与弹药，如何将其赶入制度的笼子，需要改革的魄力与智慧。

自 2012 年国家社科基金重点项目"中国地方政府债务形成机制与风险控制研究"中标以来，随着研究的深入，我们愈发感到地方政府债务牵涉问题之复杂，深感事功推进的艰难，深感改革深化的迫切。在对问题的条分缕析中，我们常存惴惴之心，以求在有限资料中尽可能了解地方政府债务的现实情况与改革逻辑。本书是课题组在长期跟踪地方政府债务进展下取得的成果，我们亦有殷殷之盼，期望方家见教，相互补益，推动地方政府债务风险管控的长效机制建设。

目 录
CONTENTS

| 第 1 章 |

绪　　论

本章作为开篇，意在回答：为何要研究地方政府债务形成机制与风险管控这一选题。围绕该问题，本章将从选题背景入手，指出当前经济社会背景下地方政府债务风险问题的重要性，以及该问题的历史发展与现状，进而阐述该选题所具有的研究意义。在本章的后续部分，将介绍本书的总体思路、架构及研究方法、可能的创新等问题。

1.1　研究背景与意义

1.1.1　研究背景

选题背景从宏观经济社会环境与财税体制背景两个角度切入，旨在阐明地方政府债务风险管控改革的必要性以及改革对宏观经济以及财税体制建设所具有的重要意义。

1. 地方政府债务管理改革面临的经济社会环境

当前我国地方债务风险管理面临的宏观经济环境为：从国际环境看，世界金融危机后全球供求格局发生变化，总需求低迷和产能过剩并存；从国内环境看，我国进入"三期叠加"阶段，即增速换挡期、结构调整阵痛期、前期刺激政策消化期。具体表现如下：

一是经济增速平稳回落，经济下行压力大。经济新常态下经济增速放缓，有关 GDP 增速目标的舆情引导从 7.3% 以上逐渐滑落到 6.5% 左右的中高速水平。但经济结构调整稳步推进，就业形势、居民收入等方面较为平稳，经济金融风险总体可控。产业结构、需求结构以及城乡收入分配结构方面的调整总体看较为乐观，经济结构由工业主导向服务业主导转型的趋势更明显，扩大内需工作不断推进，城乡居民收入差距缩小。但我国依然面临着较大的经济下行压力，总体看，总需求低迷和产能过剩并存是经济面临的基本环境。具体来看，导致当前经济下行的很多固有矛盾还未解决，当前经济的稳定运行依然主要靠投资拉动，固定资产投资中投资主体结构失衡，政府投资占比较大，民营资本投资下降，政府的财政扩张加剧了地方政府财政收支矛盾，地方政府性债务风险突出，此外，产能过剩、银行不良贷款、房地产泡沫、非法集资等风险点不断增多。对于目前经济困难的定位，权威人士认为我国经济面临的主要矛盾是结构性而不是周期性，解决经济运行中的供给侧、结构性、体制性问题刻不容缓，转型期中相关改革必然带来短期的经济阵痛，但从长周期看，我国经济发展基本面良好，居民储蓄率高，宏观经济政策空间大，经济韧性大，制度优越性明显。经济的回落将导致财政收入增速下降，也加剧了地方政府债务的偿付压力，地方政府举债面临更为严峻的经济环境。

二是经济运行走势分化，区域间产业结构调整步调不一致。具体表现在东部地区与中西部地区、东北地区的经济发展差距拉大，长三角、珠三角等主动适应新常态、注重需求分析、追求创新和质量效益的地区，经济增长的稳定性加强，而传统能源资源大省、前些年主要靠投资拉动增长的地区、计划经济特征明显的地区，依然要承受经济转型期的短期阵痛。区域经济的分化最终将带动区域财政收入的变化，将加剧地区间财政不平衡。区域分化为地方政府债务管理带来挑战，各省地方政府举债面临不同的外部经济环境，债务偿付的收支压力也不相同。

三是针对当前宏观经济现状，强调推进供给侧结构性改革。供给侧结构性改革是本轮深化改革中经济领域改革治理的总体思路，供给侧与结构性大致概括了本轮改革的着力点与改革内容。由于长期以来政府对经济的过度干预，市场在资源配置中并未起到决定性作用，政府主导的以投资为主要拉动力的经济发展思路在我国工业化建设过程中一度取得了令人瞩目的成绩，但随着劳动力、土地、环境等成本提高，要素禀赋条件变化，传统经济发展模式已不可持续，我国经济下行压力加大，实体经济恶化，而强刺激政策下的高投资对经济的拉动不具有可持续性，还造成了部分产业产能过剩等诸多问题，政府惯常对经济的干预手段收效已大不如前，亟待尊重市场在资源配置中的决定性地位。供给侧结构性改革，关键要控制住供给侧政府"有形的手"，在该收缩的领域要收回来，通过供给侧的改革实现结构的优化。改革确定了五项重点任务，即去产能、去库存、去杠杆、降成本、补短板。其中，地方政府债务管理与去杠杆任务直接相关，而债务形成过程中，债务资金投放也是造成当前去产能、去库存压力的重要原因。具体表现在：去杠杆方面，地方政府性债务高企，政府杠杆率较高的同时，宏观经济面临着以国企为代表的高水平社会杠杆率，地方政府债务风险评价将涉及政府杠杆率合理性的判断，进而影响接下来的政府融资规模决策；去产能方面，前期强刺激经济政策导致地方政府债务激增，债务资金主要投向铁路、公路、机场等基础设施建设，导致钢铁、水泥等行业产能过剩进一步加剧；去库存方面，除了产能过剩行业积压的工业存货外，地方政府大规模的造城运动导致基建城镇化与人口城镇化脱节，带来大量房地产库存。上述重点任务或直接或间接与地方政府债务管理形成不同程度的关系。

2. 地方政府债务管理改革面临的财税体制背景

探讨地方政府债务问题，必须基于我国现行的财税体制总体框架展开分析，而现行框架的基础奠定可以上溯到 1994 年的分税制改革。回顾改革开放后财税体制的演变（见表 1 - 1、表 1 - 2），我国经历了由财政分权向集权的趋势，而现阶段的财税体制改革又有加大地方自主财力的倾向。通过对财税体制背景的分析，将为本书地方政府债务风险管控分析奠定制度的基调，加深对地方政府债务管理改革意义的理解。

表 1 -1　　　　　　分税制改革前财政体制变迁（1980 ~1988 年）

	年份	财政体制	具体内容
1980 ~ 1988 年"分灶吃饭"财政体制改革	1980	"划分收支、分级"财政体制	四川、陕西、甘肃、河南、湖北、湖南、安徽、江西、山东、山西、河北、辽宁、黑龙江、吉林、浙江等省，实行"划分收支、分级包干"的办法
			对广东、福建两省实行"划分收支，定额上缴或定额补助"的特殊照顾办法
			内蒙古、新疆、西藏、宁夏、广西 5 个自治区和云南、青海、贵州少数民族比较多的 3 个省，实行民族自治地方财政体制，保留原来对民族自治地区的特殊照顾
			江苏继续试行固定比例包干办法

年份	财政体制	具体内容
1980～1988年"分灶吃饭"财政体制改革	1985	"划分税种，核定收支，分级包干"的财政管理体制	从1985年起，各省、自治区、直辖市一律实行"划分税种、核定收支、分级包干"的新的预算管理体制： (1) 基本上按照利改税第二步改革以后的税种设置，划分各级财政收入 (2) 仍按隶属关系，划分各级财政支出 (3) 区分不同情况实行上解、分成、补助。各省、自治区、直辖市，按上述规定划分财政收支范围后，凡地方固定收入大于地方支出的，定额上解中央；地方固定收入小于地方支出的，从中央、地方共享收入中确定一个分成比例留给地方；地方固定收入和中央、地方共享收入全部留给地方，还不足以抵拨其支出的，由中央定额补助。收入的分成比例和上解、补助的数额确定以后，一定五年不变 (4) 广东、福建两省继续实行财政大包干办法 (5) 对民族自治区和视同民族地区待遇的省，按照中央财政核定的定额补助数额，在五年内，继续实行每年递增10%的办法 (6) 经国务院批准实行经济体制改革综合试点的重庆、武汉、沈阳、大连、哈尔滨、西安、广州等城市，在国家计划中单列以后，也实行全国统一的财政管理体制

表1-2　　　　　　　分税制改革前财政体制变迁（1988～1993年）

	形式	内容	实行地区
1988～1993年多种形式的地方财政包干体制	"收入递增包干"办法	以1987年决算收入和地方应得的支出财力为基数，参照各地近几年的收入增长情况，确定地方收入递增率（环比）和留成、上解比例。在递增率以内的收入，按确定的留成、上解比例，实行中央与地方分成；超过递增率的收入，全部留给地方；收入达不到递增率，影响上解中央的部分，由地方用自有财力补足	北京市4%和50%；河北省4.5%和70%；辽宁省（不包括沈阳市和大连市）3.5%和58.25%；沈阳市4%和30.29%；哈尔滨市5%和45%；江苏省5%和41%；浙江省（不包括宁波市）6.5%和61.47%；宁波市5.3%和27.93%；河南省5%和80%；重庆市4%和33.5%
	"总额分成"办法	根据前两年的财政收支情况，核定收支基数，以地方支出占总收入的比重，确定地方的留成和上解中央比例	天津市46.50%；山西省87.55%；安徽省77.50%
	"总额分成加增长分成"办法	在上述"总额分成"办法的基础上，收入比上年增长的部分，另定分成比例，即每年以上年实际收入为基数，基数部分按总额分成比例分成，增长部分除按总额分成比例分成外，另加"增长分成"比例	大连市27.74%和27.26%；青岛市16%和34%；武汉市17%和25%

续表

形式	内容	实行地区
"上解额递增包干"办法	以 1987 年上解中央的收入为基数，每年按一定比例递增上缴	广东省 14.13 亿元和 9%；湖南省 8 亿元和 7%
"定额上解"办法	按原来核定的收支基数，收大于支的部分，确定固定的上解数额	上海市 105 亿元；山东省（不包括青岛市）289 亿元；黑龙江省（不包括哈尔滨市）2.99 亿元
"定额补助"办法	按原来核定的收支基数，支大于收的部分，实行固定数额补助	吉林省、江西省、福建省、陕西省、甘肃省、海南省、内蒙古自治区、广西壮族自治区、贵州省、云南省、西藏自治区、青海省、宁夏回族自治区、新疆维吾尔自治区 湖北省和四川省划出武汉、重庆两市后，由上解省变为补助省，其支出大于收入的差额，分别由两市从其收入中上缴省一部分，作为中央对地方的补助

（表格左侧跨行标题：1988～1993 年多种形式的地方财政包干体制）

中共十一届三中全会后至分税制改革前，我国财政体制具有明显的分权趋势，财政体制改革变动较大，各省财政体制差异性较大，对该时期的分析有助于我们了解财政分权中地方政府获得较大财政自主性时的利弊。分税制改革前中央面临的财政窘境，可以通过财政收入占国民生产总值的比重、中央财政占整体财政收入的比重两个指标反映出来。"两个比重"的低水平，形成中华人民共和国成立以来未曾出现过的"弱中央"状态。该期间财政体制始终处于多变的、不稳定的状态之中。全国的财政体制大体上分为收入递增包干、总额分成、总额分成加增长分成、上解额递增包干、定额上解、定额补助，另外还有五五分成的分税制试点。这种状况，被形象地比喻为"一省一率"的财政体制。频繁的财税体制变革，使地方对中央政策难以形成稳定预期，部分地方政府采取"藏富于企业"的应对措施，减免企业产品税，向中央隐瞒其实际可获取财政收入的能力，然后通过非财政途径的摊派向企业收取费用。制度频繁变更与体制设计的漏洞造成地方政府行为的扭曲，加大了"央地"财税博弈的成本。该时期的财政分权制度造成财政"弱中央"这一特殊的历史情况（见图 1-1），紧张的中央财政制约了中央政府职能的履行，宏观调控能力下降，中央对地方政府的影响力与控制力也受到挑战。

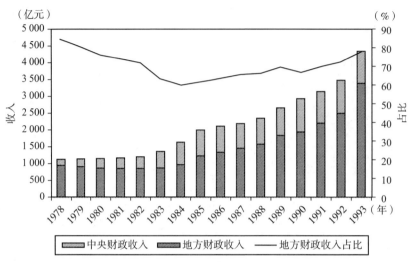

图 1 - 1　分税制改革前中央、地方财政收入及地方财政收入占比情况
资料来源：Wind 数据。

　　1994 年分税制改革，是对中央和地方政府之间税收分配制度及税制结构进行的一次较大规模的调整。1993 年 12 月国务院发布《关于实行分税制财政管理体制的决定》，结束了激励地方财政自主安排的财政包干体制，确立了保障中央政府财政集权的分税制财政管理体制框架。分税制改革对中央与地方财权与事权做了初步划分。就事权划分而言，主要涉及了财政支出的安排，除了本级政府的机构运作中央地方分别承担外，中央政府承担外部性较强的国防、外交等支出，宏观调控支出及跨区域事务的支出，以及中央直接管理的事业发展支出，需要注意的是，中央直管事业由中央政府管理的合宜性有待探讨，相应事业的有序发展是否一定由中央政府管理、是否一定由政府单独管理等问题不在本书讨论范畴，可供未来进一步研究。地方政府承担本地区经济社会发展所需的财政支出责任，但该范围的界定较为宽泛，地方政府为发展本地区经济以及社会事业、提高辖区人民生活水平，在基础设施建设初期，承担着较重的财政支出压力。就财权划分而言，中央政府与地方政府主要就税收进行划分，其中地方政府划分层级到省级政府，省以下未做统一安排。税种根据中央地方划分情况可分为中央税、地方税与央地共享税，增值税（中央 75%，地方 25%）、企业所得税（中央 60%，地方 40%）与个人所得税（中央 60%，地方 40%）等大税种划分为中央拿大头的共享税，地方税以营业税作为主体税种，具体税收安排相关资料较为详尽，不再赘述。为减轻改革阻力，对地方实行税收返还，但该制度设计的返还比例是以上年度返还额为基数，因此税收返还额度占比将逐年减少，目前税收返还额在中央对地方的转移支付收入中仅占很小的一部分。通过该分税制度安排，中央政府在全国财政收入一次分配中占比逐年提升（见图 1 - 2）。根据分税制改革重构后的财权与事权划分，中央财政收入占比提高，但地方财政支出压力较大，作为相关配套改革措施，构建转移支付制度，使之成为平衡中央与地方财政矛盾的主要途径。

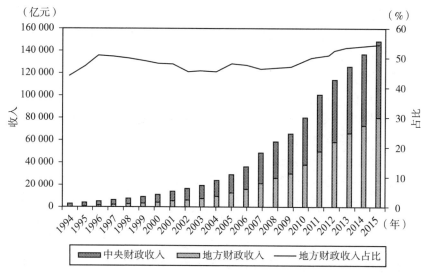

图 1 - 2　分税制改革后中央、地方财政收入及地方财政收入占比情况
资料来源：Wind 数据。

　　分税制改革奠定了我国此后二十余年的财政体制框架，但其加强中央财权的举措也是导致地方政府财政收支矛盾的体制原因。回顾我国财政体制的演变，有助于后文展开地方政府债务管理分析时，把握政府性债务形成的原因，在提出相应对策建议时更为审慎，而非将政府性债务风险的问题直接归责于分税制改革。

1.1.2　研究意义

　　结合本书的研究背景，本书具有如下研究意义：
　　其一，就地方政府债务管理自身而言，开展地方政府债务风险管控研究，是地方政府举债模式转型期的必然要求。2014 年《预算法》修正后省级政府获得举债权，伴随而来的是相应地方政府债务管理体制的一系列制度缺失亟待填补。本书以地方政府债务风险为切入点，围绕如何防控地方政府债务风险设计地方政府债务管理体制，具有鲜明的时效性，有利于丰富地方政府债务管理的理论体系，为地方政府债务管理实践提供政策借鉴。

其二，本书有关地方政府债务风险的研究，有利于加深对我国地方政府债务风险现状的认识。通过对地方政府性债务信用风险与流动性风险的评价，明确当前地方政府债务风险在于债务集中偿付的流动性风险而非政府无力偿债的信用风险，进而为地方政府的后续举债规模与债务期限结构安排的决策提供信息支撑，规范政府举债行为，避免高杠杆可能引发的偿付风险，进而避免可能导致的连锁性金融风险。

其三，建立并完善地方政府债务管理体制，是对以分税制改革为基调的财税体制框架的必要完善补充。分税制改革对中央与地方财政收支权责的划分，导致地方政府可控财力紧张，而转移支付制度存在的不合理之处进一步加剧了地方政府可控财力与发展地方经济所需的大量资金需求的矛盾。地方政府举债是在现行财税体制框架下缓解地方财政收支矛盾，筹集地方政府基础设施建设资金的必要制度补充。

其四，地方政府债务管理体制的完善，对于应对当前宏观经济局势，在转型期维持经济平稳运行具有重要作用。目前我国经济的杠杆率过高，需要注意防范系统性金融风险，而地方政府加强债务管理从宏观经济角度具有两方面重要意义。一方面，地方政府债务高企本身是社会经济运行高杠杆的表现之一，部分地方政府由于前期债务管理不善，也累积了局部债务风险，加强政府债务管理有助于规范政府举债行为，增强该领域的金融风险管控力度；另一方面，我国当前社会经济运行高杠杆问题除了表现在政府债务高企外，更为严重的是企业债务，尤其是国企债务风险。从具体债务情况看，地方政府债务风险主要在于债务偿还期限结构不合理引发的流动性风险，在债务整顿后地方政府还具有进一步举债空间，相较之下企业面临的债务风险问题更为严重。在当前经济转型的阵痛期，总需求低迷的改善是一个较为长期的过程，短期经济稳定仍然需要投资维系，而固定资产投资中政府基建投资是主要组成部分，特别在企业杠杆率过高情况下，地方政府需要承担更大的投资责任。这必然需要地方政府债务管理体制不断完善，以保证政府基建投资的债务融资规范化。

1.2 本书的内容与结构

基于研究背景和意义的分析，本书研究的内容将聚焦于我国地方政府债务风险管控研究，研究框架安排如图1-3所示。

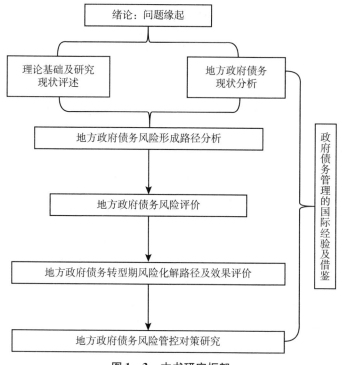

图1-3 本书研究框架

本书结构分为11章，各章节主要内容安排如下。

第1章，绪论。主要解决"为什么"的问题，交代政府化解地方债时面临的经济社会环境以及地方政府债务相关财政体制的历史演进，明晰相关政策的大致脉络。阐述本书的研究目的和研究意义，概述相关研究方法。阐述整体架构安排。

第2章，文献综述与理论回溯，主要解决地方政府债务风险的"理论依据"问题。本章大致从三个角度展开探讨。其一，关于政府债务形成的文献综述，主要涉及国内外政府债务的形成路径及相关影响因素，重点梳理有关国内地方政府债务形成路径的相关文献，从市政债券、城投债、融资平台等角度梳理相关研究成果。其二，关于政府债务风险及管控的文献综述，梳理国内外政府债务风险的相关理论研究成果，总结债务风险管控的理论建议及实践操作。其三，关于政府举债的相关理论依据，主要从经济学视角展开论述，重在阐述财政学科的公债理论发展脉络，并对后续研究提供理论支撑。

第3章，我国地方政府债务历史演进及现状。通过地方政府债务政策历史演进的梳理，厘清地方债务发展脉络。观察我国地方政府债务的现实情况。从债务总量上，本章分析主要依托地方政府债务已公布的审计数据，结合相关经济、财政指标了解全国及分省地方政府债务情况，重点依托2013年6月的审计数据分析地方债务结构情况。本章通过城投债发行情况分析地方政府债务的长期趋势特征。

第4章，我国地方政府债务风险的形成机制分析。本章旨在探讨地方债务形成的渠道以及各举债渠道的风险差异。通过对地方政府债务经济效应分析，明确地方政府发债的经济动机；通过对地方政府发债影响因素的探讨，验证地方政府债务形成机制的路径。对形成机制进行梳理，首先，从财政体制层面入手，从央地财权、事权划分角度分析地方政府举债的体制因素，从政府财政扩张冲动分析地方政府举债的内在动因；其次，从融资环境入手，分析为何既往金融生态能够支持地方政府形成如此巨量债务。

第5章，我国地方政府债券效率评价。以DEA模型为工具，分析地方政府债务融资的绩效问题。根据地方政府债务资金使用效率分析，为地方政府债务规模分析、债务风险分析奠定基础。地方政府债务风险并不局限在偿债信用风险方面，也非局限在债务规模与经济结构宏观风险上，还包括债务资金使用的效率问题，涉及举债融资合宜性方面的判断。

第6章，我国地方政府债务合理规模分析。本章以系统动力学的SD模型为分析工具，通过对债务与经济的系统性关系评价地方政府债务的适度规模区间，对地方政府债务的总体风险概况进行初步评价。

第7章，我国地方政府债务风险的判断及评价。本章旨在研究地方政府债务的金融风险情况，分析地方政府债务信用风险与流动性风险。具体内容安排为：通过2013年审计数据分析各省、自治区、直辖市地方政府债务总量的信用风险；通过各省份城投债发行的面板数据，分析城投债信用风险，观察地方政府债务信用风险变化趋势；此外，还对地方政府债务流动性风险展开分析，从多维风险角度观察地方政府债务风险特征。

第8章，我国地方政府债务风险化解途径的效果分析。本章旨在梳理2014年启动的地方政府债务风险化解的政策思路，主要通过发行地方政府置换债券、PPP 项目推广等渠道，化解地方政府债务风险。具体表现在：通过发行置换债，降低融资成本，配置偿债期限，将地方政府债务偿付压力后置并分散化；通过 PPP 项目推广，包括默认利用伪 PPP 项目，同时做实融资平台，化解地方政府存量债务。结合具体案例，分析伪 PPP 项目化解存量债务可能导致的后续风险。

第 9 章，地方政府债务风险管控的国际经验与教训。本章旨在解决外源性经验梳理。通过对美国、日本、英国等发达国家及波兰（转轨国家代表）对政府债务的管控措施，总结可供我国借鉴的政府债务化解的可行性措施及中长期的制度设计。并通过回顾欧洲主权债务危机，吸取政府过度举债的教训。

第 10 章，我国地方政府债务风险管控的对策研究。本章旨在前文分析的基础上，对地方政府债务风险管控的体制机制建设提出相应建议。以地方政府债务的预算管理改革为核心，构建地方政府债务风险管控机制，完善地方政府债券发行与偿付管理制度。此外，通过规范 PPP 项目，做实融资平台，缓解地方政府财政压力。从宏观角度分析，地方政府债务管理还需要完善中央与地方财政收支权责划分，完善地方税系，培育地方主体税种。

第 11 章，结语。对本书的主要结论进行概括总结，并提出进一步的研究方向。

1.3　本书研究方法

研究方法包括实地调研法、数据归纳法、文献研究法等基础研究方法。本书利用 CGE 模型模拟地方政府财政扩张对经济的拉动作用。本书利用 DEA 模型尝试探讨地方政府举债效率问题。本书利用系统动力学 SD 模型进行地方政府债务适度规模的判断。本书将利用 KMV 模型等金融风险分析工具，建立地方债券的风险分析模型。结合公共管理的研究范式，对地方政府债务管理制度及政策工具体系进行规范性研究。具体来看，本书研究方法的使用做到了以下几方面的结合。

一是文献研究与实地调研相结合。本书广泛查阅国内外现有关于政府债务管理、地方债务管理、债务风险评价、政府筹资及资金投向管理等方面的文献资料，整理相关理论脉络，归纳、整合、评述当前相关领域的研究进展，并以理论基础为指导，开展相关问题的实践调研。为研究 PPP 项目的运作市场环境，走访了重庆、深圳水务集团，结合两地市政服务实践分析政府依靠财政资金提供市政服务的必要性；为了解地方政府向银行融资的信贷环境，以三线城市某国有商业银行为例，调研了该银行相关政府性债务的信贷投放及回收情况；为了解 PPP 项目在存量债务化解中的效果，调研了某县级政府的供水 PPP 项目。

二是定性分析与定量分析相结合。本书在地方政府债务风险形成机制、地方政府债务风险化解途径以及地方政府债务管理体制建设等方面，依托文献资料、调研资料进行定性分析，同时辅以定量支撑，以现实数据分析我国地方政府债务的分省风险分布情况。以 2012 年为基期利用 CGE 模型分析地方政府举债对经济的拉动作用，以 SD 模型分析地方政府债务适度规模，以修正后的 KMV 模型分析地方政府债务的信用风险与流动性风险等。通过定量分析的研究结论，支撑了定性研究结论。

三是现状分析与比较分析相结合。在地方政府债务风险管理分析时，在对地方政府性债务形成的体制机制分析及现行地方政府债务整顿措施分析的基础上，借鉴国际经验，分析美国、日本、英国及波兰等国地方政府债务管理情况，并结合我国国情，提出了我国地方政府债务风险管控机制构建的相应对策建议。

1.4　本书可能的创新点

本书在前人研究的基础上，可能存在以下创新点。

一是利用 KMV 模型分析地方政府债务的信用风险与流动性风险。KMV 模型关于地方债务风险分析，前人虽然已经涉及，但首先是文献较少，数据质量较差；其次是方法使用均存在一个关键问题，即使用全部财政收入作为偿债资源而忽视了地方政府资产可抵债问题。由于上述原因，原 KMV 模型关于地方政府债务风险评价结果的可靠程度还有待进一步完善。本书对 KMV 模型的修正，考虑了地方政府偿债的实践情况，综合考虑地方国有资产、地方可用于偿债的财政收入比例等多方面偿债资源，进而利用修正后的 KMV 模型展开地方政府债务信用风险分析，从方法设计与研究结论上可以丰富当前地方政府债务管理的理论及实证研究。

二是对地方政府存量债务的化解途径进行分析，重点探讨了债务风险化解的政策效果与政策不确定性。目前关于地方政府债务化解途径主要为债务置换与 PPP 项目推广两种主要途径，但对两种债务化解模式的深入分析，结合当前地方政府债务治理实践，理论界相关成果较少。特别是 PPP 项目化解地方政府债务问题，理论界主要围绕 PPP 模式的特征、范畴与适用性进行研究，但对 PPP 项目对地方政府债务化解的实践情况缺乏深入分析跟进。本书利用博弈论模型探讨理论层面 PPP 项目化解地方债务可能存在的风险，并结合某县级供水 PPP 项目进行案例分析，验证理论模型得出的结论，充实了对当前地方政府债务风险化解路径的研究。

三是构建地方政府债务管理体制的框架并提出相应建议。在结合国内制度现状，比照国际经验的基础上，对地方政府债务管理体制构建展开探讨。体制框架的构建并不拘泥于现行地方政府债务管理出台的政策，而是以地方政府债务预算管理为核心，围绕地方政府债务运作全流程，分别从地方政府债务发行管理（主要为债券发行管理）、地方政府债务风险跟踪、地方政府债务偿付机制展开论述，并从宏观角度分析地方政府投资行为中举债融资与项目融资等其他方式的配合，以及从中长期看相应中央地方财税体制的完善。

| 第2章 |

文献综述与理论回溯

2.1 近年研究综述

　　地方政府债务风险并不是一个新问题，学界对其关注由来已久。图 2 - 1 为中国知网以"地方政府债务"为主题词查询的文章数。据图中反映信息可知，1998 年以前学术界虽然开始对地方政府债务展开关注，但该主题关注度并不高。1998 年上海首次通过成立融资平台进行地方政府性债务融资，以此为节点，学术界开始逐渐加强对地方政府性债务的关注。突变发生在 2009 年，为应对世界金融危机，2008 年 12 月国务院推出"四万亿"计划，如此

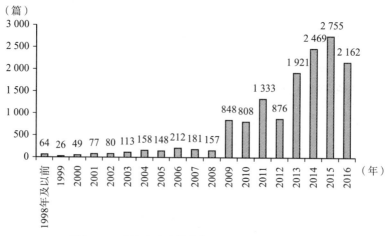

图 2 - 1　"地方政府债务"主题词文章发表情况

资料来源：根据中国知网以"地方政府债务"为主题词查询的文献情况整理。

大规模的刺激政策伴随的是地方政府性债务的激增，关于地方政府债务风险的相关主题学术文章数量呈井喷式增长。

2.1.1　地方政府债务形成机制

关于地方政府债务形成原因，国内外学者从财政体制、经济体制、债务管理机制、府际关系等角度展开研究。钱颖一（1996）、平新乔等（2006）认为分税制改革后的财政体制将财权向中央集中，但地方支出责任不明晰，收支矛盾加剧。刘尚希（2003）认为我国债务风险存在的原因在于财政制度、政府投融资相关制度以及政府权责类制度的改革滞后，不适应经济社会发展的实际需要，规避制度产生的隐性负债风险不断积累形成。潘迎喜、董素（2016）对现阶段地方债的主要成因做了总体概括，认为地区发展对资金的合理需要、晋升考核体系导致的过度投资和财政分权导致的地方财力缺口是三个最主要原因。马海涛、吕强（2004）将债务形成机制总结为经济体制、财政体制、债务管理体制三方面，认为除分税制改革这一财政体制原因外，我国经济体制转轨时期政府职能定位不清、债务管理分散（缺乏直接举债渠道，大量债务分散于职能部门及企事业单位）等都是地方政府债务的形成机理。姜彬（2008）分析了由地方政府提供财政担保成立融资平台公司打包贷款这一举债形式，指出该形式由地方政府和当地的银行金融机构共同设计。梁等（Liang et al.，2017）分析了中国"四万亿"刺激计划之后导致的地方债务问题，指出了基础建设投资的举债大大提高了国有企业杠杆率，却挤出了民营企业的杠杆率。李和梁（Li & Liang，2016）认为中国的"晋升锦标赛"在带来经济发展奇迹的同时，也是地方政府债务的一大内因，并提出在中国的财政分权体制下，将居民满意度作为政绩考核标准改善地方政府的债务风险。李一花等（2017）建立地方债规模增长模型，实证研究了地方财政能力和债务规模的相关关系，发现财政能力显著推动了地方债规模，在东部地区尤为明显。贺俊等（2017）构建内生增长模型从理论和实证两个方面研究了转移支付、支出分权和地方债务三者的关系，得出转移支付正向影响地方债规模，而支出分权与地方债规模呈倒 U 型关系的结论。巴斯蒂达（Bastida，2013）以西班牙为例，分析选举周期对政府举债行为的影响，对于分析地方政府官员举债决策具有借鉴价值。阿萨特里安（Asatryan，2016）分析德国发现，制度民主化程度对地方政府债务规模有正向影响。黄（Huang，2015）分析发现地方政府财政缺口与债务规模扩张呈负向关系，指出应反思将地方政府财政资金不足作为债务扩张主要原因的判断。福克和基利安（Faulk & Killian，2017）分析了美国西北区各州地方政府债务水平和地方特区数量的相关性，指出地方特区存在一种潜在路径刺激地方政府举债。

关于府际关系因素在债务形成中扮演的角色，辛格和普列汉诺夫（Singh & Plekhanov，2005）认为地方竞争导致政府具有举债冲动，周雪光（2005）、周黎安（2007）分别从"逆向软约束""晋升锦标赛"等角度分析了中国地方政府的举债动机。巴斯卡兰（Baskaran，2010）探讨财政分权对政府债务的影响，认为政府支出权力下放能持续减少公共债务和财政赤字，而政府收入权力的下放对其没有直接影响。类似的，李晓红（2016）也发现财政分权和地方政府竞争与我国省级行政区的地方债规模存在显著的正相关，且分权程度越高、地方政府竞争越激烈将同时增加地方政府发债成本。

此外，除了在理论机制上进行分析，随着计量经济学等工具的广泛利用，学者尝试从多种因素探讨地方政府债务风险。如尹恒、叶海云（2006）认为政府稳定性指标、社会平均预期寿命、通货膨胀率、实际利率等诸多因素对政府债务规模具有正向影响，该研究对于我们在债务形成分析时选取变量提供了依据。成涛林、孙文基（2015）将城镇化率作为参考变量纳入对地方政府债务的影响分析中。刁伟涛（2017）则从财力状况、横向竞争和纵向博弈三个方面分析了地方债务规模的影响因素，并从中梳理识别出了地方政府举借债务的动因。研究发现地方政府之间存在着正向显著的举债竞争关系，同时由于央地之间的信息不对称，中央管控对地方政府举债无显著影响；另外地方政府举债规模受到财力状况的显著影响，且存在明显的异质性：对于一般公共财力而言，其对举债规模存在正向影响，而政府性基金收入对负债规模存在负向影响。

土地财政是融资平台举债的重要推动因素。土地财政概念的提出可以上溯到21世纪初，周业安（2000）提出土地财政概念，用以概括分税制改革后地方政府为了解决财政收支矛盾，通过土地出让获取财政资金的行为模式。学者在土地财政与地方政府债务的相关分析中通常会将二者联系，但土地财政与地方政府债务关联的机理缺乏较为深刻的探讨。陈志勇（2009）认可了土地财政模式对促进地方经济社会发展所起到的重要作用，并指出长期以来只有土地财政模式改革而不进行相应的财政体制改革，土地财政模式实质上积累了大量风险，如财政风险（反映在地方债务上）、金融风险（反映在房地产及相应产业的投资与消费信贷投放上）、社会风险（反映在征地过程中的社会矛盾）、粮食安全风险（反映在建筑用地与耕地的划分上）以及投资与消费结构失衡等诸多问题，但该类文章对相应的制度改革缺乏深入大胆的畅想。李尚蒲等（2017）在 2005～2013 年省级面板数据的基础上研究发现，土地市场化水平对城投债发行规模的影响在财政刺激政策前后存在差异：财政刺激政策前呈显著促进作用，财政刺激作用后刺激作用减弱甚至呈抑制作用。更进一步，陈瑞等（2016）发现房价对地方债规模有显著的正向影响，且不同地区间房价对地方债规模的影响存在显著差异，中西部的房价弹性系数远低于东部地区。刘楠楠等（2017）以地方财政赤字、土地财政、地方债三者之间的逻辑循环为切入点，发现土地财政存在不确定性影响，其与地方债的相互依存，带来短期内政府公共支出增加和经济增长，但长期内会因预算软约束与土地财政的不可持续引发财政风险，并可能传导至金融系统与实体经济中，导致金融风险与实体经济风险。我国土地财政模式同样引起了国际学者的关注，徐（Tsui，2011）通过对土地财政与地方基础设施建设的观察，指出了土地资源在地方政府基建融资中所发挥的作用。

体外融资模式是我国地方政府债务积累的重要形成途径，但该问题并非我国所独有。阿哈默德（Ahmad，2006）以澳大利亚为例，分析地方政府借助地方国有企业融资的行为。法贝尔（Farber，2002）指出，地方政府通过预算外融资来绕开所受的借款管制，并以德国为例介绍了地方政府通过事业单位进行政府融资的模式。我国地方政府利用融资平台与事业单位进行隐性间接举债的行为，可以找到国际案例，对于如何解决该类体外融资问题提供了国际经验。

2.1.2　政府债务合理规模

国内外学者为政府债务理想规模设计了一系列原则性的评价标准。关于债务理想规模的分析大致上可以划分为三条思路，其一是从政府筹集财政收入的理论角度出发，将债务与未来财政收入（主要反映在税收上）挂钩，代表性观点为汉密尔顿（Hamilton，1985）提出的通过将政府未来各年度预算预期盈余折现评价当期政府债务规模。该种思路在理论上将政府当期融资与未来偿债相结合，利用财务折现的方式评价合理规模，虽然在实操中受到局限，但该思路也反映了对偿债能力的关注。其二是从举债主体的偿付能力出发，如胡晖（2011）指出合理的债务规模应该综合考虑政府的偿债能力与宏观经济的应债能力，而衡量地方政府债务风险的负债率、债务率等指标也是从该角度出发。李扬（2003）还从政府偿债风险的影响因素切入探讨政府债务的合理规模，指出政府举债应考虑金融市场因素。张海星、靳伟凤（2016）

则以 2014 年试点"自发自还"地方债的十省市为样本，建立修正的 KMV 模型，预测了十省市地方政府债券发行可担保财政收入及其增长率和波动值，进而找出预测时段十省市不同期限的地方政府债券的合理发债规模。而朱洁、李齐云（2016）同样利用修正后的 KMV 模型，对地方政府发行债券的信用风险进行测算，得到不同期限内地方政府债券的安全发行规模与违约概率，证明样本的债券发行规模目前尚在安全范围之内。陈等（Chen et al.，2016）在中国城市化进程的背景下，建立微观现金流约束模型，现金流和风险指标约束的视角下，估算某地区未来不同阶段的合理举债规模。其三是从效用理论角度出发，试图评价政府债务规模带来的社会总效用，并以此判断政府债务规模合理性。贾康、赵全厚（2000）提出政府债务规模最优的评价标准应是实现公债社会总效用最大化。该种思路考虑更为宽泛全面，较为充分地反映了政府债务资金使用对社会经济发展带来的改善，使债务规模评价从债务风险偿付这一财政系统资金安排角度拓展为政府职能的发挥上，但作为效用理论在地方政府债务领域的应用，由于社会效用是经济学分析中抽象出来的概念，具有不可证伪的问题，在实际操作中对于社会效用的界定具有较大的技术难点。一种可以借鉴的方法是，如刁伟涛（2016）从地区经济增长这个较窄的维度入手，利用我国 30 个省份在 2010 年底、2012 年底、2013 年 6 月底和 2013 年底 4 个时间点的债务数据，实证研究地方债务对于地区经济增长的影响，通过观测到 2012 年这个转折点，判断这个阶段的负债率基本为经济增长视角下的适度规模。

债务合理规模的判断，本身也存在对政府举债行为合宜性的讨论，学者间具有争议。从目前相关文献的讨论看，支持地方政府债务融资行为的主要从债务资金使用对社会经济发展的促进作用出发。如贾康（2002）指出地方政府举债有助于筹集地方基础建设及其他社会事业的财政资金，是对现行我国税收体系的有益补充，并从债务发行管理与市场环境等多个角度论证了地方政府举债的可行性。而异议方则通常从地方政府举债的行为合宜性而非行为效果出发，如刘尚希（2005）认为债务的合理性取决于债务对公共风险和公共危机的作用，认为只有为了化解和防范公共风险而产生的债务是适当的，间接否定了由债务资金投向可能产生的社会经济促进作用所带来的合理性支撑依据。

2.1.3 地方政府债务风险及测算

关于地方政府债务风险的定义，国内外学者做出如下阐释：目前在地方政府债务风险探讨中影响最为广泛的应属普拉科瓦（Polackova，1998）提出的财政风险矩阵。该矩阵根据政府偿债责任的性质将政府债务划分为显性债务与隐性债务；根据偿债责任发生的确定性情况将政府债务划分为直接负债与间接负债。该矩阵在分析我国当前地方政府债务风险时具有较好的适用性。由于长期地方政府举债的制度性缺失，政府通过融资平台与事业单位形成了大量间接负债与隐性负债，而社保空账问题也加剧了当前对地方政府隐性负债风险的担忧，而该矩阵较好地将上述问题囊括在财政风险分析框架内。刘尚希（2005）结合我国当前财政现状，具体分析了四个象限下地方政府债务风险及其他财政风险的性质与结构。

财政风险矩阵将地方政府债务风险涵盖在分析框架内。但在具体分析中，学者对地方政府债务风险的内涵存在分歧，导致地方政府债务风险分析存在不同结论。从风险词意的溯源看，风险本身包含了人们对未来预期损失的规避，但目前金融理论在风险方面的研究，更倾向于将风险界定为不确定性。以不确定性作为风险概念迁移到地方政府债务研究领域，债务风险内涵则更为丰富。相关文献在分析地方债务风险时通常框定为两种思路，其一将债务风险界定在地方政府债务到期后不能按期偿付的债务违约行为，如刘尚希、赵全厚（2002）、刘尚希（2003）等认为风险是未来出现资不抵债情况的可能性，财政风险是指政府所掌控的公共资源以无法保障其债务的偿付与公共职能的履行。其二是将与地方政府债务举借、使用及偿付全流程造成的不确定性（主要表现在损失）纳入地方政府债务风险分析中，如马海涛、吕强（2004）在偿债风险分析的基础上，认为地方政府偿债风险还将引致其他风险，如影响其他支出项目资金安排造成的损失、加重纳税人负担以及预算软约束下加重上级政府财政压力，但该类探讨还局限在政府财政系统内部资金收支上，并未对债务资金投放带来的宏观经济影响展开深入分析。帕克（Park，2013）认为公共支出水平、经济发展情况、税收及其他收入、资产价值评估以及政治力量都会对政府债务风险评价结果产生影响。

关于我国地方政府债务风险的特点，代表性观点如下：宋立（2004）指出中国各层级地方政府债务差异较大，县乡两级政府债务主要以经常性支出为主，省市两级政府债务多用于资本性支出。杜爽、赵红（2011）研究发现，地方政府债务在欠发达地区呈现出增速快、分布广、牵涉部门多、债务违约多发等特点。张瑜（2012）认为地方政府普遍对中央政府救助具有较高预期，加剧了预算软约束问题，放松了对债务融资项目风险的管控。朱岩（2013）指出我国地方政府债务融资偏向于短期融资，债券期限结构不合理，经济发达地区与欠发达地区政府债务融资呈现不同特征，欠发达地区债务风险更容易暴露。

中国地方政府债务风险测算，由于数据透明度差、评价标准各异等客观原因，以及政治需要等主观因素，国内外学者在该领域的尝试得出了颇多观点各异的结果，说服力有限，但能从多角度考察我国地方政府债务风险情况。从债务风险分析所选用的指标看，包括债务负担率、债务依存度（高培勇，2003）、偿债率、国债余额/GDP（余永定，2000）、资产负债率（债务规模/资产规模）、债务压力指数（政府债务余额/政府岁入规模）（刘尚希、赵全厚，2002）、国家综合负债率（内外债与或有债务之和/当年 GDP）（安国俊，2010）、全社会杠杆率（总债务/GDP）（李扬，2012）、广义政府负债率（Shih，2010；李扬，2012；余斌，2012；管清友，2013）等。即使同一指标，受数据口径等其他因素影响，也存在差异较大的结论。部分学者认为债务风险指标并不能观察地方政府债务风险的全貌，指标的适用性应结合各国具体情况具体分析（刘立峰，2002），由于我国地方政府债务主要用于资本性支出，区别于部分发达国家举债用于经常性福利支出，债务风险指标数值某种程度上缺乏可比性。在评价地方政府债务风险程度时，除了财政系统内部的指标以及宏观经济的指标等，学者们还注意地方政府债务形成过程中隐藏的风险，主要是将银行信贷所代表的金融风险考虑进来。如凯姆（Kime，1998）指出在政府主导的金融生态下（主要反映为大型商业银行国有控股），银行信贷将社会储蓄大量投放到国有企业，政府债务规模从广义上是否将该部分信贷投放纳入统计将带来较大变动。林（Lin，2003）将我国政府债务来源划分为四个口径，除了公开发行的国债与地方政府间接举债形成的政府债务外，还将国有控股商业银行的不良贷款与目前存在空账问题的社保基金缺口纳入内债统计。李扬（2012）通过构建国家资产负债表，认为当前以银行金融资产为主体的资产结构存在较大的系统性风险。赵剑锋（2016）采用因子—聚类分析方法，构建了地方债综合风险测度体系，发现地方债增量风险是最重要的地方债风险来源，特别是相对于地方经济、地方财力的债务超速增长风险尤为突出，是"非责任政府"地方债风险扩张的最主要动因。梁朝晖等（2017）从金融资产相对于无风险资产的风险溢价角度，分析中国地方债风险溢价构成，认为中国地方政府债券的收益率主要为利率风险溢价，即中国地方政府债券的主要风险是利率风险。此外，刁伟涛、王楠（2017）利用熵值法，量化评估了我国 30 个省份 2010～2014 年的偿债能力以及 2014 年的一般和专项债务偿债能力，发现按照偿债能力由强到弱依次为东部、西部、中部，省份之间的差别大小同样如此，同时一般债务要略高于专项债务，并且后者在省份间的差异更为明显。

由于地方政府债务信息透明度较差，较早关注地方政府债务风险的文献通常从债务总量规模估算与相应的债务风险指标评价结果衡量地方政府债务风险。上述文献在论述地方政府债务风险时多有涉及。近年来随着地方政府债务数据公开程度转好，学者开始尝试应用 KMV 模型等金融风险评价模型对我国地方债风险进行评价，并取得一定成果，如贾晓俊、顾莹博（2017）通过构建地方政府债务风险预警指标体系，采用线性加权综合评价模型，通过 AHP 方法确定指标权重和功效系数法为指标打分，最后确定综合分值以评价地方债风险并进行预警，结果发现 2012 年以来，部分省份债务风险呈增大的趋势。另外，还有顾巧明、邱毅（2014），王学凯、黄瑞玲（2015），周海赟、王晓芳（2015）等的研究。但模型修正的合宜性存在探讨空间，本书后续部分将展开进一步论述。

从地方政府债务风险评价结论看，大部分学者对于地方政府债务高速增长的趋势表示担忧。张平、周全林（2017）全面系统地预测了"十三五"时期的发行新债收入、举债融资项目收益和估算在地方债置换政策引入后地方政府偿债压力的变化，发现"十三五"时期的政府性债务风险依旧较大，风险的监控面临巨大挑战。刁伟涛（2016）分析在"十三五"时期的地方政府债务短期流动性风险，发现其可偿债财力对于到期债务的覆盖率平均仅为34.10%，而相应的偿债缺口累计高达 8.5 万亿元。可以看出在"十三五"期间，地方政府偿还到期债务的压力巨大，如果中央政府不进行兜底救助并采取强力措施，地方政府债务发生区域性或系统性违约在所难免。但考虑到我国政府所掌控的庞大可抵债资源，部分学者认为地方政府债务风险可控。如林（Lin，2003）在观察中国政府债务规模时，注意将内债与外债区分观察。由于我国改革开放后积累了大量外汇储备，因此其认为我国外债风险可控。此外，该学者在分析内债风险时，提出中国政府存在大量可抵债的国有资产，并垄断了土地资源的一级市场，综合资产负债角度政府内债规模处于可控范围。刁伟涛（2016）基于未定权益分析法（CCA）测度了我国地方政府债务的资不抵债风险，结果表明，地方政府规模庞大的国有企业国有资产和土地资产完全有能力对所有直接债务与或有债务进行兜底，并不存在资不抵债的风险，利用国有资产化解债务问题具有足够的空间。2011 年巴克莱银行发布的报告认为中国政府债务风险可控，主要基于三方面原因：一是政府掌控大量稳健优质的可抵债资产；二是中国经济的高速增长带来良好的财政收入预期；三是中国的高储蓄水平。李扬（2012）认为我国政府有充足的主权资产，主权债务危机发生的可能性不大，但其并不回避政府债务高速增长可能带来的风险。不过肖毅等（2017）认为只要能够合理地利用货币政策来刺激经济复苏和更快的增长，就能通过提高地区经济能力继而提高地方政府的偿债能力，最终降低地方债的违约风险。鲍恩（Bowen，2013）结合中国地方政府净资产分析，认为中国地方政府债务截至 2010 年信用风险可控，但应警惕债务规模的进一步扩张。江等（Jiang et al.，2014）认为我国地方政府债务流动性风险高企，且主要原因在于错配的还款期限与影子银行活动。从研究方法上，瑞文巴克等（Rivenbark et al.，2010）从理论上提出一套财政分析框架去解读地方政府公布的预算情况，但该框架在操作层面的有效性有待商榷。多伊等（Doi et al.，2011）利用税率、利率等财政政策、货币政策因素及财政盈余情况分析日本政府债务的可持续性可供借鉴。

2.1.4　地方政府债务管理

关于地方政府债务管理方面，国外研究较国内无论从理论上还是实践上都取得了更为丰硕的成果。特尔－米纳西安（Ter-Minassian，1997）将通过对各国地方政府债务管理实践的观察，将债务管理模式大致划分为市场约束、中央直接控制、规则管理和协商管理等四种模式。相关文献关于地方政府债务管理的探讨，各国实践中多采用一种模式或几种模式组合，所用管理模式可以大致涵盖在这四种管理模式范畴内。就市场约束模式而言，莱恩（Lane，1993）研究认为该模式对市场经济制度基础要求较高，需要该国形成自由、开放、完善的金融市场，政府作为该市场主体举借债务，并对债权人公开偿付能力等债信资料，上级政府要求划清与下级政府的救助责任等要求。市场约束模式的关键在于完善的债务市场制度下，尽可能避免政府的非市场行为干预。与市场约束模式相对立的是中央政府直接控制模式，该模式在发展中国家（多为市场经济欠发达地区）应用较为广泛，由于市场机制不完善，财政预算管理体制不健全，中央需要加强对地方政府举债限制以保证财政安全，中央对地方举债的控制措施具有多种形式。如限制地方政府某时段内的举债额度（如立陶宛等，我国目前对地方政府债务的限额管理与之类似）、禁止地方政府举借外债（如墨西哥等）、中央政府集中举债后向地方政府转贷（如拉脱维亚、印度尼西亚等，我国历史上也试行过该种模式）。中央对地方政府举债实施严格控制固然可以避免在市场制度不健全的情况下地方政府举债引致的金融风险与财政风险，但受政府机构资源分配的固有低效率影响，难以回避上下级政府间预算软约束、信息不对称等问题。就规则管理而言，该模式应用具有普遍性。如辛格、普列汉诺夫（Singh & Plekhanov，2005）指出，各国通常利用相关法律法规约束地方政府举债行为。常见的规则管理指标包括：地方财政赤字上限（如奥地利、西班牙等）、地方政府偿债指标上限（如日本、巴西等）、地方政府债务余额上限（如匈牙利等）。波特巴（Poterba，1997）、希克（Schick，2000）等学者支持该种管理模式，因其规则明确、对地方政府债务操作的机动性较小，能有效制约地方政府由于预算软约束等问题引致的财政扩张。但规则的明确也意味着牺牲了债务政策的灵活性（Ter-Minassian，1997），地方政府债务融资可能通过预算外项目及其他政府性单位或政府控制的单位进行体外债务融资，而这种规避了债务管理规则的政府债务因其监管不力，将积累债务风险（Craig，1997）。区别于规则管理这一硬性债务管理模式，以澳大利亚为代表的协商管理模式相对更具有柔性管理的特质。该模式下中央政府与地方政府就地方政府举债问题进行制度性的协商，充分考虑地方经济社会发展的融资需要与中央政府国民经济的宏观把控。这种双方协商确定举债行为与规模的管理模式实质上也是各方在举债行为博弈中的沟通与妥协。巴拉索内（Balassone，2003）就该模式可能对中央政府的权威造成的损害，以及协商决策导致的决策周期延长等问题提出警示。地方政府债务管理模式各有其优势与不足。辛格、普列汉诺夫（Singh & Plekhanov，2005）认为地方债务管理模式并没有绝对最优的标准，模式选择要结合各国制度特征。特尔－米纳西安（Ter-Minassian，1997）指出单纯依赖市场约束模式对该国的市场等基础性制度要求较高，并不具有普及性，出于政策公开与可靠程度的考虑，规则管理要优于中央政府直接的行政控制。巴贝尔（Baber，2013）认为严格政府债券财务报告的透明度要求会带来举债成本的上升，应在举债成本与公民参与决策监督中进行取舍。辛格、普列汉诺夫（Singh & Plekhanov，2005）分析认为，中央直接控制以其强制性与时效性，对于高度纵向财政不平衡的局面较为适用，但不利于地方政府债务的长期制度建设，协商管理模式行之有效的关键是统一中央与地方政府间财政报告标准。但该结论与其说是协商管理模式成功的关键，不如说是协商管理模式成功的前提。

学者还就地方债务危机爆发后央地反应及如何应对展开探讨。法科尼、特斯塔（Facchini & Testa，2008）认为受中央政府的财力制约，如果大州和小州同时出现财政危机，中央政府倾向于支援对宏观经济稳定影响大的和谈判能力强的大州。该论述也符合我们解决影响范围与影响程度突出的主要矛盾的一贯认识。阿哈默德（Ahmad，2006）在对地方政府债务危机处理上体现了区分缓急的思想，在危机应对的短期政策中主张中央政府为主导的财政重组与财政援助，但在后期债务管理的长效机制构建上，强调债务管理制度的完善，要求平衡中央与地方财政收支矛盾，加强对地方政府债务风险的跟踪监控，清晰界定上级政府的救助责任，从而对地方政府债务危机中上级政府不予救助或有限制救助作出可置信威胁。基威特（Kiewiet et al.，2014）提出 2008 年金融危机后美国进入财政冰河时代，在既定税收水平情况下政府将较大程度降低当前公共服务水平。巴拉格尔（Balaguer，2013）认为不同债务水平下各地方政府经济发展的影响因素作用效果不同，因此地方政府应结合自身债务情况制定经济政策。

就中国的地方债务管理问题，2014 年《中华人民共和国预算法》（简称《预算法》）修订之前，郭琳（2001）、李冬梅（2006）、徐明亮（2007）、高嵘（2009）、徐元东（2012）、朱岩（2013）等大批学者都论证了赋予地方政府举债权利的必要性。众多学者对地方政府债券发行及管理提出建议，如：先期发行收益债券（李冬梅，2006；李俊生，2011）、限定债务发行规模（李冬梅，2006；李俊生，2011；顾巧明，2013）、构建债信评级体系（许安拓，2011）、证券交易所交易结合地方柜台交易的发行方式（李冬梅，2006）、多采取公募发行方式（李冬梅，2006）、建立合理的国债与地方债期限结构（李冬梅，2006）、债券利率市场化（谢群，2013）、强化债务监管、债务资金专款专用、完善相关法律法规等。此外，何骏（2013）主张地方政府债券发行方式建议由承销改为自销。李冬梅（2006）主张地方债券期限应以中长期为主。李俊生（2011）建议采用"中央直接控制与市场约束相结合"的管理模式。谢群（2013）建议参照日本模式，允许经济较为落后的地区共同发行"共同债"。潘琰、吴修瑶（2017）建议单独编制地方政府可流动性资产负债表，为信息用户处置存量资产或可变现资产提供决策有用的政策工具，也为准确分析评价其偿债能力提供依据。李静（2017）通过实证方法证实了有效落实地方政府审计的重要性。王婷婷、范卫国（2016）借鉴国际经验，认为地方政府债务需要建立财政约束机制，包括事前建立地方政务举债审核机制，事中建立地方政府债务预警机制，事后建立地方政府过度负债的惩戒机制。尹启华、陈志斌（2016）从国家治理的角度对地方债务管理制度提出了五点意见，包括加强债务管理制度的设计、强化地方干部问责机制、构建新型政企关系、理顺财权与事权对应关系和推进政府综合财务报告制度改革。地方政府债务管理相关文献除了对管理体制的分析外，还对地方政府债务管理转型期的一些问题进行了探讨。俞伯阳（2016）认为我国地方债从"财政部代发""自发代还"到"自发自还"是债务制度管理的进步，但是由于我国较为深层次的制度缺陷，地方债市场化改革存在困境，且在"自发自还"模式下更加突出。崔兵、邱少春（2016）等对地方政府债务置换的模式选择与制度绩效展开探讨，认为当前债务置换作为过渡期政策，具有短期最优、长期次优的效率特征。樊轶侠（2016）等对 PPP 项目化解地方政府债务所涉及的问题展开探讨，指出 PPP 项目在实行中，地方政府存在理念不清、定位不明、监管缺失等问题，造成项目落地难、项目运行机制异化等困境。

2.1.5　相关研究成果评述

关于地方政府债务风险形成原因，理论层面的研究基本形成了相对固定的框架，即财税体制、经济体制、债务管理机制，以及府际关系等政府举债动机方面，上述风险成因的分析可以按照如下思路梳理，即：首先，政府为什么要举债，具体分为政府是否需要举债以及政府是否具有举债扩张的激励，该部分探讨涉及了以分税制为基础的财税体制以及府际关系、晋升锦标赛等政府动机问题；其次，政府如何举债，该部分主要探讨了在《预算法》修正前，地方政府通过融资平台、事业单位举债，以及相应的债务管理情况；最后，政府举债用来做什么，即债务资金投向，相对于前两类原因，该部分内容学者在分析债务成因时触及较少，因该部分主要涉及政府与市场的边界问题，探讨政府在基建、市政服务领域是否可以向民营资本开放的问题，现有债务风险研究的相关文献中虽偶有提及，但缺乏深入探讨。从相关文献的研究范式看，近年来地方政府债务形成的相关计量文章增加，但从问题分析深度看，该类文章总体来看多停留在指标的现象层面，缺乏对指标背后机制的深入探讨。

关于地方政府债务合理规模与债务风险的探讨，受数据获取条件的制约，该部分研究更多停留在定性分析与指标设计方面，部分文献涉及了债务规模与部分债务指标的估算，但研究结果存在较大差异。该类文献的研究现状是由我国长期地方政府债务不透明的研究条件决定的，由于缺乏具体的债务数据供深入分析，相关文献的债务风险分析主要集中在地方政府性债务的信用风险评价范畴，无论从债务规模估算，还是从国家资产负债表的研究视角，均缺乏对地方债务流动性风险的评价。

地方政府债务管理的文献研究在时间线上表现出了鲜明的阶段特征。基于对地方政府债务问题的担忧，以及迫切改革地方政府债务管理现状的意愿，相关文献对地方政府债务管理的国际经验进行了较为丰富的资料整理，并对地方政府破产机制等债务管理相关专题给予关注。在《预算法》修正前，已有部分学者开始探讨我国地方政府债务管理的体制构建。2015 年开始，随着地方政府举债权的赋予，我国地方政府债务管理体制构建的研究增加，部分学者开始针对 PPP 项目、地方政府债务置换等问题展开探讨，具有鲜明的时效性，但相关文献较少，该领域研究有待加深与丰富。

2.2　公债相关理论基础

公债，通常是指一个国家的政府所举借的债务，一般由中央政府举借的债务为国债，而由地方政府举借的债务即所谓的地方债务。本书在研究地方政府债务风险时，既需要考虑到公债的共性特点，即政府举债可能引致的问题，还需要考虑地方政府举债与中央政府举债的差异。因此在梳理地方政府债务的理论基础时，需要从政府公债、地方政府债务等层面进行脉络梳理。

20 世纪 30 年代后，公债理论得到了深入的发展，总体可以划分为四个阶段：其一，30 年代以前，主要以古典经济学的自由主义基础上的公债有害论为主；其二，30 年代至 60 年代末，主要以凯恩斯主义的政府干预基础上的公债扩张论为主；其三，70 年代至 80 年代中期，主要以新古典宏观经济学流派、公共选择学派以及供给学派的公债中性论为主；其四，80 年代中期至 20 世纪末，主要是新凯恩斯主义对公债中性论的反驳，以及公债的财富分配跨期分布效应问题等。经济理论的分析，构建一个框架将有助于我们理解，从 30 年代后的公债理论看，巴罗 - 李嘉图等价定理的框架相对较为精当，因此将首先介绍该定理，然后以之为标靶，阐述其他学者的重要理论。

2.2.1　新古典宏观经济学——巴罗 - 李嘉图等价定理

20 世纪 70 年代布坎南首次使用"李嘉图等价定理"的说法。李嘉图等价定理可以简要表述为：在理性人假设下，公众意识到当期政府举债只是减少了当期征税额度，债务将通过未来增税偿还，因此居民将增加储蓄以应对未来的增税。李嘉图等价定理是由后人总结归纳的，根据李嘉图在《政治经济学及赋税原理》中的表述，其观点受自由竞争时期主流观点的约束，主张小政府观点，认为政府不应该干预市场进行生产性资本投入。基于国家是非生产性的前提下，李嘉图提及的举债是针对纯粹消费性的政府支出而非生产性资本投入，那么为了筹集纯粹消耗性支出的费用，不管是征税还是借债，都会导致民间可用于生产的资本减少，转变为不会提供任何利润和利息收入的非生产性消耗。在理性人假设及财政博弈结果可预期假设条件下，债务融资不过是现时税收的延后。李嘉图论述中涉及的公债，并没有考虑外债，所以认为债息支付并不影响社会财富总量，债务利息支付也仅仅是国民收入的内部转移。

巴罗（1974）的理论贡献在于将无限生命周期模型引入，扩大了理论的解释范围。在原有理性人假设下，债务期限较长的公债不仅面对一代人，债务举借与偿付的周期可能涉及两代以上的财富安排。巴罗假定人们普遍具有"利他性"，即举债时，当代人考虑到可能会加重后代人的税负而增加储蓄，为后代人提供足以抵付税负增长的遗产。

20 世纪 30 年代的大萧条后凯恩斯主义兴起，政府支出中生产性资本投入占比不断加大，经济实践验证了政府作为生产性投入的经济拉动作用。但传统凯恩斯主义应对 70 年代的滞涨现象较为乏力，引发了新一轮对凯恩斯主义的反思，其中李嘉图定理的提出就是针对传统凯恩斯主义发行赤字国债以支持减税、扩大消费需求的政策主张。不过由于假定过于严格，巴罗 - 李嘉图等价定理的实用性也存在争议。随着社会经济环境变化，政府职能转变，以公债为来源的公共支出投向用于纯粹消费性支出的占比越来越少。但该定理在比较举债与征税两种政府筹资方式，以及分析赤字政策引致的预期变化对储蓄行为的影响很有启示。

巴罗 - 李嘉图等价定理还对挤出效应作出了有益的补充。在不考虑公债引发的未来税收预期条件下，赤字增加，弥补赤字的公债发行量增加，导致实际利率上升，从而挤出部分私人投资。而李嘉图等价定理认为公债的预期作用会导致私人储蓄的增加，在严格假定条件下，私人储蓄在预期下的反应会抵消公债增长对储蓄的影响，从而整个社会储蓄率不会改变，不会产生挤出效应。此外，针对挤出效应，我们应当注意该效应并不适用于经济衰退时期的分析，因为经济衰退将引起货币需求的下降，导致较低的利率，衰退时期货币当局也倾向于宽松的货币政策。

2.2.2　新古典综合学派——萨缪尔森的公债理论

萨缪尔森是凯恩斯主义的代表人物，是最早应用凯恩斯观点提出政府政策的经济学家之一。萨缪尔森（1985）[①] 关于公债的理论主要包括如下内容。

其一，强调公债与私人债务的区别。萨缪尔森主要从债务负担的区别进

---

① 萨缪尔森. 经济学 [M]. 第 17 版. 北京：人民邮电出版社，2004.

行区分，认为公债确实存在一定实质性的负担，但这种负担并不影响政府灵活运用公债政策进行宏观调控。对于公债的风险、负担的评价应区别于私人债务。

其二，强调内债与外债负担的区别。萨缪尔森认为政府向国际举借的外部债务才是一个国家的真正债务负担，即债务国公民的可支配资源的净减少。而针对国内居民所筹措形成的内部债务，其负担实质不同。根据巴罗－李嘉图等价定理，认为内部债务只是财富在民众内部的再分配。但萨缪尔森进一步指出，虽然内部债务是自己欠自己的债，但由于债务资金的利用效率、资本替代等因素变动，导致储蓄、投资等经济行为的扭曲并对经济增长产生影响，这种负担也应该引起重视。另外，由于财富再分配可能引致公平问题，能否妥善处理可能引致新的风险。

其三，公债会减少社会资本量。萨缪尔森认为公债会产生资本替代效应。资本替代效应区别于财政赤字引致的挤出效应，该效应是建立在如下假设：人们持有的资产划分为政府债券与住房等资产及公司股票等金融资产，其中公司股票代表对私人资本存量的所有权。资本替代效应中公债所可能取代的，是一国私人财富存量中的资本。资产总量既定情况下，人们增加公债持有量必然会减少私人资本的形成，因而公债替代了一部分私人资本。但公债增加引发利率上升，从厂商角度看意味着借贷成本提高，但从撬动私人储蓄来看，高利率可能增加人们将银行存款等低利率的储蓄行为转化为企业债券、股票等相对风险较高的财富积累，因此，资本被政府债务所替代的确切数额取决于本国居民及外国的储蓄行为，但这种替代效应大小的估算是目前经济学家们无能为力的。

其四，应平稳社会对债务的情绪化影响。对债务的恐慌情绪可能造成更多债务的预期，而预期债务增加将引致实际利率的上升，可能加剧公债对私人资本的挤出。萨缪尔森对名义 GNP 增长率、名义利率以及政府债务与 GNP 之间的比率关系进行推导，认为当名义利率小于名义 GNP 增长率时，公债与 GNP 的比率最终会趋向于零。

2.2.3　公共选择学派——布坎南的公债理论

布坎南在学术思想上有两个鲜明的特征，一是自由市场经济的拥护者，一是公共选择学派的代表人物。布坎南的思想较早起源于其对公债理论的研究，从第一部专著《公债的公共原理》到此后几十年的学术生涯中，其有关公债的论述主要有以下几个方面①②。

其一，关于公债负担的论述。布坎南通过比较公债筹资与税收筹资所引致负担以及负担分布的差异展开研究。首先，布坎南批驳了二战后流行的"转移观点"，即国内公债仅是财富的再分配（萨缪尔森从行为扭曲角度补充了该论述，见前文），尤其当纳税人与债券持有人相同时，公债没有引起私人效用的减少。但该理论的成立仅能建立在公债发行后政府不会通过增加税收的方式偿债的前提下，布坎南通过将公债与私债的比较认为，公债的利息支出如果以增税实现，则切实加重了纳税人，包括债券持有者的负担。其次，布坎南认为公债利息偿付与税收增加会导致公债负担分布的变化，并认为这是征税与举债间的一种根本区别，具体而言，征税是在财政支出发生时加重了人们负担，举债是在财政支出发生后，通过增加税收将负担转嫁给纳税人，同时债券持有者取得利息增加购买力，纳税人则因为增加税收减少了购买力，征税与举债在负担上的区别不仅是时序上的，也存在于负担分布上。最后，针对"转移观点"，布坎南指出，由于纳税人寿命有限，举债引起的纳税负担将有相当一部分转移到下一代，因而很少出现债券持有者与纳税人相一致的情形，而当财富下降或币值上升时，未来纳税人的负担加重，且未来纳税人可能要承受政府付给债券持有者利息时产生的不能补偿的负担。该观点对于战争等突发事件或吃饭财政、高福利财政引致的举债具有较好的解释力，但也印证了政府基础设施建设举债的一定合理性（基建是否一定由政府承担是我们接下来应该关注的另一个问题）。

其二，关于虚假债务问题。布坎南根据债务持有者的不同将公债划分为"实际公债"与"虚假债务"两部分，其中政府从中央银行及其支持下的商业银行的债务为"虚假债务"，其他向个人或集团发行的债务，牺牲了当期购买力或流动性，为"实际公债"。之所以称为"虚假债务"，因为中央政府具有货币创造的法定职权，而政府从银行的借款，是以货币创造的形式来形成的，因此政府增加的购买力不会减少私人部门的购买力，布坎南称之为"隐蔽的货币创造""扩大货币供给的制度性面纱"。布坎南对债务的区分有助于我们加深在不同经济态势下公债政策的选取。例如，在充分就业状态下，政府应以采用实际公债的形式筹资，并只对预期会产生长期或永久性收益的

---

① 布坎南，马斯格雷夫. 公共财政与公共选择：两种截然对立的国家观 [M]. 北京：中国财政经济出版社，2000.

② 布坎南. 公共财政 [M]. 北京：中国财政经济出版社，1991.

政府支出举债，从而稳定币值与价格水平，而在存在大量失业与过剩生产能力的萧条状态下，则应该增加货币供给，采用向银行借款的形式举债。布坎南的理论贡献在于提出了"虚假债务"，将公债与货币创造联系起来，但分析中不能武断地根据举债对象判断是否为"虚假债务"，向商业银行举债是否会导致货币创造还应该看央行的货币政策。

其三，关于公债的偿还与公平性。布坎南的公平性分析主要以举债受益人与纳税人是否一致为标准，主张公债应主要用于长期公共投资，本息偿付也应该控制在投资项目投入使用期间内。布坎南还区别了真实"债务清偿"与"借新还旧"式偿还，认为前者是财富在不同代纳税人间的净转移。由于偿债的纳税人对于举债行为并没有多少责任，也因此没必要将自己的可支配收入转移给债务提供服务的享受的一代。由于偿债与服务享受的错位，布坎南因此认为过去的债务未必应当偿还。公债本息偿付压力可以通过公债管理来逐步减轻，主要可通过温和的通胀、经济增长以及债务市场操作等途径实现。

其四，债务融资比税收融资更容易助长政府规模扩张。布坎南指出，税收决策迫使政府面临当期成本压力，而债务决策则将成本后移，淡化了实际成本与收益的比较，可以使公债绕过公众应有的约束和政治势力的牵制。

2.2.4 供给学派的相关公债理论

供给学派是在 20 世纪 70 年代"滞胀"导致传统凯恩斯主义应对无力的局面下兴起的，区别于凯恩斯主义需求引导和决定供给的思想，该学派主张需求依附于供给，能被供给决定和创造，其中产品和劳务的供给是需求的结果，而生产要素供给则是前提，供给效率是枢纽和关键，从而形成三位一体的供给观。供给学派对于"滞胀"提出的政策思路为：将凯恩斯主义倡导的扩大政府开支的需求管理，转向通过减税、缩减政府开支、减少政府干预为主旨的供给管理上。该学派侧重于税收对储蓄、投资等经济行为的研究，公债的论述则散见于各文献中。

供给学派认为公债具有挤出效应，但论据主要为：公债吸引私人储蓄，影响了资本形成率；公债提高实际利率，影响私人部门投资。供给学派关于挤出效应的阐述基本沿袭前人观点。此外，虽然供给学派基于挤出效应而主张缩减公债规模，但相对于征税，该学派强调公债仍是弥补赤字的最佳手段。罗伯茨关于公债与税收对效率的影响颇为精彩，认为税收通常落在对资源利用最有效率的产品和劳务的生产者，而在一个富有成效的资本市场上，公债通常能够把资源从利用效率最低的生产者中转移出来。

关于公债与利率的关系，供给学派内部存在分歧。费尔德斯坦（1970）认为公债必然引起债券利率乃至市场利率的提高，并在此基础上推断公债的挤出效应，认为发行公债会挤出私人有价证券，高水平市场利率会降低投资预期收益，提高预期机会成本，挤出边际企业。而以罗伯茨（1984）为代表的一批供给学派学者则认为，赤字与利率伴随着经济运行周期的不同阶段呈反方向变化，即：当经济繁荣时，赤字减少，公债发行量减少，但利率却因私人部门投资与消费的兴盛而上升；当经济衰退时，赤字增加，公债发行量增加，但利率因私人部门的信贷需求萎缩而下降。但貌似冲突的观点实质上探讨的是不同的内容，费尔德斯坦的结论应建立在控制了私人部门信贷需求变动的假设条件下，探讨的是公债对利率正向的刺激，是动力问题；而罗伯茨将私人部门信贷需求的假设放开，观察公债与利率变动的现象，得出现实中二者可能呈现反方向变化关系。罗伯茨等学者的理论的现实意义在于向我们提供了这样一个事实：公债发行并不必然引致利率上升的结果。

2.2.5　其他代表性的公债理论

1. 公债用途与负担的关系

20 世纪 80 年代以来的公共财政理论，将政府财政作为公共部门经济活动的一部分来展开，区别于传统经济学将政府作为一种非生产性机构对待。斯蒂格利茨（1993）[①] 注重探讨公债负担与公债用途的关系，认为政府举债如用于可供多年使用的道路、学校、研发活动或工业项目融资是合理的，虽然挤出了当期的私人投资，但不影响未来的经济产出水平与人们的生活水平；但如果政府举债用于支付政府人员薪金或其他没有效益的支出，则对未来的经济产出与生活水平造成不利影响，且随着债务积累加剧，还会损害政府未来偿债能力。

2. 开放经济条件下的公债理论

在引进开放经济条件和资本市场要素分析的情况下，斯蒂格利茨认为公

---

① 　约瑟夫·斯蒂格利茨. 公共财政［M］. 北京：中国金融出版社，2007.

债不一定会挤出国内私人储蓄和投资，可能通过海外认购防止本国私人储蓄挤出，也可能由于公债增发，挤入外来资本支持私人部门投资。

斯蒂格利茨还指出，赤字债务可能导致贸易赤字的出现，其逻辑为：公债增发，导致实际利率上升，从而引入外国投资，汇率上升，一系列传导结果最终形成了出口下降、进口提高的贸易赤字。

总体而言，开放条件下外国资本的流入导致公债经济效应的分析面临了更加复杂的情形，但影响程度的关键在于本国债务及投资环境对外来资本的吸引能力。

3. 公债对消费与储蓄的影响

斯蒂格利茨认为，公债认购并未影响其终生的消费总量，其改变的是其储蓄方式。哈维·罗森（1992）① 通过迭代模型，假定社会由人数相同的青、中、老三代群体构成，控制收入水平、储蓄等条件，对于政府发行的公债，青、中年认购，而老年组认为公债到期时寿命有限而不予认购。那么最终老年组为额外享受到公债投入带来的福利，而新生的青年组则通过纳税为原老年组弥补供应成本。因此，公债导致了财富在不同代人之间的转移。

4. 政府的隐性债务问题

除了政府的有形债务，哈维·罗森（1992）还列举分析了政府隐形债务，认为隐形债务是指那些通过法定程序，而由政府许诺未来将付给公众的款项，尤以社会保障性支付为例子。罗森进一步指出，公共债务规模的划定应该取决于经济分析的目的：如为了分析未来纳税人的负担，则应将诸如社会保障的隐性债务计算在内；如为了考察政府债务对金融市场的影响，则应该仅包含政府财政发现的公债券意义上的债务。

2.2.6　公债理论的逻辑结构

现将上文涉及的公债理论整理成逻辑框架，如图 2-2 所示。

从公债的基础理论看，涵盖了公债举借、债务资金使用与债务偿还的公债全流程。公债经济效应的相关理论主要围绕挤出效应展开，在筹资阶段挤出效应表现在对利率的影响，在资金使用阶段，挤出效应表现在政府投资对社会投资的挤出。债务风险的讨论主要集中在债务偿还阶段，相关理论主要

---

① 哈维·S. 罗森，特雷·盖亚. 财政学［M］. 北京：中国人民大学出版社，2009.

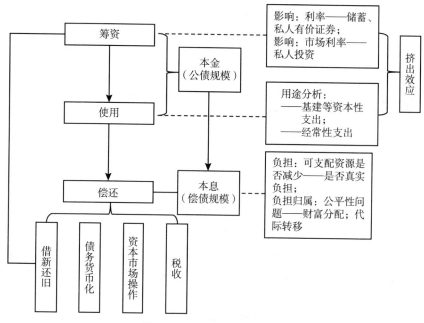

图 2 - 2　公债理论逻辑结构

集中在：债务负担的评价，以及债务负担的归属情况。从公债基础理论看，地方政府债务风险不仅涉及债务偿付的不确定性，挤出效应也为宏观经济带来不确定性。本书将债务风险主要界定在债务偿付的不确定性。

第 3 章

我国地方政府债务历史演进及现状

本章将依托各渠道可获得的地方政府债务数据，结合现有政府、研究机构等对地方政府性债务现状的判断，展开地方政府债务风险现状分析。本章目的在于摸清现有信息下地方政府债务规模、部分债务风险指标、债务结构等方面的情况，为后文债务风险评价及风险管控提供支撑。

目前，有关地方政府性债务相对权威的数据来自国家审计署及地方审计部门公布的政府性债务审计数据。数据涵盖 2010 年、2012 年、2013 年 6 月、2014 年、2015 年的部分地方政府性债务数据。其中 2010 年、2014 年各省份数据缺失较多，2015 年数据仅公布了地方政府性债务余额中政府负有偿还责任的部分。有关地方政府性债务结构方面的细化数据仅能依据 2012 年、2013 年 6 月两期数据展开分析。

除审计系统公布的权威数据以外，地方政府性债务的部分信息还可以通过公开市场交易信息获知，其中以公开发行的政府及企业债券为主，企业债中涉及地方政府性债务的主要为城投债这一概念板块。由于审计系统公布的债务数据时间维度较短，因此地方政府债务的发展趋势观察通常依赖于城投债相关信息的分析。本书利用 Wind 数据 2002 ~ 2016 年的地方政府债券与城投债券展开分析。

3.1 地方政府性债务的历史演进

在清朝末期，上海等地已出现了地方政府性债务；进入民国时期，中央和各省市政府也纷纷发行公债，用于军备、地方建设等支出；在抗日战争和解放战争时期，各根据地也发行过经济建设和赈灾公债等。而在中华人民共和国成立后，我国地方政府性债务的发展可以按规模增长划分为以下三个历史时期。

一是新中国成立初期，我国地方政府债务历史可以上溯到 1950 年首次发行的东北生产建设折实公债。

在 1950 年以前，原东北人民政府为了筹措生产建设资金，发行了"东北生产建设折实公债"，可以看作是我国成立以后的第一批地方政府债务。这批债务与当时发行的国债一样，以实物作为衡量标准，以"分"为计量单位，采取摊派的方式发行，其规模折合为人民币约为 3 542 万元，分 5 年还清，年息为 5 厘[①]。在其之后，中央政府为配合第一个五年计划时期的经济建设，除了在 1950 年和 1954 年开始发行具有国债性质的"人民胜利折实公债"和"经济建设公债"外，还在 1958 年相继出台了《关于发行地方公债的决定》《中华人民共和国地方经济建设公债条例》两个政策文件，由此，部分地方政府如黑龙江、江西和安徽等省开始根据自身情况发行地方公债，并在 1965 年全部还清。除直接发行外，也有一部分地方债务是以向中央政府借款、中央政府对外借款转贷地方等形式存在的。但自此后一段时间，地方政府债务随着中央政府内外债的消失而停止。新中国成立初期的地方债务发行极大支持了新中国的经济恢复与建设。

二是在改革开放以后到分税制改革之前：自 1981 年国债恢复发行以来，中央政府一直未允许地方政府发债，但在改革开放之初，因经济发展的需要，部分地方政府为筹资建桥修路，曾经发行过一些地方债券。此外，还有一些通过国家政策银行将外国政府贷款转给地方政府使用而形成的地方政府债务，其资金多用于地方政府的交通、工业和基础设施等的建设，其他还包括由地方政府（如陕西、四川、辽宁等地）直接举借的用于教育、卫生等的国际金融组织贷款。此阶段地方政府的举债范围和借债规模都比较小，债务资金主要用于发展有利于促进地方经济的基础设施、交通、能源等项目的建设。

但 1985 年国务院发文禁止地方政府发行地方政府债券，主要是因为当时我国工业生产能力较低，地方政府发行债券主要用于固定资产投资，而工业产出品无法跟上全国固定资产投资的需要，因此，在资源紧张时期，中央通过禁止地方政府发债实现对全国固定资产投资的规划安排。

三是分税制改革后，1994 年颁布的《预算法》规定"除法律和国务院

---

① 夏锦良. 公债经济学 [M]. 北京：中国财政经济出版社，1991：216.

另有规定外，地方政府不得发行地方政府债券"。各阶段公债发展历程如表 3-1 所示。

表 3-1 我国公债发展历程

阶段		时间	代表事件	特点
新中国成立后		1950 年	人民胜利折实公债	随着计划经济体制的逐步形成，中央将全社会的财力集中掌握，将各级财政的税收和利润集中收缴，同时银行信用由中央政府集中管理，不再需要通过发行公债筹集建设资金。1968 年还清所有的内债外债后，进入了近 20 年的"既无外债也无内债"时期
		1954~1958 年	国家经济建设公债	
改革开放后	萌芽阶段	1981 年	恢复发行国债	（1）没有一级市场和二级市场，国债发行采用行政分配方式，发行之后不能流通转让 （2）国债以收据和实物为载体 （3）国债品种为到期一次性还本付息国债，即零息国债 （4）国债期限前长后短，利率前低后高，体现出一定的市场化因素
		1987 年	发行外债（马克债券）	
	由场外市场为主到场内市场为主	1988 年	尝试通过柜台销售方式发行国债，开始国债流通转让试点，国债发行市场和二级市场初具雏形	（1）发行市场初步形成，发行方式逐步由柜台销售、承购包销过渡到公开招标 （2）二级市场逐步形成，逐步由场外市场为主向场内集中交易转变 （3）国债期限基本上以 3 年期和 5 年期为主 （4）宏观经济形势对于国债发行的难易和二级市场能否正常运行，具有很强的制约作用
		1991 年	开始采用承购包销方式发行国债	
		1991 年	北京证券交易中心首次开办国债回购业务	
		1992 年	上海证券交易所推出国债期货交易	
		1993 年	采用承购包销方式首次尝试发行记账式国债，并建立国债一级自营商制度	
		1994 年	首次引入重点面向个人投资者发行的凭证式国债	
		1994 年	规定赤字不得再向央行透支或借款，必须发行长短期国债	
		1995 年	发生"327"国债事件，中国证监会决定暂停国债期货交易	

续表

阶段	时间	代表事件	特点
改革开放后	1997 年	银行间债券开展质押式回购业务，此前基本为现货交易	（1）国债市场以银行间市场为主 （2）国债期限以中长期国债为主，发行了超长期固定利率和少量浮动利率国债 （3）商业银行等各类金融机构成为非常重要的国债投资者群体 （4）中央银行恢复在国债市场上进行公开市场操作
	1998 年	为应对国际金融危机，首次在财政年度执行中追加发行 1 000 亿元	
	1998 年	发行 2 700 亿元特别国债，用于补充国有商业银行资本金	
	1998 年	取消实物国债	
	1998 年	中国人民银行恢复公开市场业务	
	2003 年	发行短期债券对冲外汇储备增长	
	2004 年	推出买断式回购	
	2006 年	发行 1 年期以内的短期国债	
	2013 年	国务院同意开展国债期货交易，国债期货重新在中金所上市	

我国地方债发展历程，见表 3 - 2。

表 3 - 2　　　　　　　　　　　我国地方债发展历程

时间	地方债发行情况	其他地方债务情况
1950 年	我国首次发行的地方债券——东北生产建设折实公债	—
1958 年	中央规定自 1959 年起，停止发行全国性公债，并停止举借外债，但允许各级地方政府发行短期的地方经济建设公债（如安徽、黑龙江等）	—
20 世纪 80 年代初	随着国债发行重启，地方政府开始发行地方政府债券	—
1985 年	国务院发文禁止地方政府发行地方政府债券	—
1992 年	—	经上海市人民政府授权，成立了上海市城市建设投资开发总公司，是地方融资平台的雏形
1994 年	颁布《预算法》，规定除法律和国务院另有规定外，地方政府不得发行地方政府债券；我国实行分税制改革	—

续表

时间	地方债发行情况	其他地方债务情况
1998 年	为应对金融危机，开始实施积极的财政政策和宽松的货币政策，废除对银行实施多年的信贷总量控制制度	—
1998 年	中央政府实行以国债投资为主的积极财政政策，其中有一部分以国债转贷的方式转贷给地方政府使用，由于偿债责任是由地方政府来承担的，因此形成了事实上的地方政府债务；财政部制定《国债转贷地方政府管理办法》	—
2009 年	为应对 2008 年世界金融危机，实施积极的财政政策和宽松的货币政策，其中包括出台新增扩大内需 4 万亿元投资计划	
2009 年	《2009 年地方政府债券预算管理办法》《2009 年地方政府债券资金项目安排管理办法》和《财政部代理发行地方政府债券财政总预算会计核算办法》等多项文件，规定由财政部代理地方政府发行债券，债券上明确印有地方政府名称，并采用记账式国债发行方式，通过国债发行渠道进行发行	中国人民银行与中国银监会联合发布《关于进一步加强信贷结构调整促进国民经济平稳较快发展的指导意见》，提出支持有条件的地方政府组建投融资平台，发行企业债、中期票据等融资工具，拓宽中央政府投资项目的配套资金融资渠道
2010 年	—	国务院下发《国务院关于加强地方政府融资平台公司管理有关问题的通知》，旨在加强地方政府融资平台公司管理，有效防范地方政府债务风险
2011 年	出台《地方政府自行发债试点办法》，批准在上海市、浙江省、广东省、深圳市开始实施地方政府自行发债试点	—
2012 年	—	中国银监会发出《关于加强 2012 年地方政府融资平台贷款风险监管的指导意见》，要求 2012 年各银行在年度信贷计划安排上原则上不得新增融资平台贷款规模，各银行不得对信贷分类中列为压缩类的融资平台新发放贷款，各地区融资平台贷款余额不得超过当地政府可承受债务规模上限
2013 年	财政部发布《2013 年地方政府自行发债试点办法》，增加了江苏省和山东省作为发债试点，尝试地方政府发债的可行性，提高地方政府债务管理能力	—
2014 年	修订新《预算法》赋予了地方政府适度的举债权利	国务院批转国家发改委《关于 2014 年深化经济体制改革重点任务的意见》提出，地方性债务改革的思路是，建立以政府债券为主体的地方政府举债融资机制，剥离融资平台公司政府融资职能

自 1994 年《预算法》明确禁止地方政府举债开始，分税制将财政收入逐渐集中到中央，地方政府面临着日益明显的收支矛盾。由于举债途径被封闭，这一时期地方政府债务来源主要源于地方融资平台以及中央国债转贷。从融资平台发展阶段看，两次金融危机后中央的积极财政政策与宽松货币政策助推了融资平台的发展。

1998 ~ 2008 年间，以融资功能为主、投资功能为辅的融资平台公司大量产生和发展；期间，国家垄断土地一级市场、国有土地有偿使用制度逐步推行，"招拍挂"制度大力实施，由此形成的地方土地财政成为融资平台公司发展的重要推手和支撑。

2008 ~ 2009 年间，刺激政策导致融资平台发展呈现新的特征：第一，县级政府融资平台大量增加；第二，融资平台的机构性质开始多元化，从以国有独资公司为主转向包含国有独资公司、事业单位乃至行政部门性质的多元化存在，融资平台依赖的担保和还贷资金来源，也迅速从土地出让收入和项目经营性收入扩展到财政性专项收费收入乃至财政一般预算收入；第三，在融资平台数量急剧扩张、负债规模快速膨胀的同时，参与融资平台组建和贷款发放的商业银行也大大增加；第四，很多地方政府甚至违背《预算法》和《担保法》等有关法律法规，通过承诺函等间接形式为融资平台举债提供担保，有的直接以财政收入、财政偿债基金、行政事业单位国有公益性资产等形式提供担保，甚至有的地方政府部门和事业单位也直接举借债务；第五，融资平台在大量获得银行贷款的同时，也积极采用企业债券等直接融资方式；第六，出现影子平台，即充当地方政府和金融市场的融资中介，代表地方政府从金融市场筹措资金，不承担贷款偿还责任，不参与用款项目的建设管理，融资平台本身也没有经营性收入。

融资平台的过度发展引起了人们对地方政府债务风险的关注，也开始反思政府融资途径。2009 ~ 2014 年间，有关地方政府性债务管理的政策文件密集出台，地方政府公开举债的政策倾向日趋明显。2009 年发布了《2009 年地方政府债券预算管理办法》《2009 年地方政府债券资金项目安排管理办法》和《财政部代理发行地方政府债券财政总预算会计核算办法》等多项文件，规定由财政部代理地方政府发行债券，债券上明确印有地方政府名称，并采用记账式国债发行方式，通过国债发行渠道进行发行。2010 年后，政府加强了对融资平台的监管，并开始逐渐收紧融资平台的政府筹资功能。2011 年出台了《地方政府自行发债试点办法》，批准在上海市、浙江省、广东省、深圳市开始实施地方政府自行发债试点。2013 年财政部发布《2013年地方政府自行发债试点办法》，增加了江苏省和山东省作为发债试点，尝试地方政府发债的可行性，提高地方政府债务管理能力。2014年新《预算法》修订及后续法规的出台，允许地方政府发行债券筹措资金，市县级政府确需举借债务的由省、自治区、直辖市政府代为举借，中央对地方政府债务余额实行限额管理，地方政府债务纳入预算管理。

至此，地方政府债务融资开始由隐性间接举债转向显性直接举债模式，地方政府债务整顿开始，后续的地方政府债务风险管控机制亟待建立，这是本书后续部分着重分析的主题。

3.2 2015年债务整顿前我国地方政府性债务存量情况

3.2.1 地方政府债务规模情况——基于审计系统公开数据

本部分将以审计系统目前公开数据为观察对象，分析地方政府债务规模、债务风险相关指标、债务主体情况、融资渠道、资金用途以及债务期限结构情况，以期对地方政府性债务现状有较为直观的了解。需要注意的是，本部分重点观察的是本轮地方政府债务管理所面临的债务现状，因此主要以2013年6月节点的审计数据进行分析，从而了解2014年至今围绕地方政府债务管控的一系列改革举措所要解决的问题，为后文对当前管控思路的评价及相应对策建议提供分析依据。

由于我国目前区域发展不平衡问题客观存在，各区域地方政府债务发行及应用也面临不同的经济社会环境。因此本章及后续章节的分析将观察不同区域的地方政府债务特征。有关我国区域的划分，将结合传统东、中、西部划分方法以及2016年8月《关于贯彻落实区域发展战略促进区域协调发展的指导意见》（国家发展改革委发布）对区域的划分，将全国划分为东部、中部、西部、东北四个地区。其中，东部地区进一步细化为华北地区、华东地区、东南地区三个部分，华北地区将仅观察华北东缘地区，即河北省、北京市与天津市；华东地区通常还包括安徽、江西二省，此处将仅讨论属于东部省份的部分，即江苏、浙江、山东、上海；东南地区分析时，由于港、澳、台三地与内地并不适用同一套体制，因此将只探讨广东、海南、福建等省份。中部地区将按照传统中部六省的划分（山西、安徽、江西、河南、湖北、湖南)。西部地区在传统区域划分基础上进而细化观察西南五省区市(四川、贵州、云南、重庆、西藏)与西北五省区(陕西、甘肃、青海、宁夏、新疆)。东北地区分析时仅包含辽宁、吉林、黑龙江东北三省。后文在债务风险及现行政府债务管控改革思路的分析中,将沿用此区域划分依据。

2010 年后,我国 GDP 与地方财政收入增速开始进入下行通道,但地方政府性债务却表现出加速增长趋势。从地方政府性债务的总量看,2010 年底负有偿还责任的债务为 6.7 万亿元,2013 年 6 月底为 10.9 万亿元,期间年化增长率为 24.88%,而同期的 GDP 增速为 9.5% ~ 7.8%,地方财政收入增速为 25% ~ 10.2%,且均呈现逐年下降态势。2014 年底负有偿还责任债务 15.4 万亿元,2013 年 6 月底到 2014 年底间年化增长率 27.65%,呈加速增长态势,而同期的 GDP 增速与地方财政收入增速为 7.3% 和 8.6%。政府负有担保责任的债务增速较慢,2010 年底至 2013 年 6 月底期间年化增长率仅为 5.62%,但同期政府可能承担一定救助责任的债务则高速增长,2013 年 6 月底债务总额为 2010 年底的 2.6 倍,年化增速 63.96%。详情如表 3 - 3 所示。

表 3 - 3	地方政府性债务总量情况		单位:亿元
指标名称	2010 年 12 月	2013 年 6 月	2014 年 12 月
政府负有偿还责任的债务	67 109.51	108 859.17	154 000.00
政府负有担保责任的债务	23 369.77	26 655.77	—
政府可能承担一定救助责任的债务	16 695.66	43 393.72	—

资料来源:根据 Wind 数据、政府审计数据及相关年度预算披露情况整理。

表 3 - 4 反映了地方政府负有偿还责任的债务情况。从分地区债务总量看,截至 2015 年底省区市级债务规模前 5 名分别为江苏、山东、浙江、广东、贵州,其中前三省份均为华东地区,值得注意的是贵州债务规模达到 9 141 亿元,增速较快,规模较大。从地区看,华北地区债务规模以北京、河北为主,天津债务规模较小。华东、东南地区债务规模较大,这体现了该区域发达的经济支撑水平与政府融资能力。中部地区负债水平基本在 3 000 亿 ~ 5 000 亿元水平,基本属于全国中下游水平。西部地区各省份债务规模分化情况较为明显,西南地区债务规模要高于西北地区,云南、贵州、四川三省规模均在 6 000 亿元以上。从增速看,2010 年底至 2013 年 6 月底期间,甘肃

年化增速最高，达59%，福建增速56%。13个省及自治区均超过全国增速24.88%，依次为甘肃、福建、湖北、安徽、四川、河南、浙江、江苏、山西、海南、新疆、山西、山东。2013年6月底至2015年底期间，宁夏增速最高，达50.71%，10个省份超过全国增速27.64%，从高到低依次为宁夏、广西、山东、福建、贵州、陕西、浙江、安徽、新疆、云南。综合分析，近年来浙江、山东等东部经济大省以其经济体量支撑保持较快增长，但相对而言，经济下行压力加大的情况下，中、西部省份依靠投资拉动经济，2013年前中部省份保持一轮债务规模扩张，2013年后西部省份地方债务规模扩张明显。

表3-4　　　　　　　　　地方政府负有偿还责任的债务情况　　　　　　单位：亿元

地区划分		省区市	2010年12月	2012年12月	2013年6月	2014年12月	2015年12月
东部地区	东北地区	辽宁	2 676.9	5 148.65	5 663.32	—	8 718.5
		吉林	1 858.8	2 573.50	2 580.93	—	3 018.7
		黑龙江	—	1 834.65	2 042.11		3 165.0
	华北地区	北京	—	5 972.34	6 506.07	—	6 689.4
		天津	—		2 263.78		2 592.0
		河北		3 657.18	3 962.29	5 653	5 888.0
	华东地区	山东	2 587.39	3 970.40	4 499.13	9 252.8	9 533.80
		江苏		6 523.38	7 635.72	—	10 556.26
		浙江	4 445.81	4 323.22	5 088.24	8 939.3	9 188.30
		上海		5 184.99	5 194.30	5 812.5	6 018.50
	东南地区	广东	5 891.76	6 554.41	6 931.64	—	9 141.6
		福建	—	1 915.88	2 453.69		5 051.3
		海南	685.04	916.93	1 050.17	1 448.9	
中部地区		山西	949.26	1 327.41	1 521.06	1 951.8	2 122.8
		安徽	—	2 559.86	3 077.26	—	5 424.1
		江西		2 227.28	2 426.45	3 681.2	3 905.2
		河南	1 924.53	2 993.45	3 528.38	—	—
		湖北	2 908.00	4 262.50	5 150.94	4 437.5	4 697.5
		湖南	2 042.34	3 157.31	3 477.89	—	—

续表

地区划分		省区市	2010 年 12 月	2012 年 12 月	2013 年 6 月	2014 年 12 月	2015 年 12 月
西部地区	西北地区	陕西	—	2 403.76	2 732.56	—	5 064.8
		甘肃	626.30	942.90	1 221.12	—	1 709.5
		青海	—	697.73	744.82	—	—
		宁夏	371.64	448.20	502.20	—	1 138.9
		新疆	812.11	1 435.78	1 642.35	2 658.7	2 863.7
	西南地区	四川	—	5 533.59	6 530.98	7 485.0	7 808.0
		贵州	—	—	4 622.58		9 135.5
		云南	—	3 502.41	3 823.92	6 419.1	6 628.1
		重庆	1 782	3 294.41	3 575.09	0	3 412.4
		西藏	—	—	—	—	
	广西		1 440.66	1 946.40	2 070.78	—	4 464.8
	内蒙古		1 978.30	3 070.26	3 391.98		5 675.5

资料来源：根据 Wind 数据、政府审计数据及相关年度预算披露情况整理。

表 3-5 反映了地方政府负有担保责任的债务情况。以 2013 年 6 月底担保责任债务情况看，相比于偿还责任债务，全国担保债务与偿还债务的比例为 24.49%，14 个省区市高于全国比例，从高到低依次为山西（153%）、天津（65%）、重庆（64%）、广西（59%）、黑龙江（51%）、新疆（49%）、吉林（38%）、宁夏（36%）、陕西（35%）、甘肃（35%）、江西（34%）、山东（27%）、内蒙古（26%）、四川（25%），东部地区担保责任债务与偿债责任债务的比例较低，中、西部及东北地区该比例较高。从增速看，各省区市间差异较大，青海、福建、山西、新疆、内蒙古增速分别高达 63.47%、46.75%、42.84%、34.92%、27.91%，中西部增速相对较快。

表 3-5　　　　　　　　地方政府负有担保责任的债务情况　　　　　　单位：亿元

地区划分		省区市	2010 年 12 月	2012 年 12 月	2013 年 6 月	2014 年 12 月
东部地区	东北地区	辽宁	998	1 212.07	1 258.07	—
		吉林	999	916.28	972.95	—
		黑龙江	—	967.52	1 049.89	—

续表

地区划分		省区市	2010 年 12 月	2012 年 12 月	2013 年 6 月	2014 年 12 月
东部地区	华北地区	北京	—	159.22	152.05	—
		天津			1 480.60	
		河北	—	933.60	949.44	1 112.57
	华东地区	山东	1 207.01	1 211.72	1 218.68	—
		江苏	—	964.26	977.17	
		浙江	475.42	294.53	327.09	
		上海	—	538.22	532.37	
	东南地区	广东	897.76	1 008.56	1 020.85	
		福建	—	197.55	243.73	
		海南	224.14	226.50	225.26	120.40
中部地区		山西	1 374.21	1 921.99	2 333.71	—
		安徽	—	565.29	601.20	
		江西	—	803.96	832.56	
		河南	281.70	273.68	273.52	
		湖北	1 287.95	736.06	776.89	
		湖南	818.32	691.85	733.41	—
西部地区	西北地区	陕西	—	920.53	947.75	
		甘肃	674.00	410.26	422.80	
		青海	—	121.85	160.52	
		宁夏	170.24	168.84	180.55	
		新疆	487.08	687.64	807.71	
	西南地区	四川	—	1 585.07	1 650.90	3 815.00
		贵州	—	—	973.70	
		云南	—	409.46	439.42	—
		重庆	252.00	2 095.84	2 299.88	
		西藏	—	—	—	
	广西		920.78	1 125.12	1 230.89	—
	内蒙古		760.60	761.07	867.27	—

资料来源：根据 Wind 数据、政府审计数据及相关年度预算披露情况整理。

表3-6反映了地方政府可能承担一定救助责任的债务情况。以2013年6月底救助责任债务情况看,相比于偿还责任债务,全国救助责任债务与偿还责任债务的比例为39.86%,13个省区市高于全国比例,从高到低依次为甘肃(107.9%)、湖南(101.4%)、陕西(88.3%)、江苏(80.6%)、福建(68.7%)、河北(65.7%)、安徽(52.6%)、上海(52.5%)、广西(49.6%)、河南(49.3%)、天津(48.1%)、云南(44.2%)、重庆(41.5%)。该比例各区域内部差异较大,13个省区市中,东部省份5个,西部省份5个,中部省份3个。从增速情况看,各省区市间,各年度间增速波动较大。2010年底至2013年6月间,重庆年化增速高达471.76%,甘肃高达433.97%,此外,吉林、新疆、湖北也出现翻番增长的情况。2013年增速相对下降,也出现了海南高达109.61%的增速。

表3-6　　　　　　　　地方政府可能承担一定救助责任的债务情况　　　　　　单位:亿元

地区划分		省区市	2010年12月	2012年12月	2013年6月	2014年12月
东部地区	东北地区	辽宁	246.70	588.53	669.48	—
		吉林	175.20	540.04	694.48	—
		黑龙江	—	461.91	496.12	—
	华北地区	北京	—	839.40	896.02	—
		天津	—	—	1 089.36	—
		河北	—	2 239.89	2 603.03	3 156.59
	华东地区	山东	957.79	1 213.96	1 389.99	—
		江苏	—	5 378.79	6 155.85	—
		浙江	956.54	1 297.62	1 513.04	—
		上海	—	2 540.54	2 729.18	—
	东南地区	广东	713.44	1 988.01	2 212.88	—
		福建	—	1 460.20	1 684.46	—
		海南	43.77	87.47	135.41	149.70
中部地区		山西	128.90	294.54	323.73	—
		安徽	—	1 362.83	1 618.86	—
		江西	—	520.52	673.48	—
		河南	709.51	1 486.15	1 740.04	—
		湖北	324.23	1 523.25	1 752.95	—
		湖南	1 426.12	3 125.52	3 525.99	—

续表

地区划分		省区市	2010 年 12 月	2012 年 12 月	2013 年 6 月	2014 年 12 月
西部地区	西北地区	陕西	—	2 137.95	2 413.48	—
		甘肃	114.6	1 109.26	1 317.55	—
		青海	—	121.25	152.31	—
		宁夏	80.23	106.21	108.25	—
		新疆	63.44	250.56	296.09	—
	西南地区	四川	—	884.12	1 047.74	1 724
		贵州			725.33	
		云南	—	1 422.95	1 691.49	
		重庆	125	1 304.41	1 485.3	
		西藏		—	—	
	广西		394.69	850.57	1 027.58	—
	内蒙古		102.8	246.41	282.82	

资料来源：根据 Wind 数据、政府审计数据及相关年度预算披露情况整理。

3.2.2 衡量地方政府债务风险的指标分析

本部分将考察地方政府债务风险的相关指标，包括债务率、负债率以及逾期债务率。受数据所限，相关指标仅有负债率更新到 2015 年。

1. 地方政府债务率

债务率是用来衡量政府债务规模的指标，该指标计算公式为：

债务率 = 年末政府负有偿还责任的债务余额/当年政府综合财力

2014 年《预算法》修正后，政府全部收支纳入四本预算中，包括一般公共预算、政府性基金预算、国有资本经营预算以及社会保障基金预算。其中社会保障基金收入相对独立，不能用于平衡公共预算支出，因为地方政府综合财力计算公式为：

地方政府综合财力 = 公共预算收入及转移支付收入 + 基金收入及
转移性基金收入 + 国有资本经营预算收入

国际货币基金组织设定的债务风险参考值为 90% ~ 150%。从 2012 年底的指标情况看，达到 90% 风险参考值的仅有北京、重庆、贵州、云南四省市，某种意义上看也说明地方政府具有进一步举债的空间。从各地区的债务率情况看，东部省份华北地区债务率较高，华东、东南地区除上海（87.62%）、海南（81.03%）以外，债务率水平在 50%～60% 区间。中部地区债务率出现分化，湖北高达 88% 债务率，湖南、江西债务率在 70% 左右，而其余三省则在 50% 水平。西部债务情况出现分化，西南五省区债务率较高，西北五省区债务率相对较低。东北三省债务率情况差异较大。详见表 3-7。

表 3-7		地方政府债务率情况	单位：%
地区划分		省区市	2012 年
东部地区	东北地区	辽宁	71.4
		吉林	84.13
		黑龙江	54.41
	华北地区	北京	99.86
		天津	72.45
		河北	80.62
	华东地区	山东	55.22
		江苏	60.34
		浙江	66.11
		上海	87.62
	东南地区	广东	59.41
		福建	55.47
		海南	81.03
中部地区		山西	52.55
		安徽	52.96
		江西	68.05
		河南	48.01
		湖北	88
		湖南	74.14
西部地区	西北地区	陕西	68.64
		甘肃	46.99
		青海	57.79
		宁夏	50.48
		新疆	54.53

续表

地区划分		省区市	2012 年
西部地区	西南地区	四川	77.65
		贵州	92.01
		云南	91.01
		重庆	92.75
		西藏	—
		广西	57.86
		内蒙古	77.18

资料来源：根据 Wind 数据、政府审计数据整理。

2. 地方政府负债率

负债率为衡量经济总规模对政府债务的承载能力，或经济增长对于政府举债的依赖程度，该指标计算公式为：

负债率 = 年末政府负有偿还责任的债务余额/当年 GDP

欧盟《马斯特里赫特条约》将该债务风险指标的安全标准值设定为 60%。从现有信息显示，2012~2015 年间负债率整体呈攀升态势，现有 26 个具有可用数据的省区市中，仅北京、上海、重庆、湖北、吉林五省市负债率出现下降。从 2015 年的指标情况看，高于 60% 风险参考值的省份为贵州 86.98%，此外相对较高的为云南（48.67%）和宁夏（39.11%）。从负债率增长程度看，宁夏增幅最大，约 20 个百分点。增幅超过 10 个百分点的共计 6 个省区，除宁夏外由高至低依次为云南、内蒙古、广西、新疆、陕西。总体看，中、西部省份负债率增幅要高于东部省份。详见表 3-8。

表 3-8　　　　地方政府负债率情况　　　　单位：%

地区划分		省区市	2010 年	2012 年	2015 年
东部地区	东北地区	辽宁	14.50	20.72	30.41
		吉林	21.45	21.55	21.47
		黑龙江	—	13.40	20.98
	华北地区	北京	—	33.40	29.07
		天津	—	—	15.67
		河北	—	13.76	19.75

续表

地区划分		省区市	2010 年	2012 年	2015 年
东部地区	华东地区	山东	6.61	7.94	15.13
		江苏	—	12.07	15.06
		浙江	16.04	12.47	21.42
		上海	—	25.69	23.96
	东南地区	广东	12.80	11.49	12.55
		福建	—	9.72	19.44
		海南	33.18	32.11	—
中部地区		山西	10.32	10.96	16.63
		安徽	—	14.87	24.65
		江西	—	17.20	23.35
		河南	8.33	10.11	—
		湖北	18.21	19.16	15.90
		湖南	12.73	14.25	—
西部地区	西北地区	陕西	—	16.63	28.10
		甘肃	15.20	16.69	25.18
		青海	—	36.85	—
		宁夏	22.00	19.14	39.11
		新疆	14.94	19.13	30.71
	西南地区	四川	—	23.18	25.98
		贵州	—	—	86.98
		云南	—	33.97	48.67
		重庆	22.48	28.87	21.71
		西藏	—	—	—
	广西		15.05	14.93	26.57
	内蒙古		16.95	19.33	31.83

资料来源：根据 Wind 数据、政府审计数据计算整理。

3. 逾期债务率

预期债务率反映的是政府到期不能偿还债务的情况，该指标计算公式为：

逾期债务率 = 年末逾期债务余额/年末债务余额

审计系统仅公布了 2012 年末的各省区市逾期债务率情况。政府负有偿还责任的逾期债务率相对较低，高于 3% 的共计有 6 个省份，由高至低依次为湖南、云南、内蒙古、陕西、河南、四川，最高为湖南省 4.1%。政府负有担保责任债务的逾期债务率情况为：3% 以上的共计 8 个省份，由高至低依次为甘肃、河南、湖南、云南、四川、广东、陕西、河北，甘肃省高达10.27%。政府可能负有一定救助责任债务的逾期债务率情况为：4% 水平以上的共计 9 个省份，由高至低依次为内蒙古、山东、江西、山西、宁夏、黑龙江、四川、河北、湖南，内蒙古高达 28.31%；3%～4% 水平的省份由高到低依次为河南、甘肃、湖北、重庆、安徽、辽宁、吉林、贵州。详见表 3-9。

表 3-9　　　　　　　　地方政府逾期债务率情况　　　　　　　　单位：%

地区划分		省区市	偿还责任	担保责任	救助责任
东部地区	东北地区	辽宁	2.56	0.84	3.15
		吉林	1.79	1.29	3.12
		黑龙江	2.36	1.10	5.31
	华北地区	北京	0.14	1.67	0.03
		天津	0	0.04	1.42
		河北	2.56	3.08	4.71
	华东地区	山东	2.76	0.91	8.82
		江苏	1.38	0.87	2.14
		浙江	0.15	0.14	0.32
		上海	0.01	0.28	0
	东南地区	广东	1.90	3.39	1.55
		福建	0.94	1.83	0.56
		海南	0.24	0.45	1.77
中部地区		山西	1.94	0.47	8.19
		安徽	2.44	1.00	3.17
		江西	1.55	1.13	8.59
		河南	3.40	7.04	3.62
		湖北	1.91	2.92	3.49
		湖南	4.10	5.58	4.04

续表

地区划分		省区市	偿还责任	担保责任	救助责任
西部地区	西北地区	陕西	3.65	3.11	0.91
		甘肃	2.98	10.27	3.55
		青海	0.78	1.25	2.46
		宁夏	2.41	0.16	6.80
		新疆	2.55	0.81	1.58
	西南地区	四川	3.19	3.39	5.20
		贵州	2.28	2.03	3.11
		云南	4.09	5.44	1.49
		重庆	2.46	0.45	3.37
		西藏	—	—	—
	广西		1.88	0.99	1.94
	内蒙古		3.66	1.98	28.31

资料来源：根据 Wind 数据、政府审计数据计算整理。

总体来看，随着政府偿债责任的硬性要求下降，政府逾期债务率提高，东部等经济强省虽然具有较高的债务规模，但债务风险相对较低；而中、西部省份高企的债务水平缺乏经济实力支撑，可能面临财政疲软的风险。

3.2.3 地方政府性债务举债主体分析

各层级地方政府的举债占比情况如表 3 – 10 所示。不同类别的债务具有不同的结构特征。就政府负有偿还责任的债务而言，主要债务集中在市级政府，其次为县乡基层政府，省级占比相对较低。从趋势看，省市两级政府债务占比下降，县乡基层政府占比增加。就政府负有担保责任的债务而言，主要债务集中在省级政府，随着政府层级下降，占比也相应下降。从趋势看，省级政府债务占比上升。就政府可能承担一定救助责任的债务而言，随着政府层级下降，占比相应下降，但从趋势看，市县两级政府债务占比略有上升，各级政府债务结构相对稳定。

表 3-10   各层级地方政府的举债占比情况

指标名称		2010 年		2013 年 6 月	
		金额（亿元）	比例（%）	金额（亿元）	比例（%）
偿还责任	总额	67 109.51	—	108 859.17	—
	省级	12 699.27	18.92	17 780.84	16.33
	市级	32 460.00	48.37	48 434.61	44.49
	县级	21 950.27	32.71	39 573.60	36.35
	乡镇	—	—	3 070.12	2.82
担保责任	总额	23 369.77	—	26 655.77	—
	省级	11 977.11	51.25	15 627.58	58.63
	市级	7 667.98	32.81	7 424.13	27.85
	县级	3 724.66	15.94	3 488.04	13.09
	乡镇	—	—	116.02	0.44
救助责任	总额	16 695.66	—	43 393.72	—
	省级	7 435.59	44.54	18 531.33	42.71
	市级	6 504.10	38.96	17 043.70	39.28
	县级	2 755.98	16.51	7 357.54	16.96
	乡镇	—	—	461.15	1.06

资料来源：根据 Wind 数据、政府审计数据计算整理。

　　地方政府的发债主体情况如表 3-11 所示。就政府负有偿还责任的债务而言，融资平台公司占比最大，但呈下降趋势，其次为政府部门和机构，占比呈上升趋势，经费补助事业单位举债占比基本稳定，举债主体基本为上述三类机构；就政府负有担保责任的债务而言，政府部门和机构、融资平台公司占比均达 30% 以上，相较于 2010 年的变化，2013 年国有独资或控股企业占比 21.59%，国有企业分担了地方政府的部分支出责任；就政府可能承担一定救助责任的债务而言，融资平台公司与国有企业占比较大，事业单位占比由 30% 下降到 20%。综上所述，我国地方政府从事基础建设等资本性支出时，地方政府可能将筹资责任转移给融资平台与国有企业。这种支出分担从某种意义上，也为我们留下一个选题，即传统理论上主张由政府提供的公共物品与准公共物品相关领域，是否一定要由政府提供。

表 3 – 11 地方政府的发债主体情况

指标名称		2010 年		2013 年 6 月	
		金额（亿元）	比例（%）	金额（亿元）	比例（%）
偿还责任	融资平台公司	31 375.29	46.75	40 755.54	37.44
	国有独资或控股企业	—	—	11 562.54	10.62
	政府部门和机构	15 817.93	23.57	30 913.38	28.40
	经费补助事业单位	11 234.19	16.74	17 761.87	16.32
	公用事业单位	1 097.20	1.63	1 240.29	1.14
	自收自支事业单位	—	—	3 462.91	3.18
	其他单位	7 584.91	11.30	3 162.64	2.91
担保责任	融资平台公司	8 143.74	34.85	8 832.51	33.14
	国有独资或控股企业	—	—	5 754.14	21.59
	政府部门和机构	9 157.67	39.19	9 684.20	36.33
	经费补助事业单位	1 551.88	6.64	1 031.71	3.87
	公用事业单位	304.74	1.30	143.87	0.54
	自收自支事业单位	—	—	377.92	1.42
	其他单位	4 211.75	18.02	831.42	3.12
救助责任	融资平台公司	10 191.68	61.04	20 116.37	46.36
	国有独资或控股企业	—	—	14 039.26	32.35
	政府部门和机构	—	—	—	—
	经费补助事业单位	4 404.19	26.38	5 157.10	11.88
	公用事业单位	1 096.34	6.57	1 896.36	4.37
	自收自支事业单位	—	—	2 184.63	5.03
	其他单位	1 003.48	6.01	—	—

资料来源：根据 Wind 数据、政府审计数据计算整理。

3.2.4 地方政府性债务融资渠道分析

审计系统将地方政府债务形式大致划分为如下几类：银行贷款、上级财政欠款、其他单位和个人借款、BT 回购款、发行债券（包括地方政府债券、企业债券、中期票据以及短期融资券等形式）、信托融资、证券业与保险业等其他金融机构融资、国债和外债等财政转贷、融资租赁、集资、应付未付款项、垫资施工、延期付款等。从中反映的我国政府性债务融资主要渠道可大致分为银行信贷、其他金融机构融资、债券融资以及项目融资（施工方垫资等形式）。

表3-12为地方政府性债务融资渠道情况，两年度比较下最大的差异为：银行贷款比重明显下降。各类债务中银行贷款占比最高，但2013年6月底的债务统计口径中融资渠道明显增加。从2013年6月底债务融资渠道看，就政府负有偿还责任的债务而言，银行贷款占比最大，为45.93%，其次为BT项目形成的债务10.10%，债券融资占比9.69%，应付未付款项6.47%，信托融资6.33%。综合来看，政府负有偿还责任的债务中与工程相关的占比约为20%。此外还应注意：银行信贷融资成本通常高于政府及企业债券，而2010年后快速增长的信托融资，则通常要求更高的利率。

表3-12　　　　　　　　地方政府性债务融资渠道情况

指标名称		2010年		2013年6月	
		金额（亿元）	比例（%）	金额（亿元）	比例（%）
偿还责任	银行贷款	50 225.00	74.84	55 252.45	45.93
	上级财政	2 130.83	3.18	—	—
	其他单位和个人借款	9 242.30	13.77	6 679.41	5.55
	BT回购款	—	—	12 146.30	10.10
	发行债券	5 511.38	8.21	11 658.67	9.69
	发行债券：地方政府债券	—	—	6 146.28	5.11
	发行债券：企业债券	—	—	4 590.09	3.82
	发行债券：中期票据	—	—	575.44	0.48
	发行债券：短期融资券	—	—	123.53	0.10
	应付未付款项	—	—	7 781.90	6.47
	信托融资	—	—	7 620.33	6.33
	垫资施工、延期付款	—	—	3 269.21	2.72
	证券、保险业和其他金融机构融资	—	—	2 000.29	1.66
	国债、外债等财政转贷	—	—	1 326.21	1.10
	融资租赁	—	—	751.17	0.62
	集资	—	—	373.23	0.31

续表

指标名称		2010 年		2013 年 6 月	
		金额（亿元）	比例（%）	金额（亿元）	比例（%）
担保责任	银行贷款	19 134.14	81.88	19 085.18	67.42
	上级财政	2 347.10	10.04	—	—
	其他单位和个人借款	821.74	3.52	552.79	1.95
	BT 回购款	—	—	465.05	1.64
	发行债券	1 066.77	4.56	1 673.58	5.91
	发行债券：地方政府债券	—	—	489.74	1.73
	发行债券：企业债券	—	—	808.62	2.86
	发行债券：中期票据	—	—	344.82	1.22
	发行债券：短期融资券	—	—	9.13	0.03
	应付未付款项	—	—	90.98	0.32
	信托融资	—	—	2 527.33	8.93
	垫资施工、延期付款	—	—	12.71	0.04
	证券、保险业和其他金融机构融资	—	—	309.93	1.09
	国债、外债等财政转贷	—	—	1 707.52	6.03
	融资租赁	—	—	193.05	0.68
	集资	—	—	37.65	0.13
救助责任	银行贷款	15 320.85	91.77	26 849.76	55.86
	上级财政	—	—	—	—
	其他单位和个人借款	385.68	2.31	1 159.39	2.41
	BT 回购款	—	—	2 152.16	4.48
	发行债券	989.19	5.92	5 124.66	10.66
	发行债券：地方政府债券	—	—	—	—
	发行债券：企业债券	—	—	3 428.66	7.13
	发行债券：中期票据	—	—	1 019.88	2.12
	发行债券：短期融资券	—	—	222.64	0.46
	应付未付款项	—	—	701.89	1.46
	信托融资	—	—	4 104.67	8.54

指标名称		2010 年		2013 年 6 月	
		金额（亿元）	比例（%）	金额（亿元）	比例（%）
救助责任	垫资施工、延期付款	—	—	476.67	0.99
	证券、保险业和其他金融机构融资	—	—	1 055.91	2.20
	国债、外债等财政转贷	—	—	—	—
	融资租赁	—	—	1 374.72	2.86
	集资	—	—	393.89	0.82

资料来源：根据 Wind 数据、政府审计数据计算整理。

3.2.5　地方政府性债务资金的用途

地方政府性债务资金用途情况如表 3–13 所示，据表中信息反馈，地方政府举债资金基本用于资本性支出。就政府负有偿还责任的债务而言，市政建设占比 37.49%，交通运输占比 13.78%，两类用途均较 2010 年有所下降，但合计仍超过 50%。负有担保责任与一定救助责任的债务情况看，市政建设与交通运输两项占比合计要高于偿债责任类债务。

表 3–13　　　　　　　　地方政府性债务资金用途情况

指标名称		2010 年		2013 年 6 月	
		金额（亿元）	比例（%）	金额（亿元）	比例（%）
偿还责任	市政建设	24 711.15	42.03	37 935.06	37.49
	交通运输	8 717.77	14.83	13 943.06	13.78
	土地收储	9 380.71	15.95	16 892.67	16.69
	科教文卫，保障性住房	4 374.67	7.44	11 730.48	11.59
	农林水利建设	3 273.78	5.57	4 085.97	4.04
	生态建设和环境保护	1 932.05	3.29	3 218.89	3.18
	化解地方金融风险	823.35	1.40	—	—
	工业和能源	726.00	1.23	1 227.07	1.21
	其他	4 858.12	8.26	12 155.57	12.01
担保责任	市政建设	4 917.68	22.55	5 265.29	20.54
	交通运输	10 769.63	49.39	13 188.99	51.45
	土地收储	557.02	2.55	1 078.08	4.21

续表

指标名称		2010 年		2013 年 6 月	
		金额（亿元）	比例（%）	金额（亿元）	比例（%）
担保责任	科教文卫，保障性住房	1 318.02	6.04	2 172.93	8.48
	农林水利建设	874.54	4.01	580.17	2.26
	生态建设和环境保护	403.72	1.85	434.60	1.70
	化解地方金融风险	281.29	1.29	—	—
	工业和能源	769.37	3.53	805.04	3.14
	其他	1 915.40	8.78	2 110.29	8.23
救助责任	市政建设	5 672.21	36.53	14 830.29	36.45
	交通运输	4 437.40	28.58	13 795.32	33.91
	土地收储	271.15	1.75	821.31	2.02
	科教文卫，保障性住房	3 476.33	22.39	6 769.99	16.64
	农林水利建设	435.82	2.81	768.25	1.89
	生态建设和环境保护	397.40	2.56	886.43	2.18
	化解地方金融风险	5.08	0.03	—	—
	工业和能源	29.04	0.19	260.45	0.64
	其他	802.37	5.17	2 552.27	6.27

资料来源：根据 Wind 数据、政府审计数据计算整理。

3.3　2015 年后地方政府债券发行现状

《预算法》修订后，2015 年开始省级地方政府在中央债务限额管理下公开发行地方政府债券。2015～2016 年地方政府债券发行情况如表 3 - 14 所示。

表 3 - 14　　　　　　　2015～2016 年地方政府债券发行情况

地区划分		省区市	2015 年（亿元）	2016 年（亿元）	2015 年置换债占比（%）	2016 年置换债占比（%）
东部地区	东北地区	辽宁	1 880	2 817	99.07	80.33
		吉林	765	910	61.83	16.04
		黑龙江	792	1 105	96.97	84.27

续表

地区划分		省区市	2015年（亿元）	2016年（亿元）	2015年置换债占比（%）	2016年置换债占比（%）
东部地区	华北地区	北京	1 178	1 166	70.29	64.04
		天津	565	1 667	100.00	40.36
		河北	1 420	2 321	98.87	70.32
	华东地区	山东	2 221	4 279	96.17	58.96
		江苏	3 194	4 512	100.00	59.73
		浙江	2 797	4 065	88.86	45.17
		上海	1 212	2 200	86.96	60.00
	东南地区	广东	1 588	3 500	100.00	36.12
		福建	1 349	2 137	70.42	64.29
		海南	223	551	100.00	31.93
中部地区		山西	610	788	91.33	60.82
		安徽	1 282	1 687	100.00	85.70
		江西	978	1 054	88.45	99.96
		河南	1 425	1 904	100.00	86.19
		湖北	1 483	2 644	97.24	40.51
		湖南	1 395	3 488	100.00	100.00
西部地区	西北地区	陕西	1 260	2 031	100.00	39.83
		甘肃	483	667	82.04	53.55
		青海	328	469	100.00	63.54
		宁夏	289	367	97.58	72.82
		新疆	693	1 055	84.56	76.76
	西南地区	四川	1 790	2 891	100.00	70.78
		贵州	2 350	2 590	98.72	84.95
		云南	1 567	2 066	99.97	55.43
		重庆	824	1 570	96.97	74.12
		西藏	0	16	—	—
	广西		922	1 440	74.84	74.95
	内蒙古		1 477	2 502	94.34	57.95
合计			38 340	60 459	93.73	63.47

资料来源：Wind 数据。

2015 年全国地方政府债券共发行 3.83 万亿元，其中置换债券发行共计 3.59 万亿元，占比 93.73%。2016 年全国地方政府债券共发行 6.05 万亿元，其中置换债券发行共计 3.84 万亿元，占比 63.47%。两年合计发行地方政府债券 9.88 万亿元，发行置换债券共计 7.43 万亿元，占比 75.2%。从各省份地方政府债券发行情况看，在限额管理下，地方政府 2015~2016 年间发行政府债券主要以置换债为主，尤其以 2015 年为甚，2016 年新增债券发行增加。

3.4　我国城投债发行现状

由于缺乏地方政府性债务的历史数据，因此通常将城投债作为分析地方政府性债务的替代样本。选取城投债分析的理由为：美国州与地方政府债务的主要举债方式是发行市政债券，城投债在举债形式、资金用途等方面具有相似性，此外城投债由于城市基础设施投资建设的用途，其发债主体多具有政府背景或有政府担保，其中地方政府融资平台占其中较大部分。城投债与地方政府性债务具有较大的重合，但需要说明的是，地方政府性债务中可能涉及城投债的部分为：融资平台用于城市基础设施建设的企业债券融资部分，以及地方政府具有担保责任和一定救助责任的债务中其他企业债券融资部分。而城投债也并非全部为地方政府性债务，其中也包含一部分致力于交通、市政建设等领域的企业债券。但总体上该举债形式从趋势上能够反映地方政府性债务的增长特点。

3.4.1　城投债与地方政府债务的概念辨析

新预算实施之前，我国对地方自主发行政府债券的行为进行了限制，"部分地方政府及其部门和机构等通过财政拨款或注入土地、股权等资产设立具有独立法人资格的经济实体，包括由地方政府组建的城市建设投资公司、城建开发公司、城建资产经营公司等，即融资平台来承担政府投资项目融资功能[①]"。地方政府投融资平台为城市基础设施及其他公共事业建设进行融资而发行的企业债券，即为城投债[②]。城投债包括了城投公司企业债[③]、中期票

[①]　《国务院关于加强地方政府融资平台公司管理有关问题的通知》（国发〔2010〕19 号）。

[②]　温来成. 城投债的发展前景及财政融资体制新安排［J］. 兰州商学院学报，2013（4）：1-6.

[③]　根据《企业债券管理条例》（国务院令〔1993〕第 121 号，2011 年 1 月 8 日修订），企业债是指企业依照法定程序发行，约定在一定期限内还本付息的有价证券。

据、短期融资券、超短期融资券、非公开定向债务融资工具①等，其中以企业债为主，发行数量和规模均占最大比重。

1993 年城投债首先在上海开始发行。为多渠道筹集城市建设资金，上海市人民政府于 1992 年 7 月批准和授权成立了上海市城市建设投资开发总公司，上海城投于 1993 年 4 月 15 日发行了我国第一支城市建设债券。此后，江苏、浙江、北京等地方政府也相继效仿上海，成立为本地基础设施建设融资的城投公司，并逐步扩展到全国。从发行主体、募集资金用途以及偿债来源对城投债的概念特征进行如下分析。

1. 发行主体

城投债的发行主体是地方政府融资平台或城投公司，由地方政府或相关部门牵头组建，与地方政府有着密切关系，其控股股东一般为地方国资委、人民政府、财政局和其他地方政府职能机构及其下属公司。如图 3－1 所示，通过对截至 2015 年 12 月 31 日所发行城投债的分析，城投债发行主体控股股东 46% 为地方国资委，其次是国有企业、区管委会、人民政府、财政局、交通部门和其他政府部门及其下设机构。城投公司的设立方式及其股东类型，

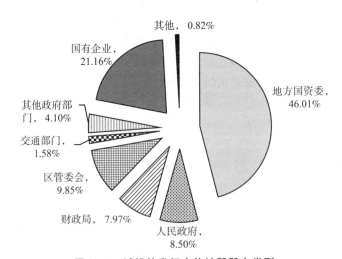

图 3－1　城投债发行主体控股股东类型

资料来源：根据 Wind 数据整理。

---

① 根据《银行间债券市场非金融企业债务融资工具管理办法》（中国人民银行令〔2008〕第 1 号），非金融企业债务融资工具，是指具有法人资格的非金融企业在银行间债券市场发行的，约定在一定期限内还本付息的有价证券，包括中期票据（MTN）、短期融资券（CP）、超短期融资券（SCP）、非公开定向债务融资工具（PPN）、资产支持票据（ABN）等。

使其在组织架构和经营上往往缺乏自主性。城投公司的经营计划、投资方向和发展规划都受到地方政府政策目标的影响，地方政府能够通过对城投公司的影响来实现自己的投资或建设目标。

2. 资金用途

城投公司的主营业务和发行城投债融入的资金主要投资于具有准公共物品性质且资本密集、投资回报周期长的城市基础设施建设项目，例如道路桥梁建设、水利和环境治理、城区改造、保障性住房建设等，很少用于盈利性高的项目。除了城投类企业债之外，城投公司还在银行间债券市场发行中期票据、短期融资券等债券产品。随着债券市场的发展，2011 年之后城投公司也开始通过发行超短期融资券、非公开定向债务融资工具等债券方式在银行间债券市场进行债务融资，这几类债券产品在城投债总体结构中所占的比重低于企业债，所筹集的资金主要用于补充建设项目资金和公司运营资本、偿还债务及调整资产结构等。

3. 偿债来源

城投债的发行主体是为承担地方政府融资目的，由地方政府通过转移无形资产、土地使用权等注资方式成立的，这种注资方式使"大多数融资平台或城投公司存在经营性资产不足的问题[①]"。而发行城投债所募集资金的投向也决定了其自身盈利能力较弱，项目自身收益无法完全偿付到期债务，需要依靠地方政府的财政补贴，或通过发行新债偿还旧债的方式来缓解自身的还债压力。为了保障城投债融资建设目的的实现，地方政府为本地融资平台公司所发行的城投债给予特许经营、税收优惠等各种优惠政策，还会为城投公司提供财政补贴或就募投项目签订 BT 回购协议等方式增加地方融资平台收益，以保障其能够按期偿还债务。城投公司与地方政府间的关系及城投债的性质、用途决定了城投公司的偿债资金需要部分依赖地方政府的财政收入进行补贴。

4. 城投债的发行与审批

由于我国目前尚未出台针对城投债的专门管理办法，因此城投债由地方融资平台按照普通企业发行债务融资工具的标准、流程进行发行和交易，从债券的审批、发行、流通到清偿均适用于我国对企业债券的管理规定。城投

---

① 涂盈盈. 城投债的发展与风险控制［J］. 中国金融，2010（7）：45－47.

类企业债由国家发展改革委采取"核准制"发行①，中期票据、短期融资券等非金融企业债务融资工具由银行间市场交易商协会采取"注册制"进行发行管理②，因此城投债的发行、审批和监管与一般企业债券、中期票据和短期融资券的管理并无差异。由于企业债是城投债最主要的构成部分，因此本书以城投类企业债为例，对其发行和审批程序作简要分析。

以城投公司企业债为例，其发行企业债券需要满足以下条件③：

（1）股份有限公司的净资产不低于人民币3 000万元，有限责任公司和其他类型企业的净资产不低于人民币6 000万元；

（2）累计债券余额不超过企业净资产（不包括少数股东权益）的40%；

（3）最近三年平均可分配利润（净利润）足以支付企业债券一年的利息；

（4）筹集资金的投向符合国家产业政策和行业发展方向，所需相关手续齐全。用于固定资产投资项目的，应符合固定资产投资项目资本金制度的要求，原则上累计发行额不得超过该项目总投资的60%。用于收购产权（股权）的，比照该比例执行。用于调整债务结构的，不受该比例限制，但企业应提供银行同意以债还贷的证明；用于补充营运资金的，不超过发债总额的20%；

（5）债券的利率由企业根据市场情况确定，但不得超过国务院限定的利率水平；

（6）已发行的企业债券或者其他债务未处于违约或者延迟支付本息的状态；

（7）最近三年没有重大违法违规行为。

其中条件4对于主要投资于基础设施建设的城投公司而言容易满足，条件5~7属于一般性条件，也较为容易满足。因此为了成功通过城投公司发行企业债融资，主要需要达到条件1~3的要求。为了满足国家对发行债券企业净资产及负债率的规定，"地方政府或部门在设立融资平台公司时会通过划拨土地使用权等资产或注入货币资金的方式以尽量增加城投公司注册资本④"，进而提高城投公司发行债券的规模。由于城投公司往往盈利能力不

① 按照《企业债券管理条例》（国务院令〔1993〕第121号，2011年1月8日修订）等规定。

② 按照《银行间债券市场非金融企业债务融资工具管理办法》（中国人民银行令〔2008〕第1号）等规定。

③ 《国家发展改革委关于推进企业债券市场发展、简化发行核准程序有关事项的通知》（发改财金〔2008〕7号）。

④ 周沅帆. 城投债——中国式市政债券［M］. 北京：中信出版社，2010：127.

足，为了满足条件三的要求，地方政府往往会给予城投公司优惠性政策支持或财政补贴。在审批程序上，城投公司企业债券的审批程序在不断简化，2008 年国家发展改革委简化了对企业债券审批环节，由"先核定规模，后核准发行"调整为"直接核准发行"。

5. 城投债的基本运作模式

根据上述分析，对城投债的运作模式总结，如图 3 - 2 所示。

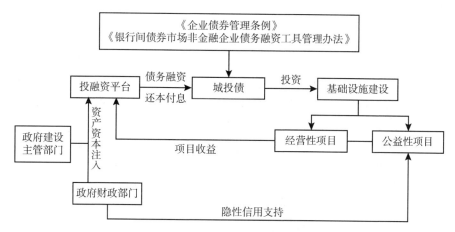

图 3 - 2　我国城投债基本运作模式

由地方政府或相关部门牵头，通过注入一定的财政资金和土地储备作为原始资本成立地方融资平台或城投公司，按照企业制度进行管理，采取市场化的方式运营平台公司。平台公司通过发行企业债券的方式筹集资金，即城投债。城投债在形式上属于企业债券的范畴，由相关部门按照国家对企业债券的管理规定进行发行核准和监管。

融资平台的设立方式使其与地方政府间有着密切的关系，在人事安排和组织架构上都没有脱离地方政府，其经营计划也受到地方政府政策目标的影响。为了保障城投债的顺利发行及其建设目的的实现，地方政府通过财政补贴、税收优惠、特许经营权、土地划拨等方式为城投债提供隐性信用支持。

同时地方政府融资平台发行城投债的资金投向一般以政府决策为导向，承担大型市政建设或公共服务项目，包括经营性项目和公益性项目。这些项目一般需要依托政府资源来撬动社会力量，以市场化的经营手段和运营方式，推动城市建设和本地区经济的发展。在收益和偿债资金来源上，经营性项目可以用项目收益来偿还债务本息，而公益性项目则需要依靠政府的财政补贴。

城投债的发行运作虽然按照企业债券进行管理，采取市场化方式进行，但不可避免地受到政府的影响。城投债的发行需求和规模受到地方政府融资需求和投资目标的影响，同时地方政府的支持和财政补贴是城投债得以满足发行条件和按约定期限偿还的保障，可以说是地方政府的变相融资方式。

6. 城投债与市政债券的比较

城投债的发行主体是企业，其所发行的债券适用我国对企业债券的管理规定，但是其与一般经营性企业性质又存在较大差异。融资平台或城投公司与地方政府之间有着密切的联系，其经营计划受到地方政府政策目标和投资意图的影响；其经营领域主要集中在城市基础设施建设、公用事业等准公共产品；城投债募集项目盈利能力弱，现金流入少，财政补贴是其重要的收入来源。因此可以认为城投债的发行主体、筹集资金用途及偿债资金来源都具有政府行为及市政债券的性质特征，是地方政府的变相融资工具，尤其是类似于收益债券。但由于城投债的直接发行主体并不是地方政府，因此只能称之为"准市政债"，介于企业债券和市政债券之间。

3.4.2　城投债发行现状

1. 城投债务总体规模

我国城投债于1993年首先在上海发行。随着地方企业债的启动及城投债纳入地方企业债范畴进行管理，2005年之后城投债迅速发展起来，发行数量和规模都快速增加。我国城投债务规模经历了一个快速膨胀的发展过程，截至2015年12月31日，我国城投债累计发行5733期，发行总规模累计达到63 021.3亿元。2006~2015年我国城投债发行数量和规模，见图3-3。从图中可以看出，近10年我国城投债发行数量和规模快速增加，2015年新增城投债17 766亿元，占当年地方财政收入的21.4%。随着城投债发行规模的增加，累计的城投债券余额也在增加，如图3-4所示。截至2015年12月31日，债券市场上尚未到期的城投债4949期，债券余额规模达51 848.3亿元，占到2015年地方财政收入的62.47%。

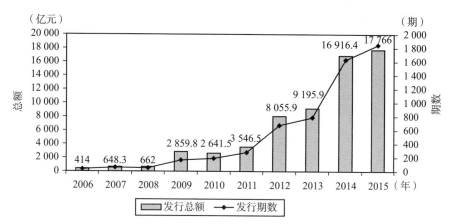

图 3－3　城投债发行数量与规模

资料来源：根据 Wind 资讯数据库数据整理。

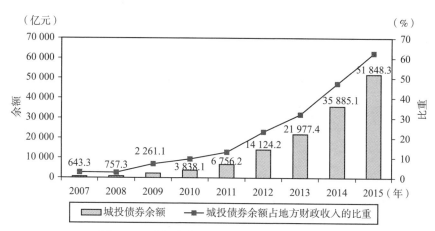

图 3－4　城投债券余额及占地方财政收入比重

资料来源：根据 Wind 资讯数据库数据整理绘制。

　　从各地的城投债发行规模和债券余额来看，截至 2015 年 12 月 31 日我国 31 个省、自治区、直辖市均已发行了城投债。各省区市 2015 年城投债发行额及城投债券余额占当年该省区市地方财政收入的比重见表 3－15，分析可知各省区市新增城投债务规模已经占到地方财政收入的相当比例，天津、江苏、重庆等省区市 2015 年新增城投债发行额已经超过了当年该省区市地方财政收入的 40%。很多省份都累积了较高的城投债券余额，青海、重庆、天津和甘肃 2015 年城投债券余额规模甚至超过了当年地方财政收入，超过了债务率 100% 的最高安全上线。

表 3 – 15　　各省区市 2015 年城投债发行额及城投债券余额占地方财政收入的比重

单位: %

省区市	城投债发行额占地方财政收入的比重	城投债券余额占地方财政收入的比重	省区市	城投债发行额占地方财政收入的比重	城投债券余额占地方财政收入的比重
北京	20.79	64.19	山东	13.84	41.25
天津	45.92	124.61	河南	10.64	49.32
河北	6.40	34.33	湖北	15.36	57.80
山西	10.23	45.15	湖南	36.05	99.52
内蒙古	4.94	32.35	广东	9.94	25.74
辽宁	20.04	81.14	广西	34.22	83.63
吉林	13.25	33.38	重庆	41.67	125.62
黑龙江	11.14	46.71	四川	30.14	69.11
上海	7.45	28.81	贵州	29.77	74.45
江苏	40.96	95.54	云南	36.50	86.98
浙江	16.72	61.22	陕西	20.63	64.82
安徽	19.27	73.66	甘肃	30.72	117.56
福建	38.50	78.21	青海	26.95	165.99
江西	19.48	61.26	新疆	24.98	69.26

　　注: 省级城投债规模由该省行政区域内省、市、县各层级融资平台所发行的城投债规模加总得出, 剔除了数据异常的宁夏、海南、西藏。
　　资料来源: 根据 Wind 数据整理。

2. 城投债务规模的变化趋势

　　总体来看, 近年以来我国城投债务规模增长速度快, 2015 年城投债发行规模较 2006 年增长了约 42 倍。2006 ~ 2015 年我国城投债发行规模较上年的增速见图 3 – 5, 除 2010 年外其余年份城投债发行总额均保持了正向增长。尤其是 2009 年城投债发行规模较 2008 年增长了约 332%。这是由于为应对 2008 年爆发的经济危机, 我国于 2008 年底提出"四万亿"经济刺激计划, 为配套中央投资计划, 地方政府的资金压力进一步增加, 不得不通过各种途径筹集资金, 刺激了地方政府通过发行城投债进行融资的需求。

2009 年 3 月，人民银行联合银监会发文对地方发展融资平台给予支持①，各类城投公司迅速发展起来，促使 2009 年城投债发行规模较 2008 年大幅增加。

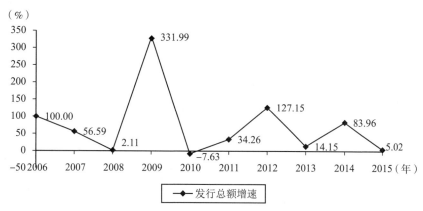

图 3 - 5　城投债发行总额增速
资料来源：根据 Wind 数据整理绘制。

　　由于城投债规模迅速增加所带来的债务风险，监管部门逐步加大了对其的监管力度。2010 年 6 月国务院出台规定要求清理整顿不规范的融资平台及债务②。2010 年 11 月，国家发展改革委发文要求进一步防范投融资平台公司债券融资风险，严格对城投债发行主体偿债能力的审核③。监管层要求清理不规范的融资平台及加强对城投债的监管使 2010 年城投债发行规模增速放缓。

　　2012 年中国银监会出台政策严控新增融资平台贷款④，促使城投债券市场发展，使 2012 年城投债发行规模大幅增加。但是总体而言，基于融资平台公司存在的问题及部分城投债出现的信用风险，监管部门对城投债的监督力度在不断加大。2012 年 12 月财政部、发改委、央行、银监会对规范地方政府通

---

　　①　2009 年 3 月 18 日，中国人民银行联合中国银监会发布《关于进一步加强信贷结构调整促进国民经济平稳较快发展的指导意见》（银发〔2009〕92 号），提出"支持有条件的地方政府组建融资平台，发行企业债、中期票据等融资工具"的意见。
　　②　《国务院关于加强地方政府融资平台公司管理有关问题的通知》（国发〔2010〕19 号）。
　　③　《国家发展改革委办公厅关于进一步规范地方政府投融资平台公司发行债券行为有关问题的通知》（发改办财金〔2010〕2881 号）。
　　④　《中国银监会关于加强 2012 年地方政府融资平台贷款风险监管的指导意见》（银监发〔2012〕12 号）。

过融资平台举借政府性债务的行为提出新的要求①。2014年9月《国务院关于加强地方政府性债务管理的意见》明确规定，禁止政府通过企业变相举借政府债务，已发行在外的城投债属于政府应当偿还的债务要纳入政府预算管理②。不仅如此，2015年我国新修订的《预算法》开始实施，允许省、自治区、直辖市政府自主发行政府债券直接举借债务。

在上述政策的影响下，我国城投债发行规模增速有所降低，但总体规模仍在增加，说明国家政策在一定程度上起到抑制城投债规模过快膨胀的作用，但未能从根本上改变这种财政机会主义行为，城投债短时间内仍然是地方政府重要的融资渠道。

3. 城投债务规模的省域、行政级别分布

分省份对我国城投债累计发行规模进行统计，见图3-6。从中可以看出不同省份城投债发行规模存在较大差别，其中江苏、北京、天津、浙江、广东、重庆、上海等省或直辖市发行的城投债券规模比较大，发行规模共计超过了全国累计城投债发行额的50%，而青海、吉林、宁夏、海南、西藏等地区城投债发行规模较小。从整体上分析可以认为，我国东部沿海发达地区及四大直辖市是我国城投类债券集中发行的地区。

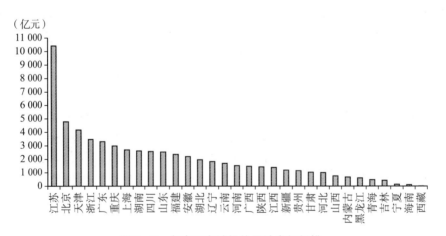

图3-6　各省区市城投债累计发行规模

资料来源：根据Wind数据整理绘制。

---

① 《财政部、发展改革委、人民银行、银监会关于制止地方政府违法违规融资行为的通知》（财预〔2012〕463号）。

② 《国务院关于加强地方政府性债务管理的意见》（国发〔2014〕43号）。

4. 各行政级别城投债发行情况

从我国城投债累计发行情况的统计来看，城投债发行主体以行政级别较高的省、自治区、直辖市及副省级和省会城市平台为主，但随着城投债券市场的扩大，城投债发行主体所处行政级别不断向低一级扩展，中小城市及欠发达地区的县市级城投公司的发债比例不断增加。

不同年份各行政级别融资平台公司发行的城投债规模占当年城投债发行总额的比重见图 3 - 7。分析可知，省级平台所发行的城投债占比较大，但呈下降趋势。副省级和省会城市融资平台发行的城投债规模占比在 15% 左右。地级市、县及县级市平台公司发行的城投债规模不断增加，一般地级市主体发行的城投债规模占比从 2006 年的 8.7% 增加到 2015 年的 28.9%。县及县级市自 2008 年开始发行城投债券以来，发行规模持续增加，2015 年县级主体发行城投债 1 727.4 亿元，占当年城投债发行总规模的 9.7%。

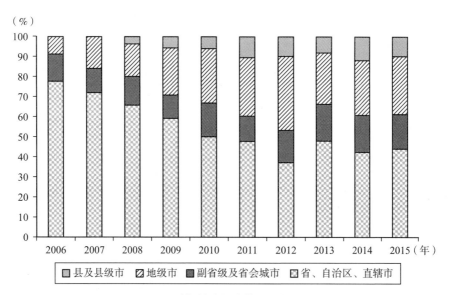

图 3 - 7　城投债发行主体行政级别占比

资料来源：根据 Wind 数据整理绘制。

较低行政级别平台发行城投债规模比率扩大降低了市场上发行主体资质，增加了城投债的信用风险。由于我国县级政府及其下设融资平台的财政失衡情况更为严重，这就增加了依赖于地方政府财政补贴的城投公司偿债资金来源压力，因此其发行的城投债便相对积累了较大的市场信用风险。

5. 发行类型

城投债主要包括企业债、中期票据和短期融资券，随着债券市场的发展，2012 年之后也开始有超短期融资券、非公开定向债务融资工具等债券形式。城投债累计发行类型构成见图 3-8。从图中可以看出，城投类债券以企业债的形式为主，发行规模占到城投债发行总规模的 43.52%。但中期票据、短期融资券和超短期融资券、非公开定向融资工具的发行额增加迅速，这是因为城投公司部分债券已经到期，需要偿还债务本息，即所谓的借新债还旧债，这也说明我国此前积累的城投债务雪球越滚越大，不得不通过举借更多的新债来偿还旧债。

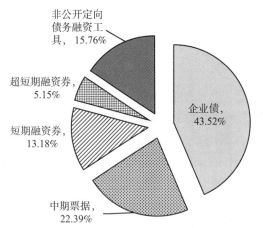

图 3-8　截至 2015 年 12 月 31 日已发行城投债类型分布
资料来源：根据 Wind 数据整理。

6. 发行期限

从城投债债券期限来看（如表 3-16 所示），以中长期债券为主，其中城投债券期限在两年以下的累计发行金额占比为 19.35%，而期限在 3~5 年的中期债券发行金额占比为 38.51%，期限在 6 年以上的长期债券截至 2015 年底累计发行 2138 期，占总发行期数的 37.29%，发行金额 26 557.9 亿元，占发行总额的 42.14%，发行金额占比最高，这是由城投债所募集资金用途决定的。通过城投债融资所获取的资金主要用于地方基础设施建设，而基础设施建设周期长，需要较长的偿还年限支持。但城投债以中长期债券为主，使债券期限可能跨两届政府，增加了政府支持意愿的不确定性及依赖财政补贴的城投债务风险。

表 3 - 16　　　　　截至 2015 年 12 月 31 日已发行城投债期限分布

债券期限（年）	期数（期）	金额（亿元）	期数比例（%）	金额比例（%）
2 年及以下	1 303	12 196.5	22.73	19.35
3～5 年	2 292	24 266.9	39.98	38.51
6～9 年	1 844	21 728.8	32.16	34.48
10 年及以上	294	4 829.1	5.13	7.66

资料来源：根据 Wind 数据整理。

第 4 章

我国地方政府债务风险的
形成机制分析

　　地方政府债务是履行政府职能、实施政府干预政策的必然结果，债务形成本身是有其合理性的，对促进经济增长、提高公共服务水平、提高资金利用效率等方面均具有积极作用。由于政府对债务的还本付息责任是在未来某一时间段履行，而非现期偿付，因此偿付将产生不同程度的不确定性，即债务风险。风险作为金融术语，其本身并不具有对事件发生的预判色彩，而是对未来不确定性的客观描述。但在当前中国地方政府债务风险的语境下，风险常常与损失、危机发生的可能性挂钩，这是由当前中国地方政府债务面临的困局赋予的倾向色彩。本章开篇对债务风险的论述，意在强调：中国地方政府债务风险形成机制的影响因素与路径纷乱复杂，在对形成机制进行梳理时，应该明确哪些机制导致偿债风险爆发的可能性较大，未来应予以修正，哪些机制产生的债务风险是政府履行经济职能、公共服务职能时应有之意，不宜因噎废食。

　　本章内容的具体安排为：（1）分析地方政府常见融资模式，厘清政府债务资金来源，并利用 CGE 模型，分析地方政府积极开展投融资行为对经济的拉动作用。（2）分析地方政府举债动因，从横向看，政府与市场边界的界定模糊，缺乏明晰定位的政府具有强烈的财政扩张冲动，此为举债的内在动力；从纵向看，1994 年分税制改革后中央与地方财权事权责任划分不清，地方可支配收入占比下降，是地方政府举债的体制压力，为解决财权分配不均，相应建立了转移支付制度，该制度又导致各层级政府债务风险成因各具特色。（3）受到体制压力与内在动力的双重驱动，地方政府开展多种融资模式，由于原《预算法》明文禁止地方政府公开发债，因此地方政府通过融资平台等渠道变相进行债务融资，从而形成大量透明度较差的地方政府显性或隐性负债，增加了地方政府债务风险的评价难度。随着我国进入增速换挡期与结构调整阵痛期，经济增速回落，地方政府偿债能力下降，地方政府债务风险问题愈发严峻。本章从地方政府融资能力入手，重点分析融资平台举债行为、土地财政对地方政府举债的助推作用。

4.1　我国地方政府债务风险形成机制的逻辑

当前关于地方政府债务风险形成的根源，理论界通常将其归因于中央与地方财权、事权不匹配，收入与支出责任不匹配。而该种结果的形成可以上溯到 1994 年的分税制改革。20 世纪 80 年代末 90 年代初，东欧剧变及苏联解体导致社会主义阵营遭到空前打击，世界格局出现遽变，中国共产党的执政环境受到影响，国际压力加大。东欧国家各国共产党丧失执政地位的失败教训之一，即中央财权下放，地方财权过大，导致中央对地方的控制能力下降，应对遽变乏力。同时，改革开放后，20 世纪 80 年代中央财权下放力度较大，地方在取得快速发展的同时，中央与地方的财权、事权关系也暴露出一些问题。其一，中央财政困难，宏观调控能力下降，财政捉襟见肘影响职能发挥。这种情形的原因可大致归结有二：一方面，包干制财政体制下，中央财政收入分成的总额相对固定，不能有效地分享经济快速发展的改革成果；另一方面，80 年代多变的财政体制不能使地方政府形成稳定的政策预期，导致地方政府多存在藏富于企，隐瞒收入的行为，也减少了中央财政的应得收入。其二，地方各行其是，中央对地方的宏观调控能力减弱，控制能力下降，无法形成全国一盘棋的合力效应。该类问题最显著的例子莫过于 90 年代初关于国内棉花购销问题的解决，在新疆棉花丰产滞销的情况下，中央力图依托东南沿海省份消化棉花库存的举措受到重重阻力，宏观调控能力受到挑战与质疑。在该种政策背景下，1993 年我国推行分税制改革，旨在提高两个比重：即提高财政收入占国民生产总值的比重，提高中央财政占整体财政收入的比重，以求改变长期的财政"弱中央"局面。分税制改革有效地扭转了长期财政"弱中央"的局面，对此后政府有力进行宏观调控，维持经济的平稳高速增长，具有关键作用。地方政府债务风险问题引起人们的关注后，一度引发了质疑分税制改革，主张下放财政权力的观点，该类观点主要从经济单一视角出发，对于财政"弱中央"是否有利于中国的长治久安并未做深入严谨的分析。和平稳定才是支撑中国经济社会快速发展的最大红利。

分税制改革后，从中央与地方的财政权力与实际财政收入的对比分析看，地方政府的财政权力，即初始财政收入分配占整个财政收入的比重下降，中央财政权力上收，但从地方政府的实际财政收入与财政支出责任上看，则依然占财政总体收支的大部分，其比重实际上在分税制改革后有所提高。该部分的具体分析将在后文结合数据展开。该种局面可总结为，财政权力向中央集中，而地方政府的事权或支出责任并未下降，中央通过转移支付保障地方政府履行财政支出责任，地方政府所缺乏的实质是其所能掌控的自主财力。该问题将在后文转移支付部分展开分析。至此我们可知，地方自主财力缺乏，那么该问题与地方政府债务风险联系起来，则需要我们思考其中的逻辑：地方政府缺钱，是因为地方政府该花的钱无法得到满足，还是因为地方政府为筹集想花的钱而开展融资形成债务。

如何界定该花的钱与想花的钱，可以粗略地通过政府支出责任是否为强制责任来划分，发展地方经济、优化地方公共服务等都是政府的责任，但为了简化分析，梳理其中抽象的逻辑框架，我们将政府支出责任限制为政府为了维持运作、履行基本职能的必要基本支出。该花的钱无法得到满足将主要涉及转移支付不到位与政府各层级截留资金的问题，而想花的钱通过举债解决则涉及了政府的融资渠道、政府发展地方经济的扩张冲动，以及政府与市场的边界问题。其中，政府扩张冲动涉及地方政府债务融资的动机问题，主要分析地方政府为什么热衷于扩张财政，积极利用其所能利用的融资渠道，调动其所能调动的社会资源，以及为什么较少考虑地方政府债务风险制约和经济的可持续性发展。政府与市场的边界问题，则主要是分析地方政府为哪些事项融资，债务资金的利用途径，此处较为突出的问题在于诸如市政服务等是否一定要由政府提供，是否可以通过公私合作或民营化减轻政府支出压力，甚至优化公共服务的提供（政府偏好于交通等政绩显著、拉动经济效益明显的面上工程，而忽视供水、污水处理、垃圾处理等市政基础设施建设）。政府融资渠道的分析，则旨在梳理地方债务资金的来源，其中将涉及土地融资、融资平台举债、银行信贷融资等多项问题。

我国地方政府债务问题在今朝凸显，然冰冻三尺并非一日之寒所致，条分缕析以求追踪其全貌，了解地方政府债务举债动机、举债用途、债务资金来源，以期能够分析：如何通过体制机制设计，减少地方政府的非理性投资，或个体理性投资造成的集体非理性；划分政府与市场边界，减少政府非必要的支出责任，通过民营化提高部分公共服务提供绩效，减轻政府压力；如何有效安排地方政府债务的资金筹措渠道与债务期限安排，如何通过有效的债务管理平滑地方政府债务风险，实现地方政府债务资金利用的低成本、高效率、安全、可持续等要求，尽可能为债务风险管控提供依据。

4.2　地方政府融资模式的效应分析

在地方政府债务形成机制探讨之处，将先对地方政府常见融资模式进行探讨，分析地方政府除了举债融资外，还有哪些融资形式，以及各类融资模式对于地方政府举债压力的影响，包括融资压力的分担，或融资能力的提高，甚至对举债行为的助推效果等。本部分还将利用 CGE 模型，模拟政府增加投融资活动规模对于经济的拉动作用，从而为后文分析地方政府大规模举债动因提供支撑。

4.2.1　地方政府常见融资模式分析

地方政府常见融资模式大致可以分为以下几类：债权融资、股权融资、项目融资以及利用其他资源融资。多渠道资金来源支撑了地方政府投融资行为的开展，为地方政府投资道路交通、市政工程等基础设施建设，改善地方投资环境，推动区域经济社会发展提供资金支持。

地方政府债权融资是地方政府融资的主要渠道，大致可概括为银行信贷融资、债券融资、信托融资以及通过证券、保险等其他金融机构融资。此处需要区别在地方政府债务现状中有关地方政府性债务融资渠道的分析，第 3 章中是对地方政府性债务结果的形成来源展开探讨，其中诸如工程欠款、BT 回购款等并非是以债权融资手段形成，而是政府在项目融资或其他经济活动中未能履行合同约定而形成的债务。在本轮地方政府债务管理改革前，由于地方政府在改革前禁止举债，因此债权融资行为通常由下属事业单位或具有政府背景的融资平台开展。政府最常见的债权融资手段是银行信贷，其中以国家开发银行等政策性银行与商业银行信贷为主，也有部分国际银行、外国政府或国际金融机构贷款的外债转贷。银行信贷的优势在于，审批流程相对简单，举债灵活性高，融资成本虽然要高于债券发行，但在地方政府禁止发行政府债券的前提下，融资成本相对较低，尤其是国开行、农发行等的政策性贷款。地方政府通过设立融资平台，也在公开市场发行债券融资，以城投债为主要形式，但由于城投债属于公司债券，审批程序较为严格，对融资平台的资产规模、资产质量、可持续经营能力等方面的信用基础具有一定要求，举债门槛与举债灵活性上要弱于银行信贷，因此占比也相对较小。信托融资以及其他金融机构融资的成本较高，但 2010 年后银行信贷对地方政府背景的事业单位与融资平台信贷放款收紧，使地方政府转向信托等高成本融资，影子银行风险不断积累。由于融资平台、事业单位的信用基础较为薄弱，往往需要地方政府给予担保，以增强其举债的信用基础。

地方政府股权融资相对于债权融资，由于涉及国有资产的产权交易或所有权结构变化，融资行为涉及的因素较为复杂，其行为也并非单纯以融资为目的。以城市供水行业为例，2004 年国务院出台《关于投资体制改革的决定》，放宽城市水务市场的投资领域，以中法水务、威立雅为代表的一批外资开始投向中国水务市场，上海、深圳、兰州、重庆等城市在供水、污水处理等领域开展股权融资，积极与外资合作，从各市股权融资实践看，具有如下特点：一是通过股权融资相应领域普遍获得一轮基建投资的加强；二是伴随股权融资，国有资产股权结构发生变化，对应领域的市场化程度加强；三是股东盈利需求与该领域调整不及时的体制机制产生冲突，各方对股权融资行为存在质疑争议。其中，以兰州水务的股权融资案例最为突出，该案例突出之处在于：一是威立雅水务以 17.1 亿元资金高溢价收购，为其他两家竞标企业报价的 3.8 倍和 6.1 倍；二是外资进入兰州水务市场后带来供水服务价格的持续上涨；三是 17.1 亿元高溢价收购资金中含有约 9 亿元的后续资金投入用于改善水务基础设施，但从实践看外资进入后并未更新当地水网及水厂设施；四是 2014 年兰州威立雅水务出现严重的供水质量问题，后续跟踪报道暴露了外资进入后并未有效改善当地供水服务质量。此外，根据调研获取的信息，威立雅溢价收购兰州水务的资金，部分被用于地方政府的道路交通等其他领域基础设施建设。综合上述信息，地方政府股权融资并非单纯以融资为目的，实质上是在相关领域引入新的市场主体，改进相关领域的公共服务水平，伴随而来的是对相关领域旧有体制机制的改进，而体制机制的改进程度决定了能否发挥股权出让、合资合作等股权融资行为的预期效果。在实践中，引入市场主体环节主要在于政策的松紧度，但后续的市场化体制机制改革往往成为制约股权融资发挥预期效果的瓶颈，预期效果的落差引发公众对地方政府股权融资行为的质疑，可能涉及国有资产流失、国有资本控制力等较为敏感的话题。综上所述，从融资角度考虑，股权融资行为制约因素更为复杂。

地方政府项目融资与上述债权融资、股权融资存在交叉，主要形式为 BT 模式、BOT 模式、TOT 模式及其他项目模式。其中，BT 模式的回购款是当前地方政府性债务的组成部分之一。根据前文分析，工程类相关债务（含 BT 回购款及其他工程欠款）约占地方政府负有偿债责任债务总额的 20% 左右。BOT 模式、TOT 模式等是目前主推 PPP 项目的主要模式，该类模式的推广有助于地方政府债务的化解，具体详见后文有关 PPP 模式的论述。

除上述地方政府融资模式外，地方政府还通过土地资源、特许经营权等无形资源进行融资。特许经营权通常结合项目融资展开。地方政府依托土地资源的融资行为将在本章后续部分集中探讨。

4.2.2　政府投资对经济拉动效应的分析

通过上文对地方政府常见融资模式的分析可见，地方政府对所辖资源进行了较为充分的利用，积极致力于开展投融资活动。下面将利用 CGE 模型分析地方政府投融资活动是否对经济具有明显的拉动效应。

1. CGE 模型概述

CGE 模型，即可计算一般均衡模型，是基于一般均衡理论，建立用于经济系统实证分析和政策评估的数值化分析框架。本书在分析中，主要在细江敦弘、长泽建二和桥本秀夫（Hosoe，Gasawa & Hashimoto）构建的标准 CGE 模型基础上进行调整，该 CGE 模型以标准微观经济学基本假设作为理论基础，在生产过程分析中引入中间投入，将生产过程分为两阶段；考虑企业、消费者以及政府三方市场主体，并考虑各方的消费与税收行为；引入投资与储蓄，在宏观闭合条件下分析静态 CGE 模型的投资储蓄行为；属于开放经济模型，考虑了国际贸易行为。通过对标准 CGE 模型的政府投资/储蓄函数与居民储蓄函数进行调整，分析地方政府融资行为对经济的拉动作用。模型具体如下：

国内生产分析模块：$Y_j = b_j \prod_h F_{h,j}^{\beta_{h,j}}, \forall j$；$F_{h,j} = \frac{\beta_{h,j} p_j^y}{P_h^f} Y_j, \forall h, j$；$X_{i,j} = ax_{i,j} Z_j, \forall i, j$；$Y_j = ay_j Z_j, \forall j$；$p_j^z = ay_j p_j^y + \sum_i ax_{i,j} p_i^q, \forall j$；其中，$Y_j$ 表示企业 j 第一阶段生产的复合要素数量，b_j 表示生产函数规模系数，$F_{h,j}$ 表示企业 j 第一阶段生产中要素 h 的投入数量，$\beta_{h,j}$ 表示企业 j 生产函数中要素 h 的投入份额系数，P_h^f 表示要素 h 的价格，p_j^y 表示复合要素 j 的价格，$X_{i,j}$ 表示企业 j 生产中中间投入商品 i 的数量，$ax_{i,j}$ 表示中间投入系数，ay_j 表示要素投入系数，Z_j 表示企业 j 的国内总产出，p_j^z 表示商品 j 的国内总产出价格，p_i^q 表示复合商品 i 的价格。该模块依据如下逻辑：资本、劳动等生产要素形成复合要素 Y，复合要素 Y 与中间投入品 X 形成国内总产出 Z，在复合要素生产的第一阶段使用柯布 - 道格拉斯型生产函数，在考虑中间投入品的第二阶段使用里昂惕夫型生产函数。

政府收支模块：$T^d = \tau^d \sum_h p_h^f FF_h$；$T_j^z = \tau_j^z p_j^z Z_j$，$\forall j$；$T_i^m = \tau_i^m p_i^m M_i$，$\forall j$；$X_i^g = \frac{\mu_i}{p_i^q}(T^d + \sum_j T_j^z + \sum_j T_j^m - S^g)$，$\forall i$；其中，$T^d$ 代表直接税，τ^d 代表直接税税率，FF_h 表示居民要素禀赋 h，T_j^z 表示商品 j 的生产税，τ_j^z 代表商品 j 的生产税税率，T_i^m、τ_i^m 分别表示商品 i 的进口关税及税率，p_i^m 表示商品 i 的进口价格，X_i^g 表示商品 i 的政府消费数量，μ_i 表示政府支出中商品 i 的份额系数，S^g 表示政府储蓄（投资）。

投资与储蓄分析模块：$X_i^v = \frac{\lambda_i}{p_i^q}(S^p + S^g + \varepsilon S^f)$，$\forall i$；$S^p = ss^p(\sum_h p_h^f FF_h - DEBT)$；$S^g = ss^g(T^d + \sum_j T_j^z + \sum_j T_j^m) + DEBT$；其中，$X_i^v$ 表示商品 i 的投资需求，λ_i 表示总投资中商品 i 的份额系数，S^p、S^f 分别表示居民储蓄与外汇储蓄，ε 表示汇率，ss^p、ss^g 分别表示居民与政府的储蓄倾向。DEBT 为本部分对模型的主要修正部分，属于外生变量，通过观察该外生冲击对模型均衡解及总产出的影响，分析政府投融资对经济的拉动作用。

居民消费行为模块为：$X_i^p = \frac{\alpha_i}{p_i^q}(\sum_h p_h^f FF_h - S^p - T^d)$，$\forall i$；其中，$X_i^p$ 表示居民对商品 i 的消费量，α_i 表示效用函数中商品消费 i 的份额系数。

进出口价格与外贸平衡条件：$p_i^e = \varepsilon p_i^{\omega e}$，$\forall i$；$p_i^m = \varepsilon p_i^{\omega m}$，$\forall i$；$\sum_i p_i^{\omega e} E_i + S^f = \sum_i p_i^{\omega m} M_i$；其中，$p_i^e$、$p_i^{\omega e}$ 分别表示以本币和外币表示的商品 i 的出口价格，p_i^m、$p_i^{\omega m}$ 分别表示以本币和外币表示的商品 i 的进口价格，E_i、M_i 分别表示商品 i 的出口量与进口量。

进口商品与国内生产商品的替代关系：$Q_i = \gamma_i(\delta m_i M_i^{\eta_i} + \delta d_i D_i^{\eta_i})^{1/\eta_i}$，$\forall i$；$M_i = \left[\frac{\gamma_i^{\eta_i} \delta m_i p_i^q}{(1 + \tau_i^m) p_i^m}\right]^{1/(1-\eta_i)} Q_i$，$\forall i$；$D_i = \left[\frac{\gamma_i^{\eta_i} \delta d_i p_i^q}{p_i^d}\right]^{1/(1-\eta_i)} Q_i$，$\forall i$；$\eta_i = (\sigma_i - 1)/\sigma_i$，$\eta_i \leqslant 1$；$\sigma_i = -\frac{d(M_i/D_i)}{(M_i/D_i)} \Big/ \frac{d(p_i^m/p_i^d)}{(p_i^m/p_i^d)}$；本模块分析根据阿明顿假设，即进口商品与国内生产商品之间存在不完全替代的关系，分析阿明顿复合商品生产函数时，采用 CES 函数形式。模型符号含义如下：Q_i 表示阿明顿复合商品 i 的数量，D_i 表示商品 i 的国内供给数量，δm_i、δd_i 表示阿明顿复合商品 i 生产函数中对应商品的投入系数，η_i 表示替代弹性系数，σ_i 阿明顿复合商品 i 生产中的替代弹性，γ_i 表示生产函数的规模系数。

出口和供给国内商品之间的转换：$Z_i = \theta_i (\xi e_i E_i^{\varphi_i} + \xi d_i D_i^{\varphi_i})^{1/\varphi_i}$，$\forall i$；$E_i = \left[\dfrac{\theta_i^{\varphi_i} \delta e_i (1 + \tau_i^z) p_i^z}{p_i^e} \right]^{1/(1-\varphi_i)} Z_i$，$\forall i$；$D_i = \left[\dfrac{\theta_i^{\varphi_i} \delta d_i (1 + \tau_i^z) p_i^z}{p_i^d} \right]^{1/(1-\varphi_i)} Z_i$，$\forall i$；$\varphi_i = (\psi_i + 1)/\psi_i$；$\psi_i = -\dfrac{d(E_i/D_i)}{(E_i/D_i)} \Big/ \dfrac{d(p_i^e/p_i^d)}{(p_i^e/p_i^d)}$；本模块假定生产企业将商品分为出口商品与国内销售商品两类，假定两类商品存在不完全替代的关系，用 CET 函数描述该种转换关系。模型符号含义如下：θ_i 表示商品 i 转换函数的规模系数，ξe_i、ξd_i 表示商品 i 转换函数中相应商品的比例系数，φ_i 表示转换弹性参数，ψ_i 表示商品 i 的转换弹性。

市场出清条件为：$Q_i = X_i^p + X_i^g + X_i^v + \sum_j X_{i,j}$，$\forall i$；$\sum_j F_{h,j} = FF_h$，$\forall h$；分别描述的是阿明顿复合商品市场出清与要素市场出清的条件。

2. SAM 表编制及相关参数确定

CGE 模型的 SAM 表基于统计局 2015 年最新公布的 2012 年投入产出表编制，详见表 4-1。

其中，各符号代表含义如下：CJP 包括农林牧渔及采矿业等初级产品，YSY 包括食品、服装等日用品生产，ENG 代表能源行业，HGY 代表化工行业，ZZY 包括金属制品、非金属制品、机械装备等制造行业，SDY 代表电力、热力及水的生产和供应业，JZY 表示建筑业，JTY 表示交通运输业，FDC 表示房地产业，JRY 代表金融业，FWY 代表其他服务业，CAP 表示资本要素，LAB 表示劳动力要素，IDT 表示间接税，TRF 代表进口关税，HOH 代表居民，GOV 代表政府，INV 表示投资，EXT 表示外贸情况。

模型相关参数计算参考细江敦弘等（Hosoe et al.，2004）的标准 CGE 模型，将替代弹性与转换弹性值设定为 2，结合 2012 年社会核算矩阵作为基期值，利用 CES 函数、CET 函数等进行校准确定。

3. CGE 模型模拟结果

2010 年底全国地方政府性债务规模（含地方政府负有偿债责任、担保责任以及一定救助责任的债务余额总和）为 10.72 万亿元，2013 年 6 月底全国地方政府性债务规模 17.89 万亿元，平均年增长 2.87 万亿元。[1] 将债务年增长量代入模型 DEBT，模型可得最优解，观察变化如表 4-2 所示。

---

① 审计署 2013 年第 32 号公告：《全国政府性债务审计结果》。

表 4－1

标准 CGE 模型的社会核算矩阵（SAM）表

	CJP	YSY	ENG	HGY	ZZY	SDY	JZY	JTY	FDC	JRY	FWY	CAP	LAB	IDT	TRF	HOH	GOV	INV	EXT
CJP	19 512	39 572	26 375	9 393	31 754	9 360	1 905	905	255	1	3 671	—	—	—	—	20 749	608	7 310	1 248
YSY	9 848	51 057	275	4 558	6 221	216	955	1 273	1 234	490	12 274	—	—	—	—	48 715	0	2 146	18 738
ENG	2 992	237	3 244	7 565	8 368	1 987	1 758	9 782	2 199	247	2 289	—	—	—	—	3 693	0	504	1 174
HGY	9 486	7 333	1 009	52 362	27 695	173	6 066	987	748	52	11 558	—	—	—	—	5 960	0	230	9 886
ZZY	7 826	3 419	938	5 060	257 544	3 960	65 477	11 174	9 431	2 268	14 716	—	—	—	—	18 896	0	83 049	80 241
SDY	4 021	1 739	720	5 150	13 070	16 308	1 897	959	306	354	2 299	—	—	—	—	3 594	0	0	78
JZY	134	161	57	141	749	206	3 735	597	1 078	507	1 296	—	—	—	—	0	0	128 912	773
JTY	2 561	4 326	818	3 556	14 357	821	5 905	12 797	2 365	2 810	9 627	—	—	—	—	12 333	1 973	10 081	6 692
FDC	964	1 615	249	1 897	5 962	188	948	2 687	5 287	9 148	13 681	—	—	—	—	21 763	1 137	9 406	4 133
JRY	2 949	1 668	619	2 310	11 142	2 455	3 856	6 149	6 750	3 648	7 026	—	—	—	—	9 588	936	0	415
FWY	4 115	9 136	713	5 830	23 877	1 385	9 306	5 008	4 197	4 302	19 281	—	—	—	—	53 246	68 528	6 752	13 288
CAP	5 002	3 521	1 037	3 500	14 363	4 657	1 646	8 004	18 062	910	10 979	—	—	—	—	—	—	—	—
LAB	63 435	13 205	1 678	7 981	42 318	3 992	22 462	14 699	9 405	11 024	73 936	—	—	—	—	—	—	—	—
IDT	3 276	8 011	4 152	3 869	16 270	2 137	5 121	1 248	6 616	3 931	18 973	—	—	—	—	—	—	—	—
TRF	6 480	7 563	1 275	8 065	29 675	2 626	7 081	10 747	8 337	19 377	24 100	—	—	—	—	—	—	—	—
HOH	—	—	—	—	—	—	—	—	—	—	—	71 682	264 134	—	—	—	—	—	—
GOV	—	—	—	—	—	—	—	—	—	—	—	—	—	73 606	125 325	25 475	—	—	—
INV	—	—	—	—	—	—	—	—	—	—	—	—	—	—	—	111 804	151 224	—	—
EXT	30 016	5 435	2 882	12 307	60 634	22	228	4 005	2 795	443	3 259	—	—	—	—	—	—	—	—

资料来源：根据 2012 年中国投入产出表计算整理。

表4-2　　　　　　　　　　债务冲击情景下的 CGE 模型模拟结果

观察指标	2012 年基期情况	债务冲击情景
总产出（Z）	1 400 643	1 579 524
社会总效用（UU）	47 461.1	49 926.74

　　根据模型计算结果，债务冲击情境下总产出增长 12.77%，社会总效用增长 5.2%。需要说明的是，社会总效用 UU 是虚拟的目标函数，但其均衡值可以用于反映经济系统中的效用水平，可以作为衡量社会福利的指标。从模型测算结果看，地方政府举债对拉动经济增长具有正效应。

　　但地方政府投资规模扩张并不意味着经济与社会福利的绝对增长。继续以 2012 年 SAM 表为基期，分别调整政府投资规模，以 5% 的增量为观察节点，观察政府投资规模扩张对社会福利的影响。CGE 模型计算结果如表4-3所示。结合此前债务冲击下的情景比较，我国地方政府通过举债进行基建等固定资产投资对经济拉动作用明显。

表4-3　　　　　　　　　不同情境下 CGE 模型计算结果

情景		社会总效用（UU）	与基准情景的比较
基准情景		47 461.1	
增加政府投资	5%	47 673.22	0.4469%
	10%	47 888.53	0.9006%
	15%	48 100.43	1.3471%
	20%	48 312.19	1.7932%
	25%	48 523.82	2.2391%
	30%	48 739.35	2.6933%
	35%	48 946.67	3.1301%
	40%	49 157.54	3.5744%
	45%	49 368.99	4.0199%
	50%	49 720.46	4.7604%

4.3　政府债务规模的影响因素分析

本部分将以城投债为分析样本，探讨地方政府债务规模的影响因素。之所以以城投债为分析样本，根据前文分析，城投债发行的驱动因素与地方政府性债务增长的驱动因素在很大程度上具有一致性。本部分将侧重于财政机会主义视角分析地方政府债务增长的驱动因素。

4.3.1　财政机会主义视角下我国城投债务规模的影响因素

城投债是地方政府规避法律限制通过融资平台或城投公司进行预算外融资的重要渠道，是财政机会主义的主要表现形式，因此探究城投债务规模不断膨胀的原因时，也可以从财政机会主义行为动机角度进行分析。制度经济学认为机会主义行为产生和泛滥的根源在于人逐利本性所诱发的主观动机及信息不对称和人的有限理性给机会主义行为存在所提供的客观活动空间（路军伟，2010）。用模型 $B = f(M, O)$ 来解释机会主义行为，即机会主义行为 B 与该行为的主观动机 M 及该行为的客观条件 O 均呈现正相关关系。因此，在考察政府的财政机会主义行为时，客观约束条件和政府行为主体的主观动机同样重要。以此为分析框架，可以进一步解释我国地方政府融资平台城投债务规模不断膨胀的原因。

基于以上分析，本书从两大方面考察城投债这一财政机会主义行为不断膨胀扩张的原因，一是诱发和强化政府机会主义行为主观动机的因素；二是财政机会主义行为所面临的客观约束条件。其中，主观动机包括了在压力情况下的被动选择和关键利益激励下的主动选择，客观条件主要指机会主义行为所面临的外部约束成本，也即外部约束机制是否存在机会主义行为的活动空间。基于财政机会主义的理论视角，本书从压力机制、激励机制及对外部约束条件的作用机制三个方面构建我国城投债务规模影响因素的分析框架。其中，压力因素和激励因素决定了地方政府及其政策制定者通过城投债这种财政机会主义方式融资的主观动机及构成，而对外部约束的作用决定了机会主义行为的客观活动条件，即机会主义行为能力的高低。

1. 财政分权

如前文分析，分税制改革所造成的地方政府财政资金支出压力是诱使地方政府通过融资平台城投债进行预算外融资行为产生的原因，这也是促使这一财政机会主义行为不断强化的重要原因。分税制改革重新调整了中央和地方政府的财政收入和支出关系，财权上收到中央政府手中，而地方政府在收入占比下降的同时却负担了不断下移的基础建设、农林水利、文化教育卫生等建设和公共服务支出责任。随着财政分权体制的进一步确立，地方政府支出比重继续增加，地方政府财权与事权不匹配的分权格局持续扩大，使地方政府的收入难以满足地方支出需求，地方财政的支出压力和融资压力不断增加。随着经济发展和社会转型要求完善城市基础设施和公共事业建设，地方政府承担的支出责任也在增加。尤其是为应对国内经济增长放缓和国际经济危机的影响，中央实施了积极的财政政策，推行大规模经济刺激计划，地方政府配套大量资金，进一步加大了地方政府的资金压力。由于 2015 年之前地方政府没有合法的权限发行政府债券，地方财政压力难以通过预算内的债务融资渠道得以缓解。当支出所需资金难以得到满足时，预算外收入成为部分地方政府应对财政压力的最有效方式（王叙果，2012），于是通过融资平台公司发行城投债券为地方建设发展筹集资金的行为动机得到不断强化。

因此认为财政分权所增加的地方政府财政资金压力，是不断强化地方政府通过融资平台发行城投债券融资动机的重要原因。基于以上理论分析，提出研究假设 1：

H1：财政分权程度越高，地方政府融资平台发行的城投债规模越大。

2. 地方政府投资积极性

改革开放以来，经济增长长期被认为是地方发展最重要的目标，也是考核地方发展和官员政绩的主要量化指标。为了创造良好的政绩表现以获得晋升，地方政府及官员容易产生重复投资、过度投资等现象。在政绩、晋升的激励机制下，地方政府形成了很强的投资积极性，通过建设"资源密集型"项目来向上一级政府传递有效的政绩信号。王建丰和郭佳良（2012）研究认为，地方政府融资平台大量涌现及地方债务危机快速膨胀的现实动力来自地方政府对经济发展的追求。

基础设施等固定资产项目建设作为重要的政绩项目也因此得到地方政府的青睐。一方面这些投资项目通过对建筑行业和原材料行业的需求，扩大了内需、增加了就业并直接转化为区域生产总值；另一方面完善基础设施建设，优化本地投资环境，通过正外部效应的作用吸引投资，从而不断扩大市场规模，推动经济发展。然而，这类项目工程需要投入巨额的资金，当地方政府有限的预算难以满足这种需求时，便强化了通过预算外渠道筹集资金的财政机会主义行为动机。通过融资平台公司发行城投债券融资进行基础设施建设,能够在不增加税费和政府预算赤字的情况下形成政绩产出。所以在机会主义行为理性人的假设前提下,地方政府会选择融资平台城投债来增加建设资金进而形成建设产出和刺激地方经济发展,融资平台城投债务规模也因此出现严重的扩张倾向。

与压力因素下的被动选择不同,地方政府对经济建设的热情以及对扩大投资的需求,使地方政府具有很强的动机在任期内大规模举债进行各种城市建设的经济活动,从而增加了对建设资金的需求,在预算内渠道难以满足其资金需求的条件下,便形成了很强的财政机会主义行为动机。因此,提出研究假设2:

H2:地方政府投资积极性越高,地方政府融资平台发行的城投债规模越大。

3. 地方政府财力

财政机会主义理论认为机会主义行为的产生和扩张不仅在于行为主体的动机,还在于软约束机制为财政机会主义行为发生提供的客观条件。地方政府对城投债的隐性担保等方式为针对城投债的约束机制创造了弹性空间,而这又依赖于地方政府财力提供的支持。目前,我国对城投债的约束主体主要包括监管部门及债权人,监管部门对城投债的监管主要体现在发行审批环节,这就使财政实力更强的地方政府或部门能够在设立融资平台公司时,通过提高公司注册资本来满足城投债券发行条件,从而更有可能形成通过融资平台公司发行城投债券融资这一财政机会主义行为。债权人是最直接的利益相关者,具有很强的约束意愿。由于市场上存在对政府承担兜底责任的预期,往往认为城投债背后存在政府"隐性担保","当城投债出现兑付问题,地方政府就可能会用财政收入对城投债进行代偿[①]"。因此,"地方政府的财力状况会通过影响政府的担保意愿和担保能力,共同影响市场和债权人对政府担保水平的预期[②]",从而影响投资者或债权人对城投债风险和收益的判断及约束要求。当融资平台所属地方政府财力越强,会增强投资者和债权人对城投债信用水平的预期,从而为发行城投债提供活动空间。

---

① 钟辉勇,钟宁桦,朱小能. 城投债的担保可信吗?——来自债券评级和发行定价的证据 [J]. 金融研究,2016 (4):66-82.
② 罗荣华,刘劲劲. 地方政府的隐性担保真的有效吗?——基于城投债发行定价的检验 [J]. 金融研究,2016 (4):83-98.

因此认为，地方政府财力实际上形成发债企业的外部信号，通过影响融资平台公司外部融资约束来影响城投债发债规模。当融资平台或城投公司所属的地方政府财力越强，越可能达到监管部门和债权人提出的约束要求，通过城投公司发行债券的客观条件越充分，从而强化了通过融资平台发行城投债融资的财政机会主义行为。"当偿债能力变低时，会产生更低的信用担保预期[①]"，从而会降低城投债这一机会主义行为的客观活动条件。因此，提出研究假设 3：

H3：地方政府财力越强，地方政府融资平台发行的城投债规模越大。

综合上述分析认为，城投债是地方政府通过预算外方式融资的财政机会主义行为，这种行为不断强化、城投债务规模不断膨胀的原因从机会主义理论分析在于主观动机和客观条件。因此，本研究将财政分权下的资金压力和投资积极性所形成的融资激励作为主观动机的关键影响变量，而融资平台所属地方政府财力通过作用外部融资约束是影响财政机会主义行为客观条件的关键变量，它们共同对城投债务规模产生影响。如图 4 - 1 所示，财政分权增

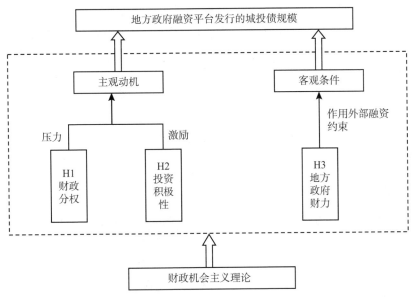

图 4 - 1　城投债务规模影响因素的分析框架

① 余国满，罗党论，杨晓艳. 地方资源禀赋、制度环境与地方债发行［J］. 统计研究，2015（5）：13 - 19.

加了地方政府预算内资金压力,地方政府对经济建设和扩大投资的积极性激励其主动获取建设资金,财政分权程度越高、投资积极性越高,地方政府通过融资平台发行城投债融资的主观动机越强,城投债务规模可能越大;地方政府财力通过影响融资平台外部融资约束,为城投债这一机会主义行为提供了客观活动条件。地方政府财力越强,其利用融资平台城投债融资的活动空间越大,城投债务规模越有可能扩张。

4.3.2 研究设计

1. 样本选择

由于省级投融资平台数目及发行债券规模并不能完全代表地方城投债务规模,而省级地方政府融资需求具有层层下放的特点,且城投类企业债的发行审批都是先由省级部门进行审核的,认为省份内城投债务融资行为具有一致性,因此课题组将省级行政区域内省、市、县各层级融资平台所发行的城投债数额加总作为该省城投债发行总额,并通过省级层面的数据来实证检验财权分权、地方政府投资积极性及地方政府财力对融资平台所发行城投债规模的影响。在具体数据上,课题组使用2006~2015年省(自治区、直辖市)的面板数据,剔除 Wind 数据库中城投债数据缺失和数据异常的海南、宁夏、西藏后剩余28个省级行政单位(不包含港澳台)。资料来源方面,城投债发行规模及地方政府债券收入的数据均来源于万得(Wind)资讯数据库,其他数据从《中国财政年鉴》《中国固定资产投资统计年鉴》《中国统计年鉴》等数据资料库中获得。

2. 变量的选取与测量

(1)城投债规模的测量。课题组以各年份省(自治区、直辖市)级行政区域内省、市、县各层级融资平台所发行的城投债总额作为该省城投债规模的测量,为避免异方差问题,课题组对城投债规模取对数,用 Debt 表示,Debt = lg(各省区融资平台当年发行的城投债总额)。

(2)财政分权程度的测量。已有文献对财政分权程度的测量主要采用财政收支指标,多用下级政府的财政支出份额来刻画财政分权制度(何杨,2015),课题组借鉴此方法用各年份省、自治区、直辖市预算内本级财政支出与中央预算内本级财政支出的比值来表示财政分权程度,比值越大说明地方的财政支出责任越重,资金支出压力越大,变量用 Fd 表示,Fd = 地方政府本年财政支出/中央政府本年财政支出。

（3）地方政府投资积极性的测量。课题组用固定资产投资额占地区生产总值的比重来衡量地方政府投资积极性（佘国满等，2015），以反映地方政府对于建设投资和发展经济的积极性，以及由此形成的通过城投债融资的主动需求，用 Inv 代表该变量，Inv = 固定资产投资额/地区生产总值。

（4）地方政府财力的测量。由于公共财政收入是地方财力中规模最大也是最稳定的收入部分，而对城投债募集项目的补贴也主要依赖于地方财政收入，因此财政收入可以作为地方财力的衡量。同时考虑到人口因素的影响，课题组将地方人均公共财政收入作为地方政府财力状况的代理变量（钟辉勇，2016）。人均财政收入越高，说明地方政府的财力越强，同时对数值取对数处理。该变量在模型中用 Fin 表示，Fin = lg（地方人均财政收入）。

（5）控制变量。基于研究设计，并参考相关文献，课题组选取地区生产总值增长率（Rgdp）、城市化水平（Urban）作为控制变量。同时，为了控制地方政府其他债务收入，尤其是 2015 年地方政府自主发行债券的放开可能对城投债务行为产生的影响，因此将地方政府债券收入（Gvde）作为控制变量加入模型。

（6）时间效应。为了控制不随省份而变的因时间变化趋势而引起的异质性对城投债务规模变动的影响，并避免观测点内部的自相关问题，因此在模型中增加时间控制变量，设置不同年份的虚拟变量。课题组选择 2006 ~ 2015年共 10 年为样本期，以起始年 2006 年为参照组，设置后续各年的虚拟变量共 9 个。

各变量的表示与定义如表 4 -4 所示。

表 4 -4　　　　　　　　　　　　　变量定义

变量类型	变量名称	表示	定义
被解释变量	城投债规模（亿元）	Debt	lg（各省区市融资平台当年发行的城投债总额）
解释变量	财政分权程度（%）	Fd	地方政府本年财政支出/中央政府本年财政支出
	地方政府投资积极性（%）	Inv	固定资产投资额/地区生产总值
	地方政府财力（元）	Fin	lg（地方人均财政收入）

续表

变量类型	变量名称	表示	定义
控制变量	地区生产总值增长率（%）	Rgdp	地区生产总值增长率
	城市化水平（%）	Urban	城镇人口数/年末总人口数
	地方政府债券收入（亿元）	Gvde	lg（各省区市当年地方政府债券收入）
	时间效应	Y	以2006年为参照组，设置年份虚拟变量

3. 模型建立

在上文分析的基础上，建立如下模型：

$$\text{Debt}_{it} = \alpha_i + \beta_1 \text{Fd}_{it} + \beta_2 \text{Inv}_{it} + \beta_3 \text{Fin}_{it} + \gamma X_{it} + Y_t + \varepsilon_{it}$$

其中，i 表示省份，t 表示年份，α_i 为个体效应，被解释变量 Debt_{it} 表示城投债规模，β 为各解释变量对应的系数，各解释变量的含义分别为：变量 Fd_{it} 表示财政分权程度，变量 Inv_{it} 表示地方政府投资积极性，变量 Fin_{it} 表示地方政府财力。X_{it} 表示控制变量，包括地区生产总值增长率、城市化水平及地方政府债券收入。Y_t 为时间效应，ε_{it} 为随机扰动项。

4.3.3 实证分析与结果

1. 实证分析

（1）描述性统计。

各变量的描述性统计分析结果见表4-5。从对城投债规模的描述性分析结果来看，在样本期内，各省区城投债发行规模取对数后均值为1.771，标准差为0.91，差异较大，需要通过实证性检验差异出现的原因。财政分权程度均值为0.166，最大值为0.502，说明有省份当年本级财政支出超过了中央本级财政支出的一半以上，财政分权程度较高。地方政府投资积极性指标均值为0.624，说明地方政府的投资需求平均较高，固定资产投资额平均超过该省当年地区生产总值的一半以上。地方政府财力指标的描述性统计结果说明，各省区之间人均财政收入存在一定差异。为了检测纳入本研究模型的若干自变量之间是否存多重共线性问题，对其进行多重共线性检验。根据检验结果，所有变量的方差膨胀因子（VIF）均小于一般的判断标准10，因此该模型不存在严重的多重共线性问题。

表4-5   各变量的描述性统计

变量	样本量	均值	中位数	最小值	最大值	标准差
Debt 城投债规模（亿元）	280	1.771	1.956	0	3.517	0.910
Fd 财政分权程度（%）	280	0.166	0.154	0.021	0.502	0.079
Inv 地方政府投资积极性（%）	280	0.624	0.622	0.232	1.301	0.215
Fin 地方政府财力（元）	280	3.479	3.485	2.744	4.359	0.341
Gdpg 地区生产总值增长率（%）	280	0.144	0.143	-0.007	0.323	0.067
Urban 城市化水平（%）	280	0.526	0.500	0.275	0.896	0.143
Gvde 地方政府债券收入（亿元）	280	0.613	0	0	3.504	1.081

（2）各因素对城投债务规模影响的模型检验。

通过操作 stata14 软件，依次使用混合回归模型（OLS）、固定效应模型（fixed effects）、随机效应模型（random effects）对面板数据进行分析，根据豪斯曼检验结果（$p < 0.001$），固定效应模型是最优的估计方法。而固定效应模型可以有效控制不同省份之间由于制度环境、资源状况等难以测量因素的差异可能对城投债务规模扩张产生的影响。

2. 分析结果

模型回归分析结果见表4-6，模型1~模型3分别将财政分权程度、地方政府投资积极性、地方政府财力作为核心解释变量，将地区生产总值增长率、城市化水平、地方政府债券收入及年份虚拟变量作为控制变量，分析了对城投债规模的影响效应。根据回归结果，模型1中财政分权程度的回归系数在1%的显著性水平上显著为正，模型2中地方政府投资积极性在1%的显著性水平上为正，模型3中地方政府财力在10%的显著性水平上为正。模型4报告了财政分权程度、地方政府投资积极性、地方政府财力对城投债规模的共同作用结果，结果显示，这三个因素均会对城投债规模产生正向影响。

表4-6   模型回归分析结果

解释变量	模型1	模型2	模型3	模型4
财政分权程度（Fd）	2.538 *** (0.723)	—	—	2.715 *** (0.749)

解释变量	模型 1	模型 2	模型 3	模型 4
地方政府投资积极性（Inv）	—	0.978 *** （0.320）	—	0.640 *** （0.248）
地方政府财力（Fin）	—	—	0.974 * （0.576）	0.860 * （0.440）
地区生产总值增长率（Gdpg）	−0.050 （0.817）	−0.170 （0.820）	−0.336 （0.841）	−0.438 （0.811）
城市化水平（Urban）	1.853 *** （0.391）	1.822 （1.823）	3.158 * （1.824）	0.589 （0.883）
地方政府债券收入（Gvde）	−0.144 *** （0.054）	−0.098 * （0.055）	−0.105 * （0.057）	−0.082 （0.056）
常数项	−0.393 *** （0.257）	−0.511 （0.817）	−3.713 ** （1.544）	−2.694 *** （0.998）
Year	Y	Y	Y	Y
模型	fe	fe	fe	fe
样本量	280	280	280	280
R^2	0.600	0.654	0.626	0.773

注：*** 、** 、* 分别表示在 1%、5%、10% 的水平上显著。所有模型均控制了时间变量，由于包含了 9 个年份虚拟变量，未在表中报告。

综合可知，回归分析结果支持了课题组的研究假设 H1、H2、H3，我们可以得出以下结果。

（1）财政分权程度对城投债发行规模具有显著的正向影响，财政分权程度越高，城投债规模也越大。财政分权程度的提高，扩大了地方政府支出比重，增加了地方政府的支出压力和融资压力，强化了地方政府通过融资平台公司发行城投债融资的财政机会主义行为。

（2）地方政府投资积极性对城投债规模具有显著的正向影响，地方投资冲动越强，地方融资平台发行的城投债规模越大。在我国目前的政绩考核体制下，地方政府有动机通过增加投资来实现经济增长，因此有在政治任期内大规模举债进行各种投资和城市建设活动的冲动，由此产生了对融资的强烈需求，不断增强了通过融资平台发行城投债的行为。

（3）地方政府财力与城投债发行规模显著正相关，人均财政收入越高、财力越强的地方政府，其下设融资平台发行的城投债规模也越大。地方政府财力作为发行城投债券的"隐性"担保给对城投债的约束机制创造了弹性空间，当融资平台或城投公司所属的地方政府财力越强，越可能达到监管部门和债权人提出的约束要求，更加具备发债的客观条件，越倾向于多发城投债，城投债务规模越大。

4.4　我国地方政府债务风险形成的体制因素
——基于交易费用角度

根据合约理论，在道德风险和逆向选择的情况下，委托代理方法明确地将激励问题融入经济分析中去。通过合约中事先设计好的激励安排，可以使处于信息不对称下的个人行为更有效率。这样从次优的意义上说，以个人利益为出发点的个体行为也会兼顾到委托人的利益。在道德风险的情况下，激励机制由某些风险分担的安排构成（风险性的结果共担），而在逆向选择的情况下，激励机制是用来确保诚信是代理人最佳选择，因为欺骗的交易费用会非常高。从企业的角度来看，债务是财务杠杆中较为普遍的一种方式。但是对于政府而言，发行公债不仅受到可支配资金的影响，还会受到国家公债制度的影响。因此，本节就从制度的角度出发，基于新制度经济学的交易费用理论，对我国地方政府债务的成因和化解机制进行研究。

4.4.1　中国式财政分权使地方收支缺口过大

目前，对我国地方政府债务问题的研究大多是从财政分权的角度展开，结论一致为：财政分权造成的地方政府财权、事权不对等以及转移支付体制的不完善导致了地方政府债务问题。

1. 中央与地方的财权、事权划分矛盾

央地财权与事权划分不匹配通常被认为是当前地方政府债务风险形成的体制性根源。该种说法虽然在理论界尚存在争议，但十八届三中全会后该提法已不断强化并为理论界所接受。中央与地方的财权与事权划分制度基础是由 1994 年分税制改革确定。下面对分税制后中央与地方政府财政收支结构展开分析，观察中央与地方政府财政收支矛盾的症结所在。分析现行政府间财力分配的数据口径为：财政收入、财政支出选用国家统计局口径，而税收返

还、一般性转移支付、专项转移支付选用财政部公开数据。根据前文选题背景的分析,从财政收入结构看,中央财政收入占全国财政收入的名义比重显著提高,名义收入代表着中央的可支配财力。从财政支出结构看,地方财政支出占全国财政支出的比重在 2000 年后呈现明显的抬升。但从中央、地方财政支出的增速看,分税制改革后,中央财政支出增速有明显的抬升,但总体上地方财政支出增速快于中央财政支出增速,2003 年后地方财政支出增速长期高于中央财政支出。现行分税制下质疑分税制改革导致事权与财权不匹配、支出责任与财力不匹配的主要论据见图 4 - 2。

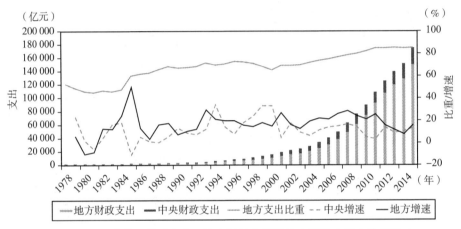

图 4 - 2 改革开放后中央、地方财政支出及地方财政支出占比情况

资料来源: 根据 Wind 数据整理。

但如果考虑到中央对地方的转移支付情况,对分税制有关财力与支出责任的提法就有待斟酌。如图 4 - 3 所示,考虑到税收返还因素,地方实际可支配财力占比增长并不明显。说明随着时间推移,税收返还这一因素对央地收入格局的影响正在日趋减弱,是否考虑税收返还对地方收入占比的影响,2009 年为 7 个百分点,而 2015 年则仅为 2.4 个百分点。考虑到一般转移支付后,地方政府可支配财力已达到 70%,基本符合分税制之前央地财政收入划分的格局。考虑到专项转移支付后,地方政府名义可支配财力与实际财政支出基本保持一致,甚至从结构上调整后含专项转移支付的地方财政收入占比要高于地方财政支出占全国财政支出的占比。从实际收支总量看,考虑专项转移支付后,无论中央还是地方的财政支出均存在超支现象,高于相应财政收入,从缺口看,地方缺口要小于中央财政缺口。

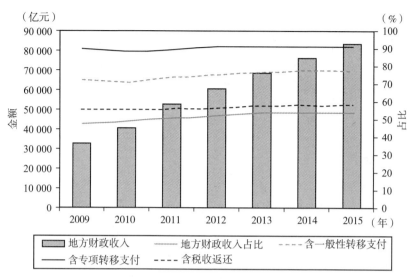

（亿元）　　　　　　　　　　　　　　　　　　　　（%）

图 4 - 3　近年地方财政收入及可支配财力占比情况

资料来源：根据 Wind 数据整理。

综合以上数据分析，可以得出如下结论：分税制后地方政府可控财力占全国财政收入比重下降，中央财政收入比重提高，地方政府承担的支出责任呈上升趋势，但中央政府通过转移支付，将大量财政资金转移给地方政府保障支出责任的履行，地方政府财政收支的矛盾主要在于地方政府可控财力的相对紧张。

2. 转移支付制度不合理加剧基层政府财政压力

通过上文分析，分税制后中央加强了财权的集中。但从财力使用情况看，90% 的财政资金用于地方性事务，由资金的收入权限划分到财力的实际使用，经历了转移支付的中央地方财政资金二次分配。现行转移支付制度的不合理也是造成地方政府可控财力紧张的重要因素。

在本轮财税体制改革前，转移支付问题主要体现在：一是转移支付给予地方政府的可控财力较低，一般性转移支付所占比重较低，2011 年以前一般性转移支付低于专项转移支付。此外，一般性转移支付中存在大量指定专项用途的资金项目，地方可控的均衡性转移支付占比较低，2009 年均衡性转移支付仅占中央对地方转移支付的 16.55%，转移支付资金中政府可控财力不足使转移支付对地方财力调节的作用下降。如图 4 - 4 所示，近年来转移支付中地方政府可控财力占比逐渐增加，以配合本轮地方政府债务管理改革，完善中央地方财政收支划分。二是省级以下地方政府转移支付制度建设不健全。分税制改革及相关配套政策仅规定了中央对省级单位的转移支付制度，但省级以下转移支付制度由地方政府自行确定。从实践看，省以下财政转移支付制度建设相当滞后，制度不健全造成资金下拨不到位，存在层层截留的问题，甚至导致基层政府基本支出需求无法得到保障。

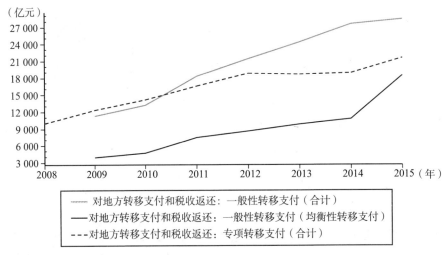

图 4-4　中央对地方转移支付情况

资料来源：Wind 数据。

4.4.2　政府竞争迫使财力困难地区举债

　　财政分权是地方政府债务问题的一个重要成因，却不是唯一的成因。财政分权问题的背后，更多的是委托代理的方式之下，由于合约双方之间存在信息不对称，对地方政府的激励安排并不能达到最优。在"政治锦标赛下"，地方政府有扩大自身支出的冲动，财政分权问题无非是关于地方政府借多还是借少的问题。由于短期举债对地方政府政绩提升具有显著的即期效果，而债务可能导致的不确定性在时间维度上相对滞后，对于地方政府而言，通过举债获得经济增长的交易费用低，就诱使了政府的机会主义行为。

　　人口外流也成为当前地方政府需要考虑的问题。近年来，随着农民工群体的壮大，经济发展较为落后的省份人口输出压力较大，人口是地方政府收入的来源，劳动力的流失必然导致潜在收入的减少，而仍居住在当地的居民更多集中于老人、儿童和妇女，这一类群体对诸如医疗、教育等方面的基本公共服务需求更高，因此地方政府必然需要加大供给，加重了支出的压力。从这个角度来看，政府竞争的目标是为了获取经济的增长，经济的增长带来的是人口的回流，人口的回流又可以减轻政府的还债的交易费用。因此，地方政府认为只要举债，换来人口的回流，有利于缓解债务压力，这又加重了举债的动力。

我国是单一制国家，中央到地方各级政府具有隶属关系，由于《预算法》修正前严禁地方政府举债，因而也未涉及地方政府发生债务危机时上级政府是否具有救助责任。而从我国过去的实践看，中央对地方政府干预程度较深，而分税制后的财权划分、不完善的转移支付制度都为地方政府举债提供支撑理由。此外，地方政府2009年后的举债与中央财政专项资金要求的配套资金有关。综上所述，地方政府对于中央政府救助的预期较高。高救助预期下，地方政府举债存在预算软约束及公共池问题，具有严重的道德风险，即地方政府认为当债务风险爆发时，上级政府会采取救助措施，从而突破预算约束过度举债。在高救助预期的情况下，债务管理不善、过度举债的单位会获得更大规模的上级财政救助，因此对于地方政府的理性选择是争相扩大政府债务规模。

4.4.3 "柠檬原则"导致"逆筛选"，促使财力丰厚地区举债

"柠檬原则"来自阿克尔洛夫（Akerlof，1970）所举的例子，即大多数参加交易的汽车都是"柠檬"，好的汽车不会参加交易，坏的汽车将会把好的驱逐出市场。从这一点看，似乎跟格雷欣定律——劣币驱逐良币有些类似，而后者买卖双方都能区别劣币和良币。但"柠檬原则"中则存在信息的不对称性。合约理论认为，由信息不对称产生的福利损失可以被认为是不诚实的成本。从这个角度，笔者认为可以解释两个问题，一是尽管我国《预算法》《担保法》等法律明文规定禁止地方政府担保举债，但是地方政府违规举债产生的隐性债务在全国各个省份都能存在，并通过"自发"的过程进行政策扩散；二是假定最初某些省份的财力足够应付经济发展的需要，为何还需要像其他财力较弱的省份一样举借债务。

根据"柠檬原则"，中央政府作为"买者"，地方政府作为"卖方"，中央政府的需求是"购买经济增长"，但是由于信息的不对称，他并不知道所买到的商品的质量如何，也就是说地方政府是通过举借多少隐性债务，承担多大的财政风险而换来的。正如之前所讲的，中央政府能够衡量地方政府作为代理人努力程度的指标，最为直观、最好测量的途径就是GDP。而可测量

性也是降低交易费用的一个途径。而对地方政府而言，举借债务提高短期政绩可以降低晋升的交易费用。最终，地方政府暗度陈仓地违规担保举债就以自发式的政策扩散在全国范围内铺展开来。这里面还有一种交易费用很低，那就是被中央政府发现或者就算被发现会受到惩罚的交易费用很低，因为"法不责众"，在全国存在一定默契的情况，如果各个省份都统一受到惩处，必然会引起政治、社会、经济的多方面动荡。

由于地方官员的晋升是有竞争性的，中央不光会以经济增长的绝对量进行评断，还会考虑所谓的增长率。在财力困难的省份，通过举债就能获得经济较大幅度的增长，而这种行为被发现的交易费用很低，因此会加重这些省份乐此不疲地举债。而对于财力本身就很雄厚的省份，即使在初期并没有债务危机，但是由于经济体量大，在使用自身财力的情况下，增长率不一定能够超过那些举债的困难省份，也就是"柠檬原则"里面的"柠檬"，出于自身晋升的动机，初期没有债务省份的地方官员就也会靠杠杆的力量提升增长率，因为他们也清楚即使违规举债，会受到惩罚的可能性较低，而本身自己的省份的税源丰厚，政府收入可观，有充足的还债来源，再加上中央的"预算软约束"，不可能发生财政风险，他们可能会比财政困难地区更大程度地举债。总之，由于"劣币驱逐良币"，最初不需要举债的省份如果不采取举债的方式，就难以换来与财力困难、以债务换取经济增长的省份等价的晋升优势。前者就在有限理性下，考虑到被中央政府惩戒的交易费用较低和本地收入来源丰厚等因素，加大举债力度。这些债务不光在绝对规模上会远超财力困难地区，还可能由于比财力困难地区更少的制度约束，举债的相对水平也超过了财力困难地区。

4.4.4　正、负激励机制的政治型交易费用过高

由于地方政府可控财力不足，而地方政府又具有发展经济、改善公共服务等职能，需要开展基础设施建设，整合地区资源，优化地方经济发展环境。根据前文对地方政府融资模式的分析，股权融资受相关政策制约，债权融资成为地方政府弥补建设资金缺口的必然选择。

2014年《预算法》修正前，地方政府没有举债权力，地方政府通过融资平台、事业单位进行间接举债。该种地方政府债务筹资方式造成地方政府债务的管理将局限在本级政府层面，举债也主要根据本级政府财政能力进行规划安排，上级政府对下级政府的举债行为信息掌握程度低，管理能力较弱。在2008年之前，虽然地方政府性债务不断增长，但各级政府举债行为相对审

慎。金融危机后的强刺激政策导致地方政府大规模举债开展道路交通等基础设施建设。而该时期的债务增长，是在中央政府不了解各地区政府债务规模，缺乏对地方政府债务流量把控，省内政府间上级对下级政府举债把控力度不足的局面下开展，地方政府举债缺乏区域间的统筹规划，政府举债缺乏关于债务偿付期限结构的管理，导致地方政府债务风险激化。

从责任的角度来看，地方政府违规举债的动因还有两方面：一方面是由于我国权、责、利的分离，导致难以对违规举债官员实行有效的反激励；而另一方面可以看到，中央并没有建立"不违规举债"的正激励机制，也就是说地方如果不举债或者合理举债，不能得到中央的青睐，而同时那些违规举债的却能得到晋升，这就是之前所说的"柠檬原则"导致的逆筛选过程。

1. 问责机制运行的交易费用高

在我国，由于官员都有一定的政治周期，会按照固定的工作年限得到晋升。如果把一个官员（如县市第一把手）放在不断流动的职业生涯过程中来看，权、责、利对于他来说常常是分离的：当他在此时此刻流动到某一县市当第一把手时，他所拥有的"权"使他可以上马政绩工程，为自己的政绩发出信号，而此举所获得的"利"可能是私人性的，有助于他个人的下一步升迁。而"短期任职"的预期意味着，当这些决策的问题最终暴露时，他已经离开了这个岗位，不必承担决策的责任。这样，"责"与"利"在动态过程中分离了，为政府官员的行为提供了与制度设计初衷相悖的激励。即使对于那些没有升迁预期的官员来说，政绩工程可以满足上级政府的要求，以保护他已有的利益，避免被淘汰出局；而这些突破预算所产生的问题（"责"）不会归咎到他个人的头上。所以，一个职位上的权、责、利的整合并不意味着在这个职位上决策的具体官员身上有着权、责、利的统一；恰恰相反，在干部流动的动态过程中，这三者的分离是难以避免的。

从交易费用的角度来看，管理型交易费用和政治型交易费用可以被解释为代理费用或产生于委托代理关系中的费用。一般地，代理人的决策与实现委托人福利最大化的决策之间存在一些分离，这种差异的货币等价物被称为"剩余损失"。詹森和梅克林（Jensen & Meckling，1979）将代理费用定义为委托人的监督费用、代理人的担保费用与剩余损失之和。中央对地方的监督在现实情况下可以等价于问责机制。但是政治型交易费用不仅包括建立制度的成本，还包括运行制度的交易费用。也就是说，即使存在问责机制，但是如果运行问责机制所带来的沉没成本和不确定性更高，那么中央采用的问责制度也难以发挥反激励的功效。

尽管 2015 年施行的《预算法》里面强调了对官员违规举债的问责，但是地方政府债务问题是一个全国普遍性的问题。正如之前提到的，不光财力困难的省份会有动机需要违规举债，因为中央和人大批准的地方政府债券规模难以弥补实际的财政缺口，甚至对于财力雄厚的省份，考虑到晋升的需求，也会对隐性债务趋之若鹜。这种普遍性的局面，中央出于对官员任命的专用性投资和更替官员所带来的不确定性（例如更换的省级领导能否比前任更加出色，或者说继任的官员是否也会出现债务问题），这种法不责众的局面就会导致本身就权、责、利分离的局面，更加不能控制地方政府作为代理人的行为，这种信息的不对称会加大中央政府采用反激励措施的交易费用，却能降低地方政府官员晋升的交易费用。

2. 官员晋升制度中缺乏对适度举债的奖励机制

由于地方短期政绩使官员更易于获得晋升，而长期的改善却不能使这些做出政绩的官员继续得到中央的"重视和认同"，因此未来当地如果由于债务出现问题，他们可以成为"法不责众"的免费搭车者，不会受到严厉的惩罚，而未来当地继续向好，他们却不能得到收益，这种权利与责任的不对等也会促使地方只顾眼前的利益，通过举债促进当期经济的短期增长。

从合约理论的角度来看，由于我国政治体制的特征，中央和地方的关系更倾向于是自我履约协议。因为在自我履约协议模型中，第三方（也就是公民、社会或者司法部门）不能判断协议是否被违反，也不能强迫地方政府兑现承诺。在自我履约协议中，企业有专用性的资产，但企业是否在这些资产上进行投资取决于能否获取适当的市场回报。因而高质量的产品必须获得一个贴水，如果得不到价格贴水，卖者可能发现销售低质量的产品然后一走了之才是上策。也就是说，地方政府官员如果考虑到财政的可持续性，从长远的角度进行政策制定，不对过高杠杆产生兴趣，进而换来良性的经济增长。但是这种行为却得不到中央政府的即期激励，那么地方政府就会以过度举债换取短期的晋升砝码。

4.5　我国地方政府财政扩张的内在动因

地方政府举债行为一方面受体制因素的驱动，另一方面，为谋求地区经济发展，改善地方公共服务水平，在官员任期内形成较可观的政绩，是驱动地方政府举债进行财政扩张的内在动因。

4.5.1　公众对地方政府公共服务要求不断提高

随着社会经济的发展，公众对公共服务水平的要求不断提高。高水平的公共服务需要基础设施的改善，涉及轨道交通、市政道路、给排水系统及管网、污水处理、垃圾处理、公共交通、公园和体育场馆等文娱设施以及城镇绿化等。由于相应旨在提高公共服务水平的基础设施建设投资额度大、使用周期长，依靠当期财政予以支持将导致财政负担过重，且由当期纳税人承担基建成本也将造成基建成本分担的代际不公平。因此，从资金需求量、资金偿付的合理性等方面，地方政府举债融资，以未来财政收入分散偿付具有合理性。

4.5.2　府际竞争激励地方政府提高招商引资硬环境水平

地方政府投资基建对经济拉动作用主要体现在以下方面：一是地方政府投资行为本身带来了大量的市场需求，如道路交通方面的基建投资将带动钢材、水泥、机械设备等相关行业的增长，并为当地提供新的就业岗位，进而提高居民消费能力；二是地方政府举债改善基础设施，优化地方政府的招商引资环境，例如地方政府整合地区土地等资源，建设产业园区，并改善相应道路交通、供水、供热等园区引资硬环境，将有助于为地方政府吸引新的企业入驻，带动地区经济增长。而相邻地区的地方政府，如果面临相似的区位因素，则改善道路交通、园区建设等相应基建环境，成为府际间吸引经济资源的重要手段。

4.5.3　片面的官员考核机制影响地方政府举债决策

官员的政绩考核是驱动官员作出政府举债决策的内在驱动。在既往的官员晋升机制实践中，经济发展成为政绩考核的最重要考核因素。这种片面的考核机制将导致地方政府官员在举债及资金投放决策上具有如下特点：一是唯 GDP 考核机制导致地方政府官员过度强调经济增长，在经济面临下行压力时，偏好通过投资拉动经济快速回暖；二是官员考核机制导致地方政府官员更偏好于显而易见的政绩工程，如道路交通，而城市管网等市政工程虽然对于地方政府改善公共服务水平具有重要作用，但工程建设对于城市直观印象的改善并不明显，因此建设相对滞后；三是当前对官员的考核缺乏追责机制，导致官员决策具有明显的短视特征，在举债决策时仅考虑政府投资的短期效应，而将后续债务风险留给继任者。

4.5.4 政府与市场的边界不清加重政府财政负担

政府与市场的边界不清晰，在可以推进市场化改革的诸多领域，如城镇供水市场、污水处理、公园以及体育场馆的文娱设施，部分地方政府仍将其交由事业单位或直接由政府部门管理。以水务市场为例，重庆水务集团、深圳水务集团是地方政府城镇水务工作市场化运营的代表。通过调研发现，当地城镇供水市场化改革有效地减轻了地方政府的财政压力，且市场化推进力度越大，政府与市场边界越明晰，相应的地方政府财政负担越小。从调研观察看，深圳水务市场化程度要高于重庆水务集团，在保证当地供水质量的前提下，深圳水务集团对地方财政的依赖程度更低，供水服务提供的绩效更高。通过调研了解到，部分地方政府在相关领域的市场化进程推进缓慢，与地方盘根错节的人际关系、利益关系有直接关系，市场化改革滞后的领域及相关单位，存在人员冗余、效率低下、运作成本高昂、腐败寻租等诸多问题。

4.6 我国地方政府财政扩张的融资环境

通过前文对地方政府融资模式的分析，地方政府债务融资是地方政府融资的主要渠道，而下面将展开关于地方政府融资环境的分析。主要从土地财政方面分析土地资源对政府举债的支撑作用，以及地方政府面临的银行信贷环境进行探讨。

4.6.1 土地财政支撑地方政府债务融资

在前文的分析中，土地是地方政府融资的重要资源，主要表现在国有土地出让金形式。土地财政对地方政府债务融资的助推主要反映在如下几方面：一是土地出让金收入作为地方政府可控财力，受资金规模限制，不能完全满足地方政府基建融资需要，根据《中国国土资源年鉴》公布的数据，土地出让金收入的70%将用于土地收储及相关成本，净收入规模有限；二是土地资源的整合往往伴随相应基础设施建设的跟进，地方政府需要举债筹集建设资金；三是土地收益为地方政府举债行为增信，土地出让金收入作为地方政府可掌控的自主财力，因其规模可观，上级政府对资金使用的监管相对宽松，资金使用灵活性较高，成为地方政府债务融资的主要偿债来源以及信用担保资源。详情如表4－7所示。

表4－7　2012年各省区市地方政府性债务承诺以土地出让收入偿还的情况　单位：%

地区划分		省区市	比例
东部地区	东北地区	辽宁	38.91
		吉林	22.99
		黑龙江	36.10
	华北地区	北京	60.30
		天津	64.56
		河北	22.13
	华东地区	山东	37.84
		江苏	37.48
		浙江	66.27
		上海	44.06
	东南地区	广东	26.99
		福建	57.13
		海南	56.74
中部地区		山西	20.67
		安徽	36.21
		江西	46.72
		河南	—
		湖北	42.99
		湖南	30.87
西部地区	西北地区	陕西	26.73
		甘肃	22.40
		青海	—
		宁夏	—
		新疆	—

续表

地区划分		省区市	比例
西部地区	西南地区	四川	40.00
		贵州	—
		云南	—
		重庆	50.89
		西藏	—
	广西		38.09
	内蒙古		—

资料来源：根据政府审计数据及相关年度预算披露情况整理。

  由于地方政府性债务与土地资源整合、土地出让金收入等有着较为密切的联系，因而在文献综述中，部分学者将地方政府性债务风险的成因归结到土地财政问题上，该分析思路在逻辑上还存在商榷。首先，将二者结合分析具有一定的合理性，除了上文分析的土地财政对地方政府举债的助推作用外，伴随着部分地区城镇化进程放缓，土地出让金收入规模的可持续性存在担忧，也将加剧地方政府性债务的流动性风险预期。

  但是，根据前文对地方政府债务形成的体制原因与内在动力分析可知，地方政府债务风险与土地财政是在中央与地方财政收支矛盾下的财政现象，而两种现象的形成逻辑并不相同。将地方政府债务风险成因归结为同样是财政现象的土地财政上，本身难以触及风险成因的实质，土地收入的高企是由城市化推进不平衡、货币宽松投放、房地产行业过高利润率、政府垄断土地一级市场等多方面因素共同作用的结果。以土地出让收入用于地方基建形成的政府债务偿还，土地出让金收入具有"租"的性质，用于提高土地区位价值的投入由地租分担部分建设成本具有合理性。当前地方政府债务风险涉及土地财政的问题，实质是地方政府债务管理，尤其是债务偿付规划管理的缺失。

4.6.2 政府主导的金融生态加速政府债务扩张

  银行信贷是地方政府债务的主要形成来源。由于我国大型商业银行均为国有控股，地方政府对银行的影响力也较大，因此政府主导下的金融生态助推了银行向地方政府有关举债主体的信贷投放。首先，从地方政府性债务存量看，融资平台、事业单位等主体向银行申请的贷款，其项目通常具有政府担保。政府背书行为降低了银行对项目贷款的风险预期，因而获得青睐。其次，银行作为市场经营主体，需要扩大揽存规模与贷款规模，通过存贷利差赚取利润，在利润驱动下，银行需要维系好与地方政府的关系，吸引地方政府及下辖机构的对公存款。此外，通过对某地级市国有商业银行的调研发现，由于大型商业银行的国资背景，该类银行需要对政府推行的货币刺激政策予以配合，在强刺激货币政策下，银行在信贷投放时会有意识地弱化地方政府债务规模激增可能带来的债务风险评价。

第 5 章

我国地方政府债券效率评价

前文分析了地方政府债务的形成机制，探讨了地方政府发债的动机与推动因素，本部分将重点探讨地方政府在上述形成机制下发行的地方债务是否具有高效率水平，探讨政府债务发行、使用的效率评价。

5.1　利用 DEA 建立地方政府债券评价模型

5.1.1　DEA 评价模型的原理与方法

数据包络分析（data envelopment analysis，DEA）是 20 世纪 70 年代由美国著名运筹学家查恩斯等创立，其核心思想是运用数学规划方法探索出最优生产效率，用以评价多个决策单元间的有效性问题。从创立至今，数据包络分析法因其特有实用性和科学性大受关注，如今广泛应用于对经济发展、行业生产、公益组织等进行有效性分析。DEA 方法中主要的模型有假定规模收益固定和变动的 CCR、BCC 模型，有假设规模收益递增和递减的 FG、ST 模型。DEA 模型中，生产者的相对技术效率处于（0，1）区间，而生产前沿面上的效率值为 1。DEA 能分别计算技术效率和分配效率，前者又可分解为规模效率和技术效率两类，而规模效率又可有规模效益不变和可变两种情况。各个模型都有投入和产出导向两种模式，所谓投入导向，就是在假定产出不变的情况投入成本最小化，而产出导向则是在生产成本不变的情况下最大化产出。

CCR 输出导向模型表述如下：假设有 n 个决策单元（DMU_j，$j = 1$，$\cdots$，n）需要进行评价，这些决策单元的投入和产出为 $x_j = (x_{1j}, \cdots, x_{mj})^T$ 和 $y_j =$

$(y_{1j}, \cdots, y_{sj})^T$，CCR 产出导向模型如下式所示：

$$\max \quad \theta + \varepsilon(\sum_{i=1}^{m} s_i^- + \sum_{r=1}^{m} s_r^+) \qquad (5-1)$$

$$\text{s. t.} \quad x_{i0} - \sum_{j=1}^{n} x_{ij}\lambda_j - s_i^- = 0, \ i = 1, \cdots, m$$

$$\theta y_{r0} - \sum_{j=1}^{n} y_{ij}\lambda_j + s_r^+ = 0, \ r = 1, \cdots, s$$

$\lambda_j \geq 0$；$s_i^- \geq 0$；$s_i^+ \geq 0$，$i = 1, \cdots, m$；$r = 1, \cdots, s$；$j = 1, \cdots, n$

其中，θ 为技术效率，ε 为小于任何正实数的数；$DMU_{j0}(1 \leq j0 \leq n)$ 表示 DMU_j 中需要进行评价的决策单元，λ 表示向量参数，S 则为松弛变量。这样，确定 DMU_{j0} 是否有效的定义如下：定义（DEA 有效）当且仅当满足下列两个条件时，称 DMU_{j0} 是有效的。

（Ⅰ）$\theta^* = 1$；

（Ⅱ）$s_r^* = s_i^* = 0$，$*$ 号表示最优值。

式（5-1）的最优解可重新表示为

$$\theta^* y_{r0} + s_r^{+*} = \sum_{j=1}^{n} y_{rj}\lambda_j^*, \ r = 1, \cdots, s \qquad (5-2)$$

$$x_{i0} - s_i^{-*} = \sum_{j=1}^{n} x, \ i = 1, \cdots, m \qquad (5-3)$$

这样我们便可用上面两式左边的值来定义新的输出 $\hat{y}_{r0}$ 和输入 $\hat{x}_{i0}$

$$\hat{y}_{r0} = \theta^* y_{r0} + s_r^{+*} \geq y_{r0}, \ r = 1, \cdots, s \qquad (5-4)$$

$$\hat{x}_{i0} = x_{i0} - s_i^{-*} \leq x_{i0}, \ i = 1, \cdots, m \qquad (5-5)$$

式（5-4）和式（5-5）称为 CCR 的投影算子（projection operator），因其将观察到的实际值 y_{r0} 和 x_{i0} 投影为有效前沿面上的 $\hat{y}_{r0}$ 和 $\hat{x}_{i0}$。$\Delta y_{r0} = \hat{y}_{r0} - y_{r0} \geq 0$ 代表 DMU_{j0} 的第 r 个输出的无效量（产出不足），$\Delta x_{i0} = x_{i0} - \hat{x}_{i0} \geq 0$ 代表第 i 个输入的无效量（投入冗余）。因此，按照前面的定义，对于任意的 r 或 i 而言，当且仅当 $\Delta y_{r0} \neq 0$ 或 $\Delta x_{i0} \neq 0$ 时，DMU_{j0} 是无效的。

非 DEA 有效决策单元可采取措施达到 DEA 有效，即当产出不变时，投入值可在原来的基础上减少 ΔX_i，或当投入不变时，产出值可在原来的基础上增加 ΔY_j。这里 ΔX_i 称为投入冗余，ΔY_j 称为产出不足。如式（5-6）和式（5-7）所示。

$$\Delta X_i = (1 - \theta^*)X_1 + s_i^-, \ i = 1, \cdots, m \qquad (5-6)$$

$$\Delta Y_j = s_j^+, \ j = 1, 2, \cdots, n \qquad (5-7)$$

5.1.2 基于 DEA 模型评价地方政府债券效率的优势分析

DEA 模型评价体系主要包括两方面：生产前沿面和技术效率。生产前沿面是指在既定技术条件下生产者所能获得的最大产出水平，而技术效率则主要用于衡量生产者所进行的投资活动是否最大限度接近生产前沿面，反映了实际产出与最大理论产出的差距。如果技术进步，则生产前沿面会向外移动，最终导致生产者为了保持或者说缩小与改变后的生产前沿面的差距，必须进一步提高技术水平。根据数据包络分析的理论，DEA 是根据数据自身表现的特征，首先生成一个在现有生产技术条件下最大的产量边界，再将所有观测样本数据与此边界进行比较，分析经济主体效率。简单地说就是讨论经济主体活动多输入多输出的情况，借助数学线性规划模型求解生产前沿面。

运用 DEA 模型评价地方政府债券技术效率的优势在于：

第一，DEA 模型的建立并不会收到投入产出数据所选择的单位的影响，不需要量纲做特别处理，也就是具有单位不变性，减小因单位影响造成的误差影响。

第二，DEA 对非营利性公共服务支出的效率评价优于其他传统方法。首先传统方法都是基于利润最大化进行分析，而对于非营利性公共服务支出来说，这并不适用。而我国地方政府所发行的债券所获得资金大都用于基础建设或者保障性住房等民生项目，并非纯非营利性的性质。DEA 模型可以符合公共服务支出目标长远性和公益性的要求，有助于地方政府进行多绩效目标的有效性评价。

第三，DEA 模型中无须事先设定投入产出的生产函数，也不需要设定投入产出的权重，这样就会减弱认为主观方面的影响，再加上本书中关于地方政府债券与地区经济的相关函数难以确定，因此采用 DEA 就能增强结果的客观性。DEA 之所以能做到这一点是因为 DEA 不要求全部决策单元必须采用统一的生产函数，各个决策单元均可以通过改变自身的生产情况实现最大化产出。DEA 根据每个决策单元的情况，线性组合 DEA 有效单元，模拟生产前沿面，评价各个决策单元的相对效率。

第四，DEA 模型得出的是相对有效的结果。因为我国财政政策与经济发展的特殊性，本书在评价我国地方政府债券生产效率的时候不可能达到"最优"，而是适合现实生产状况的"满意"效率。因此采用 DEA 比较各省市间的相对效率是相对科学客观的一种评价方法。

5.2　我国地方政府债券 DEA 评价模型实证分析

5.2.1　CCR 模型各指标合理性分析

所谓地方政府债券，与国债相似，是政府向公众借债后，向居民支付一定利息的债券。地方政府债券发行目的可以分为两类：一类是短期债券，用以弥补地方政府暂时性的财政赤字；另一类则是长期债券，一方面弥补长期的预算赤字，更多的则是投资基础建设和公共项目等。我国 2009 年开始的地方政府债券代发和自发，其主要目的在于刺激投资、增长内需和发展经济。因此本章建立我国各省区市地方政府债券 DEA 模型，主要考虑了 2010～2013 年各省市地方政府债券发行规模与当地 GDP 和城镇居民收入的变化情况，判断现行债券规模的技术效率和规模效率。

从 2010～2013 年我国地方政府债券先后发行 1 936 亿元、1 934 亿元、2 416 亿元和 3 383 亿元，增长率分别为 −0.10%、24.92% 和 40.24%。从四年的情况来看，四川每年的发行政府债券规模最大，安徽次之，而宁夏、海南、天津发行规模最小。尽管我国经济发展放缓，但是地方政府债券规模增长迅速，说明我国政府充分意识到地方债发行对经济发展的积极影响，积极推动我国地方债券由代发转变为自行发债再到自主发债，为促进地方政府财政透明化奠定了坚实的基础。

政府性债务规模主要以负担率、债务依存度、偿债率和债务率等指标作为参考，其中债务负担率反映地方经济运行状况与政府债务规模的关系，即债务负担率 = 政府性债务余额/地区生产总值，安全线为 10%。债务依存度是当年债务占财政支出的份额，国际公认的标准一般是控制在 15%～20%。偿债率是指地方当年可支配财力中用于还本付息的比例，即偿债率 = 当年偿还政府性债务本息额/当年可支配财力，一般不超过 15%。债务率表示地方政府可支配财政收入占政府债务总额的比重，即债务率 = 政府性债务余额/当年可支配财力，国际上以 100% 为最高安全上限。因此本章在建立 DEA 评价模型时，将输入变量定为我国各省市政府发行公债的规模，将其中之一的输出变量定为当地 GDP。同时需要考虑的是，由于我国目前允许地方政府发行公债募集的资金主要用于公益性项目或者保障性住房等关乎民生的项目，而这些项目主要覆盖的是城镇地区，因此本章将另一输出变量定为城镇居民可支配收入，将此作为衡量我国地方政府债券发行效率的指标。

根据历年《中华人民共和国财政部公告》中有关地方政府债券的相关信息，将 CCR 模型中投入指标地方政府债券规模一分为二，即 3 年期债券和 5 年期债券，或者 3 年期债券与 7 年期债券。参照历年《中国统计年鉴》，将 CCR 模型的输出指标定为当地区的 GDP 和城镇居民可支配收入。本书利用数据包络分析法，以产出角度，即投入不变的情况产出最大化，根据相关数据分析得到我国地方政府债券的技术效率和规模效率，最后得到非 DEA 或弱 DEA 有效省份地方政府债券的合理投入规模和相应的产出结果。

5.2.2　地方政府债券技术效率和规模效率分析

本书利用 DEAP2.1 软件，通过计算 2010～2013 年各省区市地方政府债券发行规模与 GDP 和城镇居民可支配收入相关数据（见表 5-1）得出各省市地方政府债券的技术效率和规模效率情况。技术效率是指生产资料是否符合综合效益并发挥最大的经济和社会效益，也就是衡量实际产出水平与理论产出水平的差距。从技术效率的角度来看，从 2010～2013 年，全国技术效率平均值为 0.667、0.673、0.69 和 0.689，技术效率低下。只有天津、上海和广东一直处于技术有效的情况，技术效率值 θ 为 1，处于生产的前沿面上。而北京在 2010～2012 年处于技术有效面上，在 2013 年技术效率值 θ 降为 0.994，西藏自治区在 2010 年和 2011 年并未发行地方政府债券，但从 2012 年开始发行之后的情况来看，技术效率值为 1，处于技术有效的情况。另外，从非 DEA 有效的省份来看，各地区四年间技术效率值改善不大，其中以 2013 年甘肃省技术效率值增长 4.72% 为最高，而山西、吉林、浙江、安徽、广西、海南、重庆、贵州、云南在 2013 年均出现了技术效率倒退的现象，最为严重的是青海省从 2011 年开始连续三年出现技术效率降低的情况。技术效率值大于 0.9 以上的省份有江苏、浙江、山东，平均值分别为 0.959、0.973、0.978，而福建省平均值 0.84 紧随其后。甘肃、新疆、黑龙江技术效率平均值为 0.463、0.460、0.475 分别处于倒数三位。

从 2013 年发行债券资金支出安排来看，甘肃省人民政府批准发行 92 亿元地方政府债券，其中 37 亿元用于保障性住房等民生工程，38 亿元则用来偿还到期债务本息，17 亿元安排为铁路建设项目资本金；新疆募集的 95 亿元债券资金中分别安排 10 亿元和 16.67 亿元进行公路建设和铁路建设，5.93 亿元用于水利建设，20.4 亿元投入到电网、交通建设等其他项目，42 亿元偿还往年本息；上海市债券资金本级使用 22 亿元，有关区政府使用 90 亿元；

表 5 - 1　我国各省区市地方政府债券投入产出数据

省区市	2010 年				2011 年				2012 年					2013 年				
	DI	GDP	F_3	F_5	DI	GDP	F_3	F_5	DI	GDP	F_3	F_5	F_7	DI	GDP	F_3	F_5	F_7
北京	29 072.9	14 113.6	37	17	32 903.03	16 251.93	27	27	36 468.75	17 879.4	34	34	—	40 321	19 500.6	46	47	—
天津	24 292.6	9 224.46	17	8	26 920.86	11 307.28	12	13	29 626.41	12 893.88	15	16	—	32 658	14 370.16	22	23	—
河北	16 263.4	20 394.3	48	21	18 292.23	24 515.76	36	37	20 543.44	26 575.01	46	46	—	22 580	28 301.4	64	65	—
山西	15 647.7	9 200.86	36	15	18 123.87	11 237.55	26	25	20 411.71	12 112.83	33	32	—	22 455.6	12 113	45	46	—
内蒙古	17 698.2	11 672	41	18	20 407.57	14 359.88	29	30	23 150.26	15 880.58	42	43	—	25 497	17 000	56	55	—
辽宁	17 712.6	18 457.3	33	15	20 466.84	22 226.7	24	24	23 222.67	24 846.43	30	30	—	25 578	27 100	42	42	—
吉林	15 411.5	8 667.58	44	19	17 796.57	10 568.83	31	32	20 208.04	11 939.24	40	41	—	22 274	12 981.46	54	54	—
黑龙江	13 856.5	10 368.6	48	21	15 696.18	12 582	34	35	17 759.75	13 691.58	41	41	—	19 890	14 800	56	56	—
上海	31 838.1	17 166	50	21	36 230.48	19 195.69	36	35	40 188.34	20 181.72	—	44.5	44.5	43 851	21 602.12	—	56	56
江苏	22 944.3	41 425.5	62	27	26 340.73	49 110.27	44	45	29 676.97	54 058.22	55	55	—	32 538	59 162	—	77	76.5
浙江	27 359	27 722.3	47	20	30 970.68	32 318.85	33	34	34 550.3	34 665.33	—	43.5	43.5	37 851	37 568.5	—	59	59
安徽	15 788.2	12 359.3	62	27	18 606.13	15 300.65	45	45	21 024.21	17 212.05	56	55	—	23 114	19 038.9	76	76	—
福建	21 781.3	14 737.1	33	14	24 907.4	17 560.18	23	24	28 055.24	19 701.78	30	30	—	30 805	21 759.64	41	42	—
江西	15 481.1	9 451.26	45	20	17 494.87	11 702.82	35	35	19 860.36	12 948.88	45	46	—	21 873	14 338.5	63	64	—
山东	19 945.8	39 169.9	40	18	22 791.84	45 361.85	31	31	25 755.19	50 013.24	39	40	—	28 330	54 684.3	—	56	56
河南	15 930.3	23 092.4	65	28	18 194.8	26 931.03	46	47	20 442.62	29 599.31	55	56	—	22 398	32 155.86	75	75	—
湖北	16 058.4	15 967.6	60	26	18 373.87	19 632.26	43	43	20 839.59	22 250.45	51	52	—	25 180	24 668.49	68	69	—
湖南	16 565.7	16 038	63	26	18 844.05	19 669.56	44	45	21 318.76	22 154.23	57	58	—	23 414	24 501.7	77	77	—

续表

省区市	2010年 DI	2010年 GDP	2010年 F₃	2010年 F₅	2011年 DI	2011年 GDP	2011年 F₃	2011年 F₅	2012年 DI	2012年 GDP	2012年 F₃	2012年 F₅	2012年 F₇	2013年 DI	2013年 GDP	2013年 F₃	2013年 F₅	2013年 F₇
广东	23 897.8	46 013.1	48	21	26 897.48	53 210.28	35	35	30 226.71	57 067.92	—	43	43	33 090	62 163.97	—	61	60.5
广西	17 063.9	9 569.85	38	17	18 854.06	11 720.87	30	30	21 242.8	13 035.1	35	36	—	23 300	14 378	47	48	—
海南	15 581.1	2 064.5	17	8	18 368.95	2 522.66	14	15	20 917.71	2 855.54	20	20	—	22 929	3 146.46	30	30	—
重庆	17 532.4	7 925.58	34	15	20 249.7	10 011.37	25	25	22 968.14	11 409.6	31	32	—	25 216	12 602.2	44	44	—
四川	15 461.2	17 185.5	126	54	17 899.12	21 026.68	67	68	20 306.99	23 872.8	67	68	—	22 368	26 260.77	100	100	—
贵州	14 142.7	4 602.16	38	16	16 495.01	5 701.84	27	27	18 700.51	6 852.2	36	37	—	18 960	8 006.79	50	50	—
云南	16 064.5	7 224.18	52	23	18 575.62	8 893.12	39	40	21 074.5	10 309.47	49	49	—	23 236	11 720.91	96	97	—
西藏	14 980.5	507.46	—	—	16 195.56	605.83	—	—	18 028.32	701.03	5	5	—	22 561	802	6	7	—
陕西	15 695.2	10 123.5	44	19	18 245.23	12 512.3	34	34	20 733.88	14 453.68	42	43	—	22 858	16 045.21	60	60	—
甘肃	13 188.6	4 120.75	38	17	14 988.68	5 020.37	29	30	17 156.89	5 650.2	35	35	—	19 730	6 300	46	46	—
青海	13 855	1 350.43	23	10	15 603.31	1 670.44	19	20	17 566.28	1 893.54	30	30	—	19 674	2 103	43	43	—
宁夏	15 344	1 690	18	8	17 579	2 102	13	13	19 831	2 341	16	17	—	22 013	2 600	24	25	—
新疆	13 644	5 437	42	18	15 514	6 610	30	30	17 921	7 505	36	36	—	19 713	8 510	47	48	—
总计	546 455	431 605	1 936		623 314	514 831	1 934		701 857	569 047		2 416		776 543	621 776		3 383	

注：（1）2010年和2011年西藏自治区并未发行地方政府债券。3年期地方政府债券、5年期地方政府债券和7年期地方政府债券，3年财政部允许上海、浙江、广东、江苏、山东和广东自行发债。（2）表中DI表示各省区市城镇居民可支配收入，单位为元；GDP、F₃、F₅、F₇分别表示地区生产总值，单位为亿元。（3）2012年财政部允许上海、浙江和广东自行发债；2013年上海、浙江、江苏、广东并未发行3年期地方政府债券。（4）2012年上海、浙江和广东并未发行3年期地方政府债券。

资料来源：根据各年度《中国统计年鉴》和《中华人民共和国财政部公告》整理得到。

广东 121 亿元债券资金中 80 亿元用于基础设施和交通建设，41 亿元用于转贷市县①。

从这些材料可以看出，甘肃等省份出现地方政府债券技术效率低下的主要原因在于其地方政府债券资金部分用于偿还往年的地方政府债券利息支出，而上海等省市则全部用于基础建设或者转贷下级市县，债券资金全部用于发展经济，使"物尽其用"，效率有所提高。根据财政部 2009 年通知地方政府债券资金要首先用于中央为扩大内需配套投资的公益性项目，而后才可用于地方公益性建设项目，严禁用于经常性支出②。而我国政府预算编制过程中已经从 2012 年开始明确将地方政府债券收入和还本付息列入政府预算收支中，因此甘肃等省份以新债还旧债的做法存在违规，应该加大对债券资金的管理。

所谓规模效率则是指优化配置生产资源后产出单元所发生作用的大小，衡量的是实际投入与理论投入的差距。而规模有效则是指规模收益不变，即边际收益既不增加也不减少的最优状态。从规模效率的角度来看，2010 年，处于规模有效的省份有天津、山东、广东；2011 年只有天津；2012 年包括天津、广西和西藏；2013 年则是广东和西藏。另外 2011 年河北省、2012 年河南省和 2013 年山东省都出现了规模递增的情况，也就是意味着此时可以考虑适当扩大当地的地方政府债券发行规模。除此以外，其余地区都处于规模报酬递减阶段，因此可以考虑技术效率的相关情况缩减债券发行规模。

5.2.3　地方政府债券非 DEA 有效的省区市政府效率改进

1. 各省区市地方债券投入冗余和产出不足分析

根据我国地方政府技术效率和规模效率值，代入公式（5 - 6）和公式（5 - 7），利用 DEAP2.1 软件，以产出导向，也就是投入不变尽可能扩大产出，可以得到非 DEA 或者弱 DEA 有效的省区市地方政府债券的效率，这种在保持投入不变增大产出的基础上，使各自 DEA 绩效值达到 1，即改进为 DEA 有效，具体数据如表 5 - 2 所示。

① 《甘肃省 2013 年地方政府债券收支安排并相应调整省级财政预算的审查报告》《2013 年新疆本级预算调整方案（草案）》《关于提请审议上海市 2013 年市本级预算调整方案（草案）的议案的说明》《关于广东省 2013 年省级财政预算调整方案的报告》。

② 财政部 2009 年 9 月 15 日发布通知《地方政府债券资金禁止用于经常性支出》。

表5-2 我国各省区市地方政府债券的效率评价结果

DMU	2010年						2011年						2012年						2013年					
	S_1^-	S_2^-	S_1^+	S_2^+	θ	S	S_1^-	S_2^-	S_1^+	S_2^+	θ	S	S_1^-	S_2^-	S_1^+	S_2^+	θ	S	S_1^-	S_2^-	S_1^+	S_2^+	θ	S
北京	0	0	0	0	1	drs	0	0	0	0	1	drs	0	0	0	0	1	drs	0	0.71	0	0	0.995	drs
天津	0	0	0	0	1	crs	0	0	0	0	1	crs	0	0	0	0	1	crs	0	0	0	0	1	drs
河北	0	0.26	0	0	0.602	drs	0.95	2.32	0	0	0.603	irs	2.46	2.46	0	0	0.607	drs	5.22	6.22	0	0	0.607	drs
山西	1.42	0	0	0	0.567	drs	1.20	0	0	0	0.584	drs	1.16	0	0	0	0.586	drs	0	0.68	0	0	0.567	drs
内蒙古	0	0	0	0	0.614	drs	0	1.08	0	0	0.634	drs	0	1.00	0	0	0.614	drs	1.05	0	0	0	0.614	drs
辽宁	0	0.21	0	0	0.716	drs	0.45	0	0	0	0.74	drs	0.44	0	0	0	0.756	drs	0.48	0	0	0	0.758	drs
吉林	0	0	0	0	0.51	drs	0	1.38	0	0	0.527	drs	0	1.00	0	0	0.535	drs	0.07	0	0	0	0.529	drs
黑龙江	0	0.5	0	0	0.463	drs	0	1.58	0	0	0.47	drs	0	0	0	0	0.484	drs	0.03	0	0	0	0.484	drs
上海	0	0	0	0	1	drs	0	0	0	0	1	drs	0	0	0	0	1	drs	0.00	0	0	0	1	drs
江苏	13.9	6	0	0	0.939	drs	9.41	10.4	0	0	0.959	drs	11.9	11.9	0	0	0.97	drs	16.15	16.15	0	0	0.973	drs
浙江	0.4	0	0	0	0.977	drs	0	1.32	0	0	0.986	drs	0	1.08	0	0	0.965	drs	0.13	1.08	0	0	0.964	drs
安徽	12.4	6	0	0	0.535	drs	9.38	10.1	0	0	0.55	drs	11.9	10.9	0	0	0.563	drs	18'68	18.68	0	0	0.568	drs
福建	1.1	0	0	0	0.825	drs	0	0.65	0	0	0.838	drs	0.31	0	0	0	0.844	drs	0.00	0.54	0	0	0.841	drs
江西	0	0.49	0	0	0.513	drs	0	0.78	0	0	0.503	drs	0.71	1.71	0	0	0.512	drs	6.32	7.32	0	0	0.518	drs
山东	0	0	0	0	1	crs	0.16	0	3 593	0	0.978	drs	0	0	2 610	0	0.978	drs	0.08	0	2 673	0	0.959	irs
河南	16.4	7	0	0	0.61	drs	11.1	12.3	0	0	0.617	drs	11.6	12.6	0	0	0.623	drs	15.58	15.68	0	0	0.624	drs

续表

DMU	2010年						2011年						2012年						2013年					
	S_1^-	S_2^-	S_1^+	S_2^+	θ	S	S_1^-	S_2^-	S_1^+	S_2^+	θ	S	S_1^-	S_2^-	S_1^+	S_2^+	θ	S	S_1^-	S_2^-	S_1^+	S_2^+	θ	S
湖北	10.8	5	0	0	0.559	drs	7.67	8.22	0	0	0.573	drs	7.22	8.22	0	0	0.588	drs	10.12	11.12	0	0	0.64	drs
湖南	13.8	5	0	0	0.574	drs	8.64	10.2	0	0	0.584	drs	13.1	14.2	0	0	0.598	drs	18.90	18.90	0	0	0.603	drs
广东	0	0	0	0	1	crs	0	0	0	0	1	irss	0	0	0	0	1	drs	0	0	0	0	1	crs
广西	0	0	0	0	0.593	drs	0	0.25	0	0	0.569	drs	0.00	1	0	0	0.593	crs	0.00	0.72	0	0	0.591	drs
海南	0	0	0	6 005	0.641	crs	0	0.13	0	8 159	0.663	drs	0.78	0	0	9 749	0.672	drs	0.79	0	0	11 096	0.655	drs
重庆	0	0	0	572	0.621	drs	0.15	0	0	0	0.633	drs	0.37	0	0	0	0.651	drs	0.37	0	0	0	0.638	drs
四川	77.0	33	0	0	0.552	drs	31.7	33.2	0	0	0.57	crs	23.3	24.3	0	0	0.586	drs	41.47	41.47	0	0	0.592	drs
贵州	0.7	0	0	4 695	0.489	drs	0	0	0	4 878	0.501	drs	0.18	1.00	0	4 695	0.503	drs	0.18	0	0	2 628	0.453	drs
云南	2	2	0	2 848	0.505	drs	3	5	0	1 850	0.513	drs	4.50	4.50	0	521	0.524	drs	39.94	40.94	0	0.00	0.531	drs
西藏	—	—	—	—	—	—	—	—	—	—	—	—	0.00	1	0	0	1	crs	0.00	0	0	0	1	crs
陕西	0	0	0	0	0.529	drs	0	0.66	0	0	0.533	drs	3.14	1	0	0	0.551	drs	3.14	3.14	0	0	0.547	drs
甘肃	0	0	0	5 195	0.451	drs	0	1.22	0	5 637	0.446	drs	0.30	0	0	5 971	0.466	drs	0.30	0	0	6 491	0.488	drs
青海	0.9	0	0	7 965	0.544	drs	0.22	0.47	0	10 433	0.525	drs	0.4	0	0	13 004	0.503	drs	0.4	0	0	14 537	0.499	drs
宁夏	1	0	0	6 549	0.632	crs	1	0	0	8 087	0.653	crs	0	0.05	0	9 616	0.661	crs	0	0.06	0	10 860	0.661	drs
新疆	0	0	0	3 280	0.454	drs	0	0.33	0	2 741	0.456	drs	0.00	0	0	2 036	0.482	drs	0.00	0.74	0	2 036	0.482	drs

注：（1）2010年和2011年西藏自治区暂未发行地方政府债券。（2）S_1^+、S_2^+分别表示投入指标各省区市地方政府当年发行的不同期限的地方政府债券的松弛变量；S_1^-、S_2^-分别表示产出指标各省区市当年城镇居民可支配收入和地区人均地区生产总值的松弛变量。（3）DMU、θ和S分别表示决策单元、技术效率和规模效率。drs表示DMU处于规模报酬递减阶段，irs表示DMU处于规模报酬递增阶段，crs表示DMU处于规模报酬不变阶段。

资料来源：根据表5-1投入产出指标通过DEAP2.1软件计算得到。

从产出不足角度来看，全国非 DEA 有效省份城镇居民可支配收入产出不足 9 637.7 元，GDP 产出不足 7 094.2 亿元，两者平均产出不足率分别为 0.586、1.109，也就是说 GDP 产出不足严重程度大概是收入产出不足水平的 2 倍，GDP 产出不足情况严重程度超过全国水平的省份有 5 个，城镇居民可支配收入平均产出不足率不到全国平均水平的省份只有 9 个，因此二者产出不足情况不容乐观。总的来看，2010~2013 年情况最为严重的省份主要集中在西北的甘肃、青海和宁夏三省区，产出不足绝对量相当巨大，而产出不足率更是让人瞠目结舌。甘肃城镇居民可支配收入产出不足率平均水平达到了 1.164，GDP 产出不足率则为 2.252，宁夏城镇居民可支配收入产出不足率平均水平虽仅为 0.535，低于全国平均水平，但 GDP 产出不足率却超过了 4.3，情况不容乐观。出现这种局面主要因为两省人民政府发行地方政府债券获得的财政收入除一部分用于保障性住房和基础建设等民生重点项目以外，相当一部分资金用于偿还到期的地方政府债券本金，这使债券实际投入规模减小，影响产出水平。另外青海情况最为严重，城镇居民可支配收入产出不足率平均水平为 0.934，而 GDP 产出不足率四年分别为 6.735、7.150、7.857 和 7.311，平均值 7.263 已经远远超过全国水平。尽管 2012 年青海投入 38 亿元地方政府债券资金用于玉树地区灾后重建，仍然导致效率降低，产出不足。但其余三年均将八成债券资金投入保障性住房等公益性项目，因此才导致 GDP 产出不足较多。相对地，我国地方政府债券投入冗余情况较之有所改善，尤其是 7 年期债券在 2012 年冗余为 0，2013 年冗余率仅为 0.046。而 3 年期债券从 2010~2013 年冗余率分别为 0.064、0.059、0.058、0.077，5 年期债券则为 0.062、0.071、0.057、0.073。作为地方政府一种市场化融资的方式，地方政府债券一方面可以缓解地方政府由于事权财权不匹配导致的财力有限，减少通过地方政府融资平台等脱离政府预算管理的方式进行融资；另一方面则可以保持 GDP 持续平稳增长，创造就业机会，改善居民生活。另外因为我国地方政府债券处于刚开始发展阶段，面对基础建设的支出任务，各个省份对地方政府债券的需求较大，而很难出现投入冗余的局面。

从各个省份的情况来看，四川债券投入冗余情况最为严重，冗余绝对量为均超过了 45 亿元，2010 年甚至冗余额为 110 亿元，其次为河南、湖南、湖北和安徽四省。而 2013 年云南债券冗余激增超过 80 亿元，情况恶化。从这几个省份发行的债券规模分析，出现投入冗余的原因主要是相对于当地 GDP 而言，地方政府债券发行规模较大，导致多余债券资金投资效率低下。因此地方政府在确定当地当年地方政府债券规模时不能一味地寻求规模大、资金多，而是应该结合实际情况，按部就班循序渐进增长债券规模，提高债券资金的使用效率。

2. 基于 DEA 评价模型的总体结果分析

从以上的分析结果总结可以得到，总体上讲我国地方政府债券发行情况从 2010 ~ 2013 年一直处于中央政府可控的范围以内；而从效率的角度来看，技术效率始终处于较为低下的情况，债券资金并未得到充分的利用，而全国大部分省份投入规模处于边际效益递减阶段；从投入冗余与产出不足情况来看，产出不足处境堪忧，而 GDP 产出不足更为严重，但债券投入冗余情况相对比较乐观，因此可以结合宏观经济与各省市特殊情况控制合理发债规模。

从各省份来看，天津、上海、广东连续四年都处于生产的前沿面上，技术效率最高。西藏从 2012 年开始发行地方政府债券，从这两年的指标可以看出，该自治区充分利用地方政府债券资金发展经济，技术效率值一直保持为 1。而北京市除 2013 年出现轻微的技术效率减退之外，其余年份地方政府债券一直保持最高效率。其次则为山东省，2010 年技术效率为 1，并处于规模报酬不变的配置最优阶段。随后三年效率虽有降低，但是减退程度处于全国最低水平。特别地，从 2012 年上海、广东和浙江开始发行 7 年期地方政府债券，但并未出现投入冗余的情况，由此可以看出我国地方政府 7 年期债券发行效率高于 5 年期或者 3 年期债券，更适合我国经济运行的规律，所以尽管 7 年期政府债券的利率高于 3 年期或 5 年期债券，地方政府势必会承担更多的利息支出，加重财政负担，但也应该意识到相对短期的债券投入市场后产生的影响较弱，甚至出现技术效率倒退的局面，而较长期的债券效率较高、产出稳定、对经济影响明显。而且从国外发达国家发行债券的期限来看基本都在 10 年以上，美国的市政债券期限一般在 16.8 ~ 20 年之间，因此我国地方政府可以考虑发行期限适当较长的政府债券。总之我国推行"代理发债—自行发债—自主发债"的地方政府债券管理模式已经取得了初步的成效，并且印证了这种模式是切实有效的，是适合我国基本国情的，是各省市经济高效发展的最优模式。但是在继续推行坚持这种模式的同时，也应该适当考虑由"短期债券"到"长期债券"的过渡。

除了这些 DEA 有效的省份情况相对乐观以外，我国其他省份地方政府债券资金的管理支配必须根据当地实际情况进行实际调研，严格控制通过发行债券募集资金的支出渠道，不能用于经常性支出，提高资金的使用效率。就如同之前提到的长短期地方政府债券来说，不少省份在当年发行的政府债券所获得资金的一部分用于偿还往年债券的利息支出。我们知道财政政策对经济的影响是有一定的时滞性的，这就导致了这些经济相对落后省份还未通过发行债券获得经济的发展，就必须负担起偿还的责任，这降低了地方政府债券投入市场的效率，也可以说发行债券并未对当地经济起到任何可见的促进作用。根据本书的数据，我国开展地方政府债券研究工作已经迫在眉睫，因为发行的实际情况让人忧心如焚，比如像西北部的甘肃、青海和宁夏三省区，产出不足率已经远远超过了全国平均水平，特别是青海省平均水平甚至达到了 7.263，而全国仅为 1.109。另外针对四川省等几个地方政府债券发行规模最大的省份，从数据上看投入冗余情况相对比较严重，应该根据当地经济社会发展的需要，从实际出发，重新调整发行规模，避免财政资金的浪费，将其投入充分发挥其效率的地方。各省区市评价结果详见表 5 - 3。

表 5－3　非 DEA 有效省份地方政府债券投入冗余额（率）与产出不足额（率）

省区市	2010年				2011年				2012年					2013年				
	ΔDI (dDI)	ΔGDP (dGDP)	ΔF_3 (dF₃)	ΔF_5 (dF₅)	ΔDI (dDI)	ΔGDP (dGDP)	ΔF_3 (dF₃)	ΔF_5 (dF₅)	ΔDI (dDI)	ΔGDP (dGDP)	ΔF_3 (dF₃)	ΔF_5 (dF₅)	ΔF_7 (dF₇)	ΔDI (dDI)	ΔGDP (dGDP)	ΔF_3 (dF₃)	ΔF_5 (dF₅)	ΔF_7 (dF₇)
北京	0.0	0.0	0.0	0.0	0.0	0.0	0.0	0.0	0.0	0.0	0.0	0.0	—	200.1 (0.005)	96.8 (0.005)	0.0	0.7 (0.015)	—
河北	10 746 (0.661)	13 476.5 (0.661)	0.0	0.3 (0.012)	12 048.0 (0.659)	16 147.1 (0.659)	0.9 (0.026)	2.3 (0.063)	13 279.2 (0.646)	17 177.9 (0.646)	2.5 (0.053)	2.5 (0.053)	—	14 629.2 (0.648)	18 336 (0.648)	5.2 (0.080)	6.2 (0.095)	—
山西	11 956 (0.764)	7 030.3 (0.764)	1.4 (0.039)	0.0	12 929.0 (0.713)	8 016.5 (0.713)	1.2 (0.046)	0.0	14 416.6 (0.706)	8 555.2 (0.706)	1.2 (0.035)	0.0	—	17 128.1 (0.763)	9 239.3 (0.763)	0.0	0.7 (0.014)	—
内蒙古	11 144.6 (0.630)	7 349.9 (0.630)	0.0	0.0	11 774.8 (0.577)	8 285.4 (0.577)	0.0	1.1 (0.036)	14 570.7 (0.629)	9 995.2 (0.629)	0.0	1.0 (0.023)	—	16 052.6 (0.630)	10 703 (0.630)	1.1 (0.019)	0.0	—
辽宁	7 026.3 (0.397)	7 321.7 (0.397)	0.0	0.2 (0.014)	7 174.4 (0.351)	7 791.3 (0.351)	0.4 (0.019)	0.0	7 489.1 (0.322)	8 012.8 (0.322)	0.4 (0.015)	0.0	—	8 175.6 (0.320)	8 662 (0.320)	0.5 (0.012)	0.0	—
吉林	14 797 (0.960)	8 322.5 (0.960)	0.0	0.5 (0.024)	15 953.6 (0.896)	9 474.4 (0.896)	0.0	1.4 (0.043)	17 591.2 (0.871)	10 393.2 (0.871)	0.0	1.0 (0.024)	—	19 847.7 (0.891)	11 567 (0.891)	0.1 (0.002)	0.0	—
黑龙江	16 091 (1.161)	12 041 (1.161)	0.0	1.6 (0.045)	17 701.2 (1.128)	14 189.2 (1.128)	0.0	1.6 (0.045)	18 939.0 (1.066)	14 600.7 (1.066)	0.0	0.0	—	21 179.9 (1.065)	15 759 (1.065)	0.0	0.0	—
江苏	1 480.5 (0.065)	2 673.1 (0.065)	13.9 (0.224)	6.0 (0.222)	1 112.6 (0.042)	2 074.3 (0.042)	9.4 (0.214)	10.5 (0.233)	913.3 (0.031)	1 663.6 (0.031)	11.9 (0.217)	11.9 (0.217)	—	909.6 (0.028)	1 653.9 (0.028)	—	16.2 (0.21)	16.2 (0.2)
浙江	644.9 (0.024)	653.5 (0.024)	0.4 (0.008)	0.0	444.4 (0.014)	463.7 (0.014)	0.0	0.0	1 242.3 (0.036)	1 246.4 (0.036)	—	0.0	0.0	1 396.4 (0.037)	1 386 (0.037)	—	1.1 (0.018)	1.1 (0.02)

续表

省区市	2010 年 ΔDI (dDI)	2010 年 ΔGDP (dGDP)	2010 年 ΔF₃ (dF₃)	2010 年 ΔF₅ (dF₅)	2011 年 ΔDI (dDI)	2011 年 ΔGDP (dGDP)	2011 年 ΔF₃ (dF₃)	2011 年 ΔF₅ (dF₅)	2012 年 ΔDI (dDI)	2012 年 ΔGDP (dGDP)	2012 年 ΔF₃ (dF₃)	2012 年 ΔF₅ (dF₅)	2012 年 ΔF₇ (dF₇)	2013 年 ΔDI (dDI)	2013 年 ΔGDP (dGDP)	2013 年 ΔF₃ (dF₃)	2013 年 ΔF₅ (dF₅)	2013 年 ΔF₇ (dF₇)
安徽	14 293 (0.905)	11 189.0 (0.905)	12.4 (0.201)	6.0 (0.222)	15 251.7 (0.820)	12 542.2 (0.820)	9.4 (0.208)	10.1 (0.225)	16 351.0 (0.778)	13 386.2 (0.778)	11.9 (0.213)	10.9 (0.199)	—	17 576.2 (0.76)	14 477 (0.760)	18.7 (0.247)	18.7 (0.247)	—
福建	4 624.1 (0.212)	3 128.7 (0.212)	1.1 (0.034)	0.0	4 827.3 (0.194)	3 403.3 (0.194)	0.0	0.6 (0.027)	5 166.0 (0.184)	3 627.8 (0.184)	0.3 (0.010)	0.0	—	5 805.4 (0.188)	4 100.7 (0.188)	0.0	0.5 (0.013)	—
江西	14 673 (0.948)	8 958.3 (0.948)	0.0	0.5 (0.024)	17 252.8 (0.986)	11 540.9 (0.986)	0.0	0.8 (0.022)	18 945.4 (0.954)	12 532.3 (0.968)	0.7 (0.016)	1.7 (0.037)	—	20 363.6 (0.931)	13 349 (0.931)	6.4 (0.100)	7.4 (0.114)	0.0
山东	0.0	0.0	0.0	0.0	4 109.4 (0.180)	1 027.0 (0.023)	0.2 (0.005)	0.0	3 187.5 (0.124)	1 121.3 (0.022)	0.0	1.0 (0.025)	—	3 874.4 (0.137)	2 313.4 (0.042)	—	0.1 (0.002)	—
河南	10 204 (0.641)	14 792 (0.641)	16.4 (0.253)	7.0 (0.250)	11 317.1 (0.622)	16 751.0 (0.622)	11.1 (0.241)	12.4 (0.263)	12 366.6 (0.605)	17 905.9 (0.605)	11.6 (0.211)	12.6 (0.225)	—	13 508.2 (0.603)	19 393 (0.603)	15.6 (0.208)	15.6 (0.208)	—
湖北	12 647 (0.788)	12 576.4 (0.788)	10.8 (0.180)	5.0 (0.192)	13 715.7 (0.746)	14 655.1 (0.746)	7.7 (0.178)	8.2 (0.191)	14 584.6 (0.700)	15 572.0 (0.700)	7.2 (0.142)	8.2 (0.158)	—	14 173.7 (0.563)	13 885 (0.563)	10.2 (0.150)	11.2 (0.162)	—
湖南	12 304 (0.743)	11 912 (0.743)	13.7 (0.218)	5.0 (0.192)	13 414.5 (0.712)	14 002.1 (0.712)	8.6 (0.196)	10.2 (0.227)	14 318.4 (0.672)	14 879.6 (0.672)	13.2 (0.231)	14.2 (0.245)	—	15 384 (0.657)	16 109 (0.657)	19.0 (0.246)	19.0 (0.246)	—
广西	11 695 (0.685)	6 559.1 (0.685)	0.0	0.0	14 299.0 (0.758)	8 889.2 (0.758)	0.0	0.3 (0.008)	14 594.0 (0.687)	8 955.3 (0.687)	0.0	1.0 (0.028)	—	16 149.1 (0.693)	9 965.3 (0.693)	0.0	0.7 (0.015)	—
海南	8 711.6 (0.559)	7 160.0 (3.468)	0.0	0.0	9 349.5 (0.509)	9 443.9 (0.744)	0.0	0.1 (0.009)	10 229.2 (0.489)	11 146.2 (3.903)	0.8 (0.039)	0.0	—	12 103.3 (0.528)	12 757 (4.055)	0.8 (0.026)	0.0	—
重庆	10 703 (0.610)	5 410.3 (0.683)	0.0	0.0	11 727.9 (0.579)	5 798.2 (0.579)	0.1 (0.006)	0.0	12 309.0 (0.536)	6 114.6 (0.536)	0.0	0.8 (0.026)	—	14 320.2 (0.568)	7 157 (0.568)	0.4 (0.008)	0.0	—

续表

省区市	2010年				2011年				2012年					2013年				
	ΔDI (dDI)	ΔGDP (dGDP)	ΔF₃ (dF₃)	ΔF₅ (dF₅)	ΔDI (dDI)	ΔGDP (dGDP)	ΔF₃ (dF₃)	ΔF₅ (dF₅)	ΔDI (dDI)	ΔGDP (dGDP)	ΔF₃ (dF₃)	ΔF₅ (dF₅)	ΔF₇ (dF₇)	ΔDI (dDI)	ΔGDP (dGDP)	ΔF₃ (dF₃)	ΔF₅ (dF₅)	ΔF₇ (dF₇)
四川	12 536 (0.811)	13 934 (0.811)	77.0 (0.611)	33.0 (0.611)	13 483.0 (0.753)	15 839.0 (0.753)	31.8 (0.474)	33.3 (0.489)	14 333.8 (0.706)	16 850.7 (0.706)	23.3 (0.348)	24.3 (0.358)	—	15 438.5 (0.690)	18 125 (0.690)	41.5 (0.415)	41.5 (0.415)	—
贵州	14 793 (1.046)	9 509.4 (2.066)	0.7 (0.018)	0.0	16 408.0 (0.995)	10 550.1 (1.850)	0.0	0.0	18 476.7 (0.988)	11 465.7 (1.673)	0.0	1.0 (0.027)	—	22 855.9 (1.205)	11 987 (1.497)	0.2 (0.004)	0.0	—
云南	15 773 (0.982)	9 941.8 (1.736)	2.0 (0.038)	2.0 (0.087)	17 654.9 (0.950)	10 302.6 (1.158)	3.0 (0.077)	5.0 (0.125)	19 113.8 (0.907)	9 872.3 (0.958)	4.5 (0.092)	4.5 (0.092)	—	20 493.3 (0.882)	10 337 (0.882)	40.0 (0.417)	41.0 (0.423)	—
陕西	13 957 (0.889)	9 002.7 (0.889)	0.0	0.0	15 989.4 (0.876)	10 965.7 (0.876)	0.0	0.7 (0.019)	16 896.7 (0.815)	11 778.8 (0.815)	0.0	1.0 (0.023)	—	18 940.1 (0.829)	13 295 (0.829)	3.1 (0.054)	3.1 (0.054)	—
甘肃	16 040 (1.216)	10 206 (2.47)	0.0	0.0	18 653.8 (1.245)	11 885.7 (2.368)	0.0	1.2 (0.041)	19 666.1 (1.146)	12 448.5 (2.203)	0.0	0.0	—	20 729.2 (1.051)	12 345 (1.960)	0.3 (0.007)	0.0	—
青海	11 598 (0.837)	9 095.8 (6.735)	0.9 (0.040)	0.0	14 109.3 (0.904)	11 944.3 (7.150)	0.0	0.5 (0.023)	17 382.0 (0.990)	14 878.0 (7.857)	0.0	0.0	—	19 767.6 (1.005)	15 374 (7.311)	0.4 (0.009)	0.0	—
宁夏	8 948.1 (0.583)	7 354.8 (4.353)	1.0 (0.056)	0.0	9 341.9 (0.531)	9 205.1 (4.379)	1.0 (0.077)	0.0	10 155.1 (0.512)	10 815.0 (4.619)	0.0	0.1 (0.003)	—	11 303.4 (0.513)	10 987 (4.226)	0.0	0.1 (0.002)	—
新疆	16 393 (1.202)	9 813.6 (1.805)	0.0	0.0	18 498.6 (1.192)	10 623.1 (1.607)	0.0	0.0	19 256.6 (1.075)	10 812.6 (1.441)	0.0	0.0	—	21 175.1 (1.074)	10 660 (1.253)	0.0	0.7	—

注：(1) ΔDI、ΔGDP 分别表示非 DEA 有效省区市城镇居民可支配收入和地区生产总值的产出不足额，单位分别为元和亿元；ΔF₃、ΔF₅、ΔF₇ 分别表示产出不足额，为各省区市 DEA 有效省区市生产总值的产出不足额，为各省区市城镇居民可支配收入和地区生产总值的产出不足额，dDI、dGDP 分别表示非 DEA 有效省区市城镇居民可支配收入和地区生产总值的比值；在括号中表示的 dF₃、dF₅、dF₇ 为 3 年期、5 年期、7 年期地方政府债券的投入冗余率，为 3 年期、5 年期、7 年期地方政府债券的投入的实际数的比值。(2) 在括号中表示的 dDI、dGDP 为各省区市城镇居民可支配收入与各省区市城镇居民可支配收入冗余额与 3 年期、5 年期、7 年期地方政府债券的投入的实际数的比值。

资料来源：根据表 5-1 投入产出指标通过 DEAP2.1 计算得到。

第6章

我国地方政府债务合理规模分析

随着我国经济发展进入新常态，经济下行的压力不断增大，在继续实施积极财政政策的过程中，我国地方政府债务规模增长过快，从 2007 年的 4 万亿元，到 2012 年底约 15.9 万亿元，再到 2014 年末全国地方政府债务余额为 24 万亿元①，7 年间增长了近 6 倍。截至 2015 年，我国纳入预算管理的中央政府债务 10.66 万亿元，地方政府债务 16 万亿元，两项合计，全国政府债务 26.66 万亿元，占 GDP 的比重为 39.4%。加上地方政府或有债务（即政府负有担保责任的债务和可能承担一定救助责任的债务），按照 2013 年 6 月审计署匡算的平均代偿率 20% 估算，2015 年全国政府债务的负债率将上升到 41.5% 左右②。尽管地方债务是地方收入无法匹配政府支出而导致的结果，是在市场失灵的情况下政府干预提高市场效率的方法之一，是为了弥补公共支出资金不足的重要手段，但过快的债务规模膨胀会对整个社会和经济的稳定产生潜在的威胁。从国际来看，我国政府债务大大低于发达国家的平均水平，但是由于我国中央政府实际承担着地方政府债务的最终偿付义务，考虑到国有银行的坏账和社保基金确保等政府隐形债务，因此应该重视我国政府部门实际杠杆率。从国内看，我国地方政府债务风险仍然可控，但需高度关注地方政府债务长期化的趋势。要从我国当前国情出发，按照《预算法》的

---

① 根据《关于提请审议批准 2015 年地方政府债务限额的议案的说明》，2014 年末全国地方政府债务（即审计口径中政府负有偿还责任的债务）余额 15.4 万亿元，地方政府或有债务（包括审计口径中政府负有担保责任的债务、政府可能承担一定救助责任的债务）8.6 万亿元，总计 24 万亿元。

② 2016 年 5 月 26 日，财政部有关负责人就政府债务有关问题回答《经济日报》记者提问表示，总体来看，我国政府债务仍有一定举债空间；为落实中央"去杠杆"的改革任务，政府可以阶段性加杠杆，支持企业逐步"去杠杆"。

规定①，通过限定地方政府举债渠道和债务置换的方式，将地方政府承担的高息、没有流动性的且隐性违约损失的债务，转化为低收益的、政府信用担保的地方政府债券，将地方融资平台贷款转向政策性金融机构负债②。对地方政府债务的适度规模进行研究，既可以避免过度举债对经济产出负面的影响，防范区域性风险的发生，又可以充分发挥通过发行地方政府债券获得的财政资金对经济增长的拉动作用，积极发挥财政资金的撬动效应。

国内外学者对地方政府债务规模进行了大量的研究，从债务规模的决定因素、债务指标、地方政府违约概率、经济发展需要等多个方面对地方政府债务适度规模进行了多角度分析。穆恩（Choon - Geol Moon，1993）等人通过修正样本偏差研究市政债券评级的决定因素，发现样本偏差同样会对债券评级产生影响，而债的规模、城市的地理位置和大小等也都是影响评级的重要决定因素，其中经济环境、债务和城市规模是最显著的决定因素。姚静（2009）结合内蒙古的经济财政总体情况，认为发行地方债券有助于弥补因投入不够导致的经济增长放缓的状况。然后根据内蒙古经济发展的情况，通过债务负担率、偿债依存度、应债率和偿债率四个指标认为内蒙古发债规模应小于 100 亿元，而债券利率要适当高于国家同期银行储蓄利率和国债利率，低于企业债券利率。马亭玉等（2012）利用 Eviews 软件进行实证分析，得到修正后的不同地方债的信用利差，假设在 0.2% 违约概率下，再利用改进后的 KMV 模型，分析试点自行发债四省市的安全发行规模分别为 1 460 亿元、1 500 亿元、2 500 亿元和 570 亿元。钱海燕（2013）以社会固定资产投资额为因变量，地方公债发行规模、社会可支配收入和地方政府扣除公债后的财政支出为自变量建立线性回归模型，得出各变量间存在明显的线性关系。利用 KMV 模型对安徽省进行实证分析，在实际违约概率之下认为安徽省 2009 年地方债券安全规模为 300 亿元。朱文蔚（2015）利用 SYS - GMM 估计方法论证政府债务对区域经济的促进作用，并考虑到经济增长放缓对地方政府债务的影响。同时指出，如果我国 GDP 增长在 2020 年下降到 5%，我国政府的总负债率将在 2020 年超过 60% 的国际警戒线。刁伟涛（2016）按照我国各省区市的债务数据，通过构建地方政府债务适度规模模型发现，从 2012 年起地方政府负有偿还责任的债务对地方经济增长开始起到负面的影响，此外测

---

① 2015 年 1 月 1 日执行的《预算法》中第三十五条规定："经国务院批准的省、自治区、直辖市的预算中必需的建设投资的部分资金，可以在国务院确定的限额内，通过发行地方政府债券举借债务的方式筹措。"

② 《国务院关于加强地方政府性债务管理的意见》（国发〔2014〕43 号）规定："对甄别后纳入预算管理的地方政府存量债务，各地区可申请发行地方政府债券置换"。

算得到 2012 年地方政府债务的适度债务率 18.53%。李扬（2016）在《中国国家资产负债表（2015）》报告中指出，截至 2015 年底，我国债务总额为 168.48 万亿元，全社会杠杆率为 249%。政府部门债务率约为 40%，考虑到一些融资平台债务及或有债务，将上升到 57%。但我国拥有足够的资产来应对债务风险，发生债务危机应为小概率事件①。从国内外研究学者的研究内容来看，较多地从风险防范的角度或者从经济增长角度研究地方政府债务规模，一方面忽略了我国政治体制下，预算软约束问题导致中央政府会对地方政府债务进行背书；另一方面忽略了当前经济新常态下我国经济发展的多目标制②，以及如何在提高杠杆的同时保持经济增长的可持续发展。

当前我国最重要的目标是"稳增长、去杠杆"，即继续维持一定 GDP 增速的同时，遏制杠杆率上升过快势头，优化杠杆分布。国际经验表明，在去杠杆的过程中，往往会经历三个阶段：第一阶段经济下滑，杠杆激增；第二阶段私人部门去杠杆，政府部门加杠杆；第三阶段：经济回升，政府部门去杠杆③。我国可以通过政府承接企业债务的方式去杠杆，也就是把私人部门的债务变成公共部门的债务，然后由公共部门融资来偿还债务。所以在当前我国经济处于第一阶段和第二阶段的过渡时期，就必须适度增加政府债务水平，阶段性加杠杆。因此，本章拟在保持经济稳定增长和稳定政府收入的前提下，研究地方政府债务适度规模，进而达到政府适度提高杠杆，保证经济平稳运行的目的。

6.1　模型选取与数据说明

6.1.1　系统动力学与分析方法的确定

系统动力学（system dynamics，SD）是研究系统反馈行为与结构的一门学科，结合系统科学理论与计算机仿真技术，通过定性与定量结合、系统综

---

① 新华社. 国新办举行中国债务水平有关情况吹风会［EB/OL］. 中央政府门户网站，http://www.gov.cn/xinwen/2016 – 06/16/content_5082694.htm，2016 – 06 – 16.

② 2015 年中央经济工作会议指出，要积极推进供给侧结构性改革，适应和引领经济发展新常态，重点抓好去产能、去库存、去杠杆、降成本、补短板五大任务。

③ 孔翔鹤，邓少微，程安琪. 翔鹤宏观债券：有没有国家可以温和去杠杆？［EB/OL］. http://mp.weixin.qq.com/s?_biz = MzI3MTE3Njg5NA = = &mid = 2650691272&idx = 1&sn = 0bde7a9a0a16a7e032e66b0ae8fba73d&scene = 23&srcid = 06212wHpQ1pTnsx4RHEReYtE#rd.

合推理的方法，可以作为实际情况的模拟再现，涉及社会、经济和生态等领域。SD 模型是最大限度上还原现实，经过模拟后以分析系统总体运行情况，进而寻求解决问题的方法。系统动力学最大的特点在于对直线式思考进行修正。所谓"直线式思考"是指单纯地将因果关系做一联结，不考虑因果之间的复杂变化。这种思考方式或可解决短期的或者固定时间点的问题，但考虑到长期的变化，因果关系不单是简单的直线关系，还会经由反馈环路进行相互影响，系统动力学就是有不同的反馈环路构成，对简单的直线关系能够进行修正。

在本章所建立的系统动力学模型中可以看出地方政府债务 SD 模型具有非线性、多回路的特点，还包含了众多复杂的反馈回路，一个变量的变化足以导致整体系统的变迁，因此笔者采用系统动力学的方法，利用由美国文塔纳系统公司（Ventana System Inc.）研发的系统动力学软件 Vensim PLE 建立有关我国地方政府债务系统的仿真模型，对我国地方政府债务适度规模进行了定性与定量的研究。

6.1.2　地方政府债务的 SD 模型

1. 模型建立的理论基础

在本章的 SD 模型中，各要素相互影响、相互联系：经济活动人口受到政府支出的影响，质量和数量都得到大幅度的提高，进而促进经济的快速增长，由于经济的发展必然会需要更多的资金用于基础建设，由于地方政府财力的紧张，按照《预算法》的规定会通过债券发行的方式募集资金，最终政府支出也会增长，支出的增加又会提高人口素质，这形成一个反馈回路，如图 6-1 所示。同样，人口的增长会导致政府税收收入的增加，由于财政资金有充足的保障，因此地方政府就会适度削减债务规模。总之这会使政府信用得到提升，宏观经济环境得到改善，有了政府的支持，当地投资需求会有所增加，进而加速经济的发展。经济的发展又会使政府支出增加，如果政府赤字规模加大，就会考虑以借债保持经济增长。另外，如果地方政府债务规模不断扩大，出现资不抵债的情况，或者以新债还旧债，直至无力还债导致违约，地方政府信用必然会受到影响，投资减少，政府收入减少，支出也就缩减，经济无法发展甚至倒退，此时当地政府也无法再靠借债或者发行债券缓解矛盾，从而形成一个恶性循环。

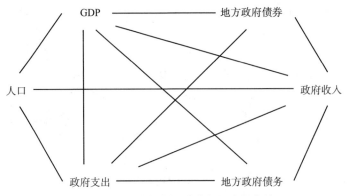

图 6 - 1　地方政府债务系统各影响要素关系

2. 确定系统流图与定量关系

因果关系图表示的是变量之间的关联关系，能够表明当系统中某一回路处于正反馈或者负反馈时变量之间的增减关系。但是因果图只是简单地将不同变量间的关系定性地表示出来，要真正建立可以运行的经济系统，还需要通过确立变量间的定量关系。本章根据地方政府债务因果关系中主要变量的性质及其相互关系，将各变量进行细化，最后确定的变量包括 GDP、GDP 增长速度、GDP 规划增长速度、劳动人口、劳动生产率、城市化率、税收收入、政府收入①、地方本级收入和中央对地方的转移支付、政府支出、基本建设支出、基本建设支出比例、社会保障支出、债务支出、科教文卫支出②、公益性支出、公益性支出比例③、人口增长率、经济活动人口、老年抚养比、人均养老金、社会保障缺口、地方政府债务④、地方政府偿还责任存量债务、

---

①　按照《地方政府债务余额及综合财力统计表》的说明和《预算法》的规定，本章中 2014 年以前地方政府收入包括地方政府本级收入加上中央对地方的转移支付金减去每年债务的还本付息支出，2015 年以后地方政府收入包括地方政府一般公共预算收入加上中央对地方的转移支付减去每年债务的还本付息支出。

②　本章将地方政府财政支出简化为债务支出、社会保障支出、科教文卫支出和基本建设支出四类。其中债务支出比例为每年偿还债务支出和国债还本付息支出占政府支出的比例。

③　公益性支出比例是指地方性债务投向保障性住房、市政建设和交通运输设施建设的支出加上地方政府债券资金投入占地方性债务资金支出的比例。

④　按照《地方政府债务余额及综合财力统计表》的说明，本章中地方政府存量债务 = 年末新增地方政府发行债券存量 + 地方政府偿还责任存量债务 - 每年已还清的债务本金 + 0.5 ×（政府负有担保责任的债务 + 政府可能承担一定救助责任的债务 + 或有责任的债务）。本章的模型中，将地方政府新增债券和存量债务置换债券分列开来，每年新增发行债券的增长率与负债率有关，存量债务的增长量只与置换额度和或有债务有关。

除债券外政府负有偿还责任的债务、新增地方政府发行债券存量、债券增长率、债券增长量、地方政府发行债券、债券及其相应的利率和本息、本息和、债券资金①、置换债券②的本息和等，具体见图 6-2。图中所示模型充分体现了地方政府发行债券不同模式对经济增长影响效应。

另外，模型中 GDP、债务支出比例、地方政府发行债券、失业率、总人口、老年抚养比等都是采用 2010 年各变量的实际值，其中债务支出比例、失业率、老年抚养比和 GDP 规划增长速度在计算 2010 年以后数据时采用表函数确定参数，基本建设支出比例、社会保障支出比例、债务支出比例、人均养老金、人均失业金、人均社会保险基数和债券利率是近几年利率进行加权平均所得，债券期限结构是按照 2014 年我国地方政府债券发行比例设定。

在地方政府债务模型中，选取初始时间 Initial Time = 2010，结束时间 Final Time = 2025，时间单位 Units for Time = year，时间步长 Time Step = 1，也就是说模拟的全过程从 2010~2025 年，单位时间为 1 年。选取 2010 年开始是因为我国 2009 年才开始由财政部代理发行地方政府债券，而 2009 年部分省份并未发行或者发行规模较小、种类不全，因此本书选取 2010 年为初始年。另外，将模拟时间控制在 2025 年以内，模型的预测结果会随着时间的拉长导致误差的增加。

3. 模型有效性检验

通常系统动力学所建立的模型有效性检验主要包括单位一致性检验、结构确认检验和行为重现测试等。本章采用的是行为重现测试，也就是说所建立的模型是否可以尽可能贴近地重现现实生活中的情况。本章以 2010 年作为初始年份，对运行模型所得到 GDP、城镇居民可支配收入、地方政府收入、新增地方政府债券发行规模③的仿真值与历年的真实值比较，发现拟合程度较好，如图 6-3 所示。这就意味着模型通过了行为重现测试。

---

① 根据审计署关于地方政府性债务资金来源的统计口径，地方政府债券资金属于政府负有偿还责任的债务，本章为了研究债券资金的使用效率问题将其单独列出。

② 本章假设我国从 2015 年开始分 3 年置换存量债务，置换额度分别为 3.2 万亿元、5 万亿元和 6 万亿元。而且考虑到当前我国地方政府债券的期限种类，模型中置换债券的期限结构只设有 10 年期和 15 年期两种。

③ 这里所指的新增地方政府债券仅包括地方自发自还和财政部代地方发行部分，不包括置换债券。

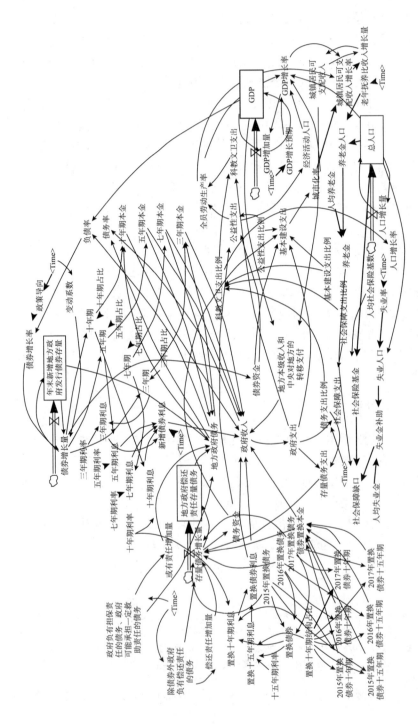

图 6 - 2　地方政府债务 SD 模型

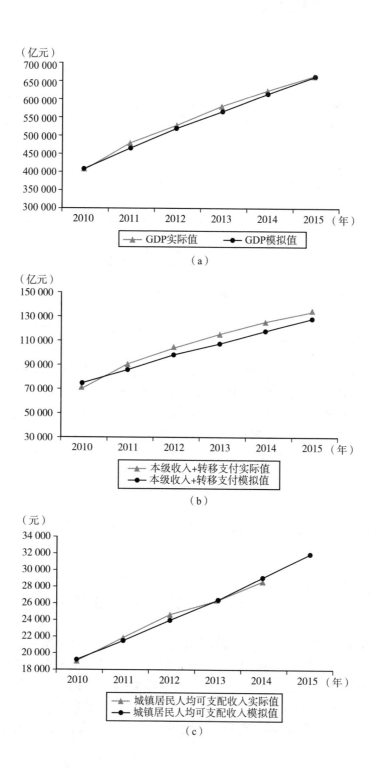

（a）

（b）

（c）

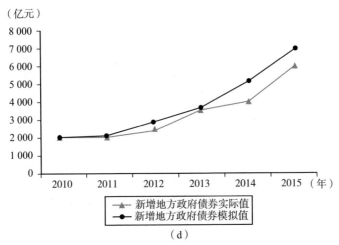

（d）

图 6－3 模型仿真值与实际值比较

4. 模型灵敏度分析

所谓灵敏度分析，就是通过改变模型中某些变量的参数，比较在不同值的情况模型的运行结果，以此用来判断参数对系统的影响程度。本书利用灵敏度分析，通过调整债券资金中公益性支出比例，判断地方政府债务对促进GDP 和增加城镇居民可支配收入的影响程度。运行模型发现，这两个研究变量对改变公益性支出比例的反应较为灵敏，意味着地方政府债务对系统的影响比较明显。

6.2 地方政府债务适度规模 SD 模型实证分析

6.2.1 地方政府债务绝对规模与经济增长的关系

地方政府以举债的方式获得资金用于财政投资，通过影响区域消费和投资结构、资本存量和经济结构的途径最终影响区域经济的发展。在经济放缓时，由于财政政策乘数较大，应该采用积极的财政政策刺激经济复苏。虽然政府债务的绝对水平会出现一定的增长，但是经济增长幅度会更大，反而有利于降低政府负债率水平，促进经济复苏，实现良性循环。部分研究使用新古典经济增长模型证明政府债务与经济增长呈现正相关关系[①]，而也有研究使用系统 GMM 方法表明政府债务与经济增长存在负相关关系[②]。根据巴罗模型，从理论的角度说明政府举债存在一个最优负债率，当政府负债率大于这个临界值时，经济会随着负债率的增加而增加，当政府负债率小于这个临界值时经济会随着负债率的增加而减少[③]。虽然近年来关于政府债务与经济增长关系的研究成果仍没有一致结论。但可以肯定的是，地方政府性债务与区域经济增长显然并非简单的线性关系。由于学术界对两者关系的确定主要集中于经济规模增长的角度，忽视了经济发展的可持续性，因此在本节论证地方政府债务与经济增长关系的过程中，除了研究债务规模与经济增长规模变化情况，还引入政府收入作为经济可持续增长的研究变量。这是因为政府举债后自然需要偿还，因此政府就需要有足够的收入能够支付债务本息，才能保证经济的持续运行。

考虑到政府债务对经济拉动作用的滞后效应，同时避免变量之间的共轭效应，本节引入"政策变动"变量，改变债务绝对规模来分析各个变量之间的关系，即改变 2015 年政府新增发行债券的规模，增减地方政府存量债务，得到 2020 年我国 GDP 和地方政府收入的模拟值，然后再通过拟合得到中期[④]范围内地方政府债务与经济增长和政府收入的关系曲线，如图 6-4 所示。图中 GDP 表示经济增长，REV 表示地方政府收入，DEBT 表示地方政府债务规模。

可以看出，中期内地方政府债务与经济增长之间存在 U 型关系，且存在一个债务规模极值点（110 778.10 亿元），在这一点上 GDP 存在最小值（907 919.88 亿元）。也就是说，在中期范围内，当债务规模小于极值点时，经济增长会随着债务增长受到一定的抑制；而当债务规模大于极值点时，政府债务会增强对区域经济的促进作用。出现这种情况的原因可能在于：政府债务对经济的影响存在正面效应和负面效应。所谓的正面效应是指地方政府通过举债进行财政投资，直接增加社会的总需求。而地方政府融资主要用于市政建设、科教文卫、保障性住房和农林水利等购买性支出，会间接带动当地私人部门的投资与消费，促进就业，进而刺激经济增长。而负面效应是指

---

① Eberhardt M M, Presbitero A. This Time They Are Different: Heterogeneity and Nonlinearity in the Relationship Between Debt and Growth [M]. International Monetary Fund, 2013.

② Calderón C, Fuentes J R. Government Debt and Economic Growth [R]. Inter – American Development Bank, 2013.

③ 推导过程详见朱文蔚《中国地方政府性债务与区域经济增长的关系研究》第五章。

④ 本章中假设离自变量变化的时间点 5 年以内为短期，5 年到 10 年为中期，10 年以上为长期。

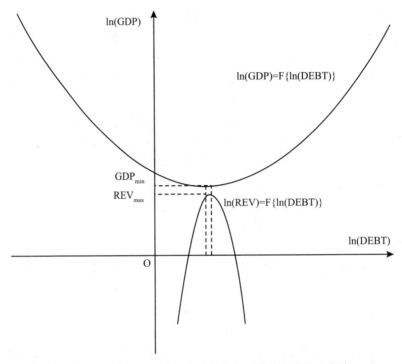

图 6 - 4　地方政府债务与经济增长和政府收入的关系曲线

注：由于各变量的数值较大，因此在进行拟合时先采用对数化处理用以减少误差。

地方政府通过债权融资，可能会导致信贷资源的配置扭曲，私人部门获得授信的难度就会相应增加，因此存在对私人投资的"挤出效应"。另外，由于政府部门天生在效率方面低于私人部门，加之政治要求和官员考核绩效的驱动、几乎不受限制的财政支出使用权，因此政府举债会形成一些资金使用效率低下、投资方向不合时宜的面子工程、烂尾工程。于是，当债务规模较小时，政府债务对区域经济负面效应会大于正面效应，对经济增长产生负面影响。而当债务规模大于极值点后，随着利用债务融资投入运行的项目增多，就会抵消一部分由于挤出私人投资产生的负面效应。从另一个角度来看，政府举债对经济增长的刺激作用是一种以"量"取胜的发展方式，是一种以规模增加弥补效率损失的经济刺激方式。

前面提到本章用政府收入作为经济可持续运行的指标，从图 6 - 4 可以看出，中期内地方政府债务与政府收入之间存在倒 U 型关系，同时也存在一个极值点（221 464.53 亿元，172 146.41 亿元），政府可以获得最大收入。政府债务与政府收入的关系比较简单，只要债务规模在合理的范围内，债务就会通过促进区域就业和消费的方式增加政府税收收入。随着债务规模的过大，政府收入中需要对债务还本付息的压力也会响应增加，也就是说由于过度举债，政府收入的增加不足以抵销债务本息增加带来的负面效应，政府收入会随着债务规模的增加逐渐增加，随后减少。因此虽然债务规模超过极值点后会加大对经济的促进作用，但是也并不是越大越好，因为会随之带来潜在政府收入的损失，当"资不抵债"时就会影响整个经济社会的稳定。

根据模型模拟得到的拟合曲线，得到了地方政府债务与经济增长和政府收入之间的关系，并得到了 GDP 和政府收入的极值，如表 6 - 1 所示。

表 6 - 1　　　　　　　　关系曲线临界值　　　　　　单位：亿元

变量	符号	极值点 1	极值点 2	2020 年模拟点
地方政府债务	DEBT	110 778.1	221 464.53	195 527
国民生产总值	GDP	907 919.88	918 009.52	914 694.93
政府收入	REV	132 614.88	172 146.41	170 700.35
负债率	DGT	12.20%	24.12%	21.38%
备注		GDP 极小值	REV 极大值	2015 年债务水平

注：（1）表中 GDP 极小值、REV 极大值都是通过系统模拟后得到。（2）2015 年债务规模是经过"2016 年 5 月 26 日财政部有关负责人就政府债务有关问题回答《经济日报》记者提问"的相关内容整理，按照《地方政府债务余额及综合财力统计表》的统计口径计算得到，即 2015 年地方政府债务余额 = 160 000 + 0.5 × (676 708 × 2.1%/0.2) = 195 527 亿元。（3）2020 年模拟点是假设"十三五"时期债务规模保持不变，即按 2015 年债务规模计算得到的 GDP 和 REV。

从表中可以看出：第一，根据临界值确定最优债务规模。地方政府债务与经济增长和政府收入关系曲线的极值点分别为（110 778.10，907 919.88），（221 464.53，172 146.41）。这就是说，按照模型模拟结果，在现有债务余额的基础上，无论增加或者减少 2020 年的债务规模，GDP 最小为 907 919.88 亿元，而此时政府收入缺口为 39 531.53 亿元。同样，在政府收入曲线极值点时，政府收入达到潜在最大值 172 146.41 亿元，GDP 相对增长 10 089.63 亿元。因此，可以认为在 2020 年债务规模达到 221 464.53 亿元时，经济能够得到最大增长的同时保证政府收入达到最大值。

第二，根据最优债务规模可以判断，我国政府可以逐步扩大地方政府债券融资规模，适度提高杠杆。这样不仅不会抑制经济发展，反而会促进 GDP 的增长，并使地方政府收入最大化。假设我国地方政府债务规模一直保持 2015 年的水平，也就是表中 195 527 亿元，通过计算得到 2020 年我国 GDP

会超过最小值达到 914 694.93 亿元，但政府收入为 170 700.35 亿元，产生收入缺口。因此，在目前"稳增长"和"去杠杆"双重目标下，中期内为保证产出和政府收入的最大化，增强经济运行的可持续性，我国地方政府债务规模可以在《预算法》限额管理的规定适度增加，提高地方政府的总体负债率。

第三，我国应谨慎采用大规模财政刺激政策。从关系曲线可以看出，尽管中期范围内，地方政府债务可以促进经济的增长。但是通过大规模举债融资的方式，将会刺激信贷资源的增长，按照当前政策执行体系和银行对国有企业的偏好，资本将会集中流入房地产市场和国有企业，不利于经济增长的转型，也会导致产能过剩等问题。另外，从长期看，政府收入持续减少，将会严重威胁到经济和财政可持续发展的能力。这是一种短视且具有长期负面影响的政策。

6.2.2 "十三五"期间地方政府债务的适度规模

我国经济发展一直保留着"计划经济"的影子，每年政府都会提出 GDP 规划增长速度。因此，可以看出相对于市场而言，我国政府在经济发展中的角色更为关键。为全面建成小康社会，完成确保到 2020 年实现国内生产总值和城乡居民人均收入比 2010 年翻一番的目标，2016～2020 年经济年均增长底线是 6.5% 以上[①]。我国政府在"十三五"规划纲要中，也将 2020 年国内生产总值设定为 92.7 万亿元以上。考虑到我国中央政府在影响经济增长方面具有的突出甚至压倒性的强势，使我国政治制度对经济发展具有决定性的影响。同样，不同于联邦制国家，尽管从 2015 年开始我国地方政府已经全面实行地方政府债券的自发自还，但是在发债规模方面仍然受到中央政府和财政部的限额管理[②]。因此，为完成中央政府关于经济发展的目标，地方政府在债务规模方面也会作出相应的调整。

本节在之前地方政府债务 SD 模型的基础上，引入"GDP 规划增长速度"的影响变量，同时假定我国新增地方政府债券的增长率与地方政府负债率有关，并以 60% 国际风险警戒线作为我国地方政府负债率的阈值，通

---

① 习近平总书记关于《中共中央关于制定国民经济和社会发展第十三个五年规划的建议》的说明。

② 《预算法》第三十五条规定，举借债务的规模，由国务院报全国人民代表大会或者全国人民代表大会常务委员会批准。省、自治区、直辖市依照国务院下达的限额举借的债务，列入本级预算调整方案，报本级人民代表大会常务委员会批准。

过系统模拟，得到"十三五"期间我国地方政府债务的适度规模，如表 6-2 所示。

表 6-2　　　　　基于 SD 模型我国地方政府债务的适度规模

年份	GDP（亿元）	ΔGDP（%）	REV（亿元）	DEBT（亿元）
2010	407 137	15.07	75 254.6	85 256.4
2011	468 510	12.30	88 007.8	112 191
2012	526 114	9.34	100 032	133 439
2013	575 261	8.60	109 725	155 402
2014	624 731	7.97	119 851	207 046
2015	674 512	6.72	129 183	209 585
2016	719 856	6.64	136 753	208 818
2017	767 648	6.56	143 706	210 672
2018	818 032	6.50	150 179	217 823
2019	871 240	6.48	159 226	244 818
2020	927 672	6.45	166 961	282 704
2021	987 484	6.41	174 259	334 121
2022	1 050 830	6.34	180 071	399 294
2023	1 117 420	6.18	184 422	475 704
2024	1 186 510	5.94	187 832	556 925
2025	1 257 040	5.68	174 615	618 331

注：（1）本表数据是模型模拟结果。（2）表中 GDP 和 ΔGDP 为名义 GDP 和名义 GDP 增长率。

从表中数据可以看出，"十三五"期间，我国 GDP 年均增长率在 6.55% 左右，到 2020 年我国 GDP 达到 927 672 亿元，基本符合中央政府在"十三五规划"中对我国经济增长目标的设定。按照地方政府债务与经济增长和政府收入的关系曲线，此时 GDP 比采用最优债务规模时增长了近 9 662 亿元，但政府减收 6 884 亿元左右。从这一点可以得出，当前我国实行全面"营改增"减轻企业税负 5 000 亿元，同时提升企业发展的活力、促进经济发展与转型是可行的[①]。从债务规模的角度，到 2020 年地方政府债务逐步增长到 282 704 亿元，负债率由 2016 年的 29.01% 提高到 30.47%，这也比较符合

---

① 2016 年 4 月 1 日，国务院总理李克强就全面实施"营改增"到国家税务总局、财政部考察时表示，"全面实施'营改增'给企业减税上，将比改革前减轻企业税负 5 000 多亿元"。

之前谈到阶段性提高政府杠杆的论述，因此这应该是我国政治体制导向下，为保持经济"稳增长"和可持续发展，地方政府在"十三五"时期债务的适度规模。

如图6-5所示，我国地方政府负债率在2014年达到高点后稍有下降，在2018年达到最低点，随之开始逐渐增加，到2025年负债率达到49%左右，但增长幅度逐渐缩小。而我国地方政府债券增长率在2014年出现低点，随后出现攀升，在2018年达到最大值后迅速滑落，2025年增长率仅为16.75%。两项指标呈现出"此消彼长"的特征。

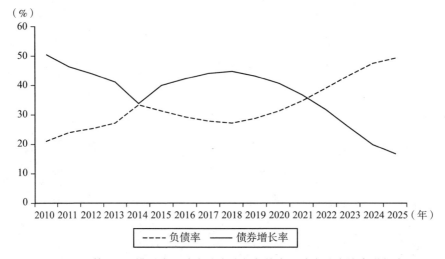

图6-5　基于SD模型我国地方政府债务负债率及地方政府债券增长率

对于债券增长率而言，由于地方政府只能通过发行地方政府债券举借债务[①]。因此作为地方政府唯一合法的债权融资渠道，发行地方政府债券必然要受到国家负债率水平和国际风险警戒线的影响。中央政府会在低负债水平时允许扩大地方政府债券发行规模，增加杠杆；而在高负债水平时，为防止区域性风险的发生，就会降低债券发行的增长率，通过消化一部分存量债务之后再根据经济发展的需求合理举债。

对于负债率而言，一方面由于我国GDP增长率明显低于债券发行的增长率，因此负债率会逐渐增加；另一方面由于我国通过债券置换、债转股等方

---

① 《预算法》第三十五条规定，除发行地方政府债券举借债务外，地方政府及其所属部门不得以任何方式举借债务。

式消化和转化了一部分存量债务，因此在中期尽管新增债券发行产生的地方政府债务会有所增加，但是存量债务的减少也会抵消一部分负债率的增长，因此出现负债率增长幅度减缓的现象。

一直以来我国地方政府依赖土地出让收入偿还地方债的基本格局并未改变。近年来，由于房地产市场波动，地方政府土地出让收入减少，税收收入增速也明显减缓，因此容易出现地方债无法兑现的困局。因此尽管存量债务增速会逐渐放缓，但是也要关注地方政府债务未来偿债情况。如图 6 - 6 所示，从未来偿债年度看，我国地方政府债务还本付息的绝对额逐年增长，年均增长率达到 66.66%。2013 年增速最高达到 701.62%，原因是还本付息基数较小，且当年有 3 年期债券到期支付本金。"十三五"期间还本付息额年均增长率保持在 53.3% 左右，2016 ~ 2018 年每年还本付息额增长率从94.77% 下降到 57.62%；到 2019 年，增速最低滑落到 19.41%；但从 2020年开始保持 30% 左右匀速增长，2024 年达到低位增速 27.76% 以后，2025 年债务资金还本付息压力激增，增速达到 54.3%，原因在于 2025 年有巨量置换债券 10 年期本金到期支付。总之，偿债压力较大且比较集中于 2015 ~ 2018 年以及 2025 年之后。

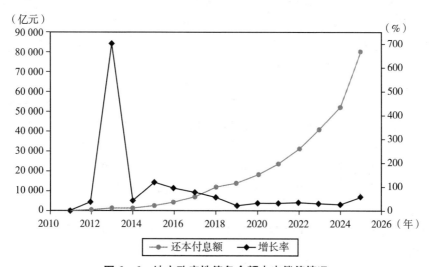

图 6 - 6　地方政府性债务余额未来偿债情况

注：（1）按照《预算法》的规定，地方政府只能以债券形式发债。因此本图中的地方政府债务只限于地方政府通过发行地方政府债券举借的债务以及通过置换债券产生的债务，不包括逾期债务。（2）本图的数据按照 SD 模型模拟得到，因此 2010 年作为初始年份不用还本付息。（3）假定所有期限的地方政府债券偿债方式均为按年付息，到期支付本金。

6.2.3　我国政府债务对经济长期增长的阈值效应

政府债务对经济长期增长的影响是否存在阈值效应，即当债务水平达某一阈值时就会改变对经济增长的影响，这一直是近年来学术界和西方政府所关心的问题。莱因哈特和罗格夫（Reinhart & Rogoff，2010）指出要政府债务存在关键性"阈值"：当负债率超过60%，每年GDP增长将减少2%，一旦债务超过了国内生产总值（GDP）的90%，经济增长会严重放缓。张启迪（2015）在研究1970~2012年间欧元区16个国家政府债务后证明了"稳健阈值"的存在，阈值水平大概在54%~78%之间。我国财政部对地方政府总债务率警戒线做出规定，部分省市综合考虑存量债务规模、经济发展阶段采用不同的债务率预警指标。对行政级别较高、经济快速发展、财力增长潜力较大的地区，采用的债务率预警线阈值相对较高，新增债券额度较大①。

本章拟在SD模型的基础上，增加"负债率阈值λ"变量，影响新增债券发行额度。现假设阈值和负债率水平影响新增债券增长率的条件：第一，当负债率趋近于阈值时，债券增长率不断减少，当等于阈值时，增长率为0；第二，当负债率小于阈值时，t-1期负债率按照t期增长率扩大债务规模后，t期负债率水平不超过阈值；第三，限定当负债率超过阈值后，债券增长率均为负值，且增长率逐渐趋近于0②。在这些假设条件下，通过模拟比较不同阈值下地方政府债务规模对经济增长的影响，研究是否存在阈值效应。相关情况如表6-3所示。

第一，模型中的负债率阈值λ是临界值，不等于当期的负债率。当阈值为40%和45%时，负债率会分别按年均增长率3.887%和4.59%逐年增长，到2024年负债率会接近于阈值后，2025年出现回落。本章中所设的阈值λ相当于负债率警戒线，在没有因为政策导向导致的大规模财政政策刺激发生的前提下，负债率只能无限趋近于λ。因为根据假设可知，当负债率趋近于阈值时，不再新增债务，因此增长率为0。而GDP增速按照"L"型走势也并不会为负值，因此从负债率公式可以得到，负债率不可能达到阈值，也就达到警戒线的目的。

① 闫丽琼，刘柱，朱志斌. 各省地方政府新增债券额度在下属市县实现差异化分配[R]. 中债资信，2016.
② 考虑到债务规模越大，化解的难度越大，短期内大幅削减债务可能会陷入越紧缩债务水平越高，经济增长率越低的恶性循环，因此假设负债率超过阈值后，新增发行债券增长率从-100%到趋近于0。

表6-3

不同阈值下地方政府收入和负债率情况

项目	阈值	2010年	2011年	2012年	2013年	2014年	2015年	2016年	2017年	2018年	2019年	2020年	2021年	2022年	2023年	2024年	2025年	Δ(%)
负债率(%)	40	20.941	23.946	25.397	27.125	33.371	31.239	29.097	27.604	26.9	28.629	31.151	34.172	36.559	37.577	38.038	37.103	3.887
	45	20.941	23.946	25.385	27.09	33.311	31.288	29.223	27.732	27.037	28.695	31.233	34.517	37.865	40.358	41.684	41.05	4.590
	125	20.9405	23.9459	25.3726	27.0566	33.2542	31.3257	29.3359	27.8544	27.1723	28.7728	31.3399	34.9054	39.3615	44.462	49.8838	53.9711	6.515
政府收入(亿元)	40	75 254.6	88 007.7	100 037	109 742	119 834	129 117	136 483	143 629	149 872	159 077	166 478	173 436	179 242	184 623	192 499	187 589	6.278
	45	75 254.6	88 007.8	100 035	109 736	119 843	129 137	136 569	143 490	149 837	158 763	166 308	173 228	179 054	184 031	189 956	182 212	6.073
	125	75 254.6	88 007.7	100 033	109 731	119 851	129 156	136 647	143 376	149 795	158 477	166 126	173 004	178 789	183 211	186 760	173 507	5.727

注：Δ表示不同阈值下在模型模拟期内负债率的年均增长率。

第二，随着阈值的提高，债务的绝对规模和相对规模都会随着增长，而从长期来看政府收入会减少。可以看出，短期内，债务随阈值的提高变化幅度不大，甚至出现小幅下降。但长期来看，阈值从 40% 提高到 125%，年均增长率从 3.887% 提高到 6.515%，但增幅逐渐减小。到 2025 年，40% 阈值下，地方政府债务为 463 357 亿元，负债率仅为 37.103%，而 125% 的阈值下绝对规模增加到 688 703 亿元，负债率为 53.971%。另外从中短期来看，由于债务规模较小，还债压力不大，政府收入随阈值的提高会有小幅上升，但长期来看，提高阈值只会对政府收入产生负面影响。到 2025 年，政府收入会从 40% 阈值下的 187 589 亿元减少到 125% 阈值下 173 507 亿元，降幅达到 7.5%。

第三，不同时期阈值对 GDP 的促进作用并不一致。见图 6-7，2012 年曲线所示，在短期内，提高阈值会对 GDP 产生负面影响。原因可能在于，一是由于随着阈值的增加，社会对风险就会越为敏感，导致私人部门投资意愿的下降。二是由于短期内债务规模会出现小幅下降导致。从中长期来看，阈值的增加会促进 GDP 的增加，但是增长幅度会逐渐缩小。而在长期，则会出现负面影响。原因可能在于，由于政府性债务超过了经济增长的需求，使流动性过剩，会出现产能过剩和投资收益率下降的情形出现，进而阻碍经济的进一步发展。另外，由于过度举债导致政府还本付息压力加重，而在经济增速放缓、财政收入下滑的前提下，会使地方政府更加捉襟见肘，减少政府支出，进而影响经济增长。

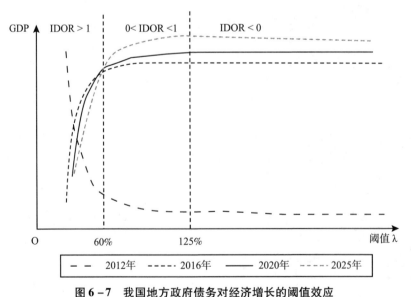

图 6-7　我国地方政府债务对经济增长的阈值效应

注：（1）图中曲线是根据模型结果整理得到。（2）IDOR 指 2016 年后的边际债务产出率。

第四，我国地方政府债务阈值水平在 60% 左右。本章用 IDOR（incremental debt-output ratio）表示增加 1 单位的负债率带来的 GDP 的增长。通过模型模拟发现，当阈值 $\lambda = 60\%$ 时①，IDOR = 1，表示 1 单位的地方政府债务会产生 1 单位的 GDP。而当阈值 $\lambda = 125\%$ 时，IDOR = 0，表示地方政府债务不会对经济增长产生作用。从图 6 - 7 中可以看出，从长期来看，当阈值 $\lambda \leqslant 60\%$ 时，我国地方政府债务对促进经济增长会产生强烈的拉动作用，IDOR 均大于 1，这就意味着 1 单位的地方政府债务会产生大于 1 单位的 GDP。因此我国地方政府保持一定水平的债务能够对经济发展产生巨大的撬动作用，发挥财政政策的乘数效应。当 $60\% < \lambda \leqslant 125\%$ 时 1 > IDOR > 0，债务对经济增长的边际效应出现递减，1 单位的债务资金投入难以产生 1 单位 GDP 产出。因此可以证明我国地方政府债务确实对经济增长存在阈值效应，且阈值水平大概在 60% 左右②。还可以看出，当 $\lambda > 125\%$ 后，债务对经济增长产生抑制效应，尽管下降幅度不大，但是由于债务的增加会加重政府收入的压力，因此负面效果会更加严重。

6.3　模型结论及建议

本章通过建立地方政府债务系统动力学模型，分析为完成"稳增长""去杠杆"目标，如何在保持经济可持续发展的同时控制地方政府债务。在原有模型的基础上引入三个不同变量，分别研究了三部分内容，即地方政府债务绝对规模与经济增长的关系、"十三五"期间地方政府债务的适度规模和我国政府债务对经济长期增长的阈值效应。现将主要结论总结如下：

引入"政策变动"变量，改变 2015 年债务绝对规模来分析各个变量之间的变动关系，得到了地方政府债务与经济增长和政府收入的关系曲线。中期内地方政府债务与经济增长之间存在 U 型关系，与政府收入之间存在倒 U 型关系。两条曲线分别存在两个极值点，在 2020 年 GDP 极小值和政府收入极大值分别为 907 919.88 亿元、172 146.41 亿元。在政府收入曲线极值点时，债务规模达到 221 464.53 亿元，政府收入达到潜在最大值 172 146.41 亿

---

①　2016 年、2020 年、2025 年地方政府债务对经济增长的阈值效应曲线上，IDOR = 1 点分别为 59.7%、60% 和 60.2%，本章取平均值为 60%。同理可得 IDOR = 0，阈值平均值为 125%。

②　由于政府购买支出乘数 $k_g = 1/(1 - \beta) > 1$，所以当 ICOR < 1 则可认为此时债务在发挥财政投资资金的作用方面失效。

元, GDP 相对增长 10 089.63 亿元。此时, 经济能够得到最大增长的同时又能保证政府收入达到最大值, 可以视为 2020 年我国地方政府债务最优规模为 221 464.53 亿元。根据关系曲线, 我国地方政府债务规模到 2020 年一直保持 2015 年的水平, 政府收入会存在一定的缺口。因此, 在中期我国地方政府还存在一定举债空间, 可以适度增加杠杆。但不适合大规模财政刺激政策, 过度举债会严重减少政府收入, 影响经济的可持续运行。

引入"GDP 规划增长速度"变量, 在保证完成"十三五"规划中到 2025 年 GDP 超过 92.7 万亿的目标前提下, 测算出我国地方政府债务的适度规模。模型模拟得到"十三五"期间, 我国 GDP 年均增长率在 6.55% 左右, 到 2020 年我国 GDP 达到 927 672 亿元, 地方政府债务逐步增长到 282 704 亿元, 负债率提高到 30.47%。与 2020 年最优规模相比, GDP 增长近 9 662 亿元, 但政府减收 6 884 亿元左右。在不考虑地方行政级别、财政收入潜力的前提下, 发行地方政府债券受到国家负债率水平和国际风险警戒线的影响, 负债率高时新增债券就会减少。另外, 由于当前我国 GDP 增长率明显低于债券发行的增长率, 而近年来从重视地方政府债务问题着手开始化解存量债务, 因此负债率出现增幅减缓的情况。从这两个方面可以看出, 我国地方政府负债率和地方政府债券增长率会出现这种"此消彼长"的现象。"十三五"期间年均增长率保持在 53.3% 左右, 每年还本付息额增长率虽逐年递减, 但仍保持高位增速, 偿债压力较大。考虑到债务置换, 我国地方政府偿债压力较大且比较集中于 2015 年到 2018 年以及 2025 年之后。

引入"负债率阈值 λ"变量, 模拟比较不同阈值下地方政府债务规模对经济增长的影响, 证实我国政府债务确实对经济长期增长的阈值效应。随着阈值的提高, 债务的绝对规模和相对规模都会随着增长, 而从长期来看政府收入会减少。到 2025 年, 政府收入会从 40% 阈值下的 187 589 亿元减少到 125% 阈值下 173 507 亿元, 降幅超过 8%。在短期内, 提高阈值会对 GDP 产生负面影响。从中长期来看, 阈值的增加会促进 GDP 的增加, 但是增长幅度会逐渐缩小。而在长期, 则会出现负面影响。本章用 IDOR 表示增加 1 单位的负债率带来的 GDP 的增长。从长期来看, 当阈值 $\lambda \leqslant 60\%$ 时, $IDOR > 1$, 这就意味着 1 单位的地方政府债务会产生大于 1 单位的 GDP。当 $60\% < \lambda \leqslant 125\%$, $1 > IDOR > 0$, 债务对经济增长的边际效应出现递减。由此得到两点结论, 即我国地方政府保持一定水平的债务能够对经济发展产生巨大的撬动作用, 发挥财政政策的乘数效应; 根据政府购买支出乘数 $k_g = 1/(1 - \beta) > 1$ 可知, 我国地方政府债务阈值水平在 60% 左右。

本章基于系统动力学建立了我国地方政府债券系统模型, 最大限度地模拟宏观环境，分析不同年限组合的地方政府债券对我国 GDP 增长和城镇居民可支配收入的影响效力大小。通过模型运行结果可以得到以下结论：一是不同年限的地方政府债券对 GDP 增长和城镇居民可支配收入的促进作用会随着年限的增加而提高，但是这种影响效力却是递减的；二是投入时间越长，各个不同年限债券组合的使用效益差距越大；三是我国大部分省市现行的发行 3 年期和 5 年期组合债券能将债券资金的综合促进作用发挥到最大，但一方面对于 GDP 增长而言，3 年期和 10 年期债券组合的使用效益较大，而 3 年期和 7 年期则最小，另一方面对提高城镇居民可支配收入而言，后者组合的效力却比前者更大；四是相对于短期组合来讲，发行长期组合债券能使 GDP 年均增长率和城镇居民可支配收入年均增长率更高。

第 7 章

我国地方政府债务风险的判断及评价

根据前文对我国当前地方政府债务现状的观察，以及地方政府债务形成机制的分析，我们对当前地方政府债务现状及成因有所了解。本章将在前文分析的基础上，对目前地方政府债务风险情况进行判断，包括债务风险现状的评价以及风险变动趋势的分析。

7.1   我国地方政府债务风险情况的相关论述

由于地方政府性债务发行的隐蔽性，债务规模成为历来理论界关注的话题。21 世纪初我国货币供应量的快速上涨，伴随而来的是地方基础设施建设的加速增长与房地产市场的第一轮价格上涨，在地方财政领域，土地财政现象开始显现。图 7-1、图 7-2 分别为我国货币供应量 M1 与基础设施固定资产投资情况，根据图中反映趋势看，2002~2008 年间两项统计指标均呈稳步快速增长态势，2009 年开始推行的四万亿刺激政策导致两项指标出现激增，但刺激政策的短期效果明显，2011 年后指标增速出现回落。近年来我国"三期叠加"态势愈发明显，经济下行压力加大，通过货币放量拉动经济增长的思路重新表现出来，而基建投资则除了 2011 年增速回落外，基本保持在18%左右的高速增长态势。

货币放量与地方政府大兴土木的现实引发了人们对地方政府性债务风险的担忧。对地方政府性债务规模与风险的观点梳理将以 2014 年初为分界，其理由为 2013 年末 2014 年初各省开始公布了截至 2013 年 6 月底的地方政府性债务较为详尽的数据。将 2014 年以前各方对地方政府性债务规模的估算情况简要进行了梳理，见表 7-1。

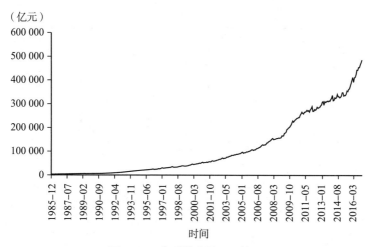

图 7 - 1　货币供应量 M1 情况

资料来源：Wind 数据。

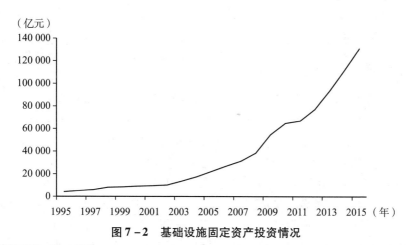

图 7 - 2　基础设施固定资产投资情况

资料来源：Wind 数据。

表 7 - 1　　　　　　2014 年以前各方对地方政府性债务规模的估算情况

年份	测算方	数据范围	债务规模
2004	国务院发展研究中心	政府性债务规模	1 万亿元以上
2004	财政部经济建设司	政府性债务规模	1.08 万亿~1.2 万亿元
2007	财政部财政科学研究院	政府性债务规模	4.1 万亿元
2008	财政部财政科学研究院	地方融资平台债务规模	4 万亿元左右

续表

年份	测算方	数据范围	债务规模
2009	中金公司	地方融资平台债务规模	7.2 万亿元
2009	银监会	地方融资平台债务规模	7.38 万亿元
2009	美国西北大学学者	政府性债务规模	11.4 万亿元
2010	国家审计署	政府性债务规模	10.7 万亿元
2010	花旗银行	政府性债务规模	12 万亿元
2011	花旗银行	地方融资平台债务规模	12 万亿元以上
2011	中金公司	地方融资平台债务规模	10 万亿元左右
2011	美国西北大学学者	政府性债务规模	24.1 万亿元

资料来源：根据相关数据整理。

虽然各方在地方政府债务计算口径与估算方法上不同，但从上表梳理情况可以大致反映出两点信息。其一，地方政府债务规模呈扩张趋势，从2004年的1.2万亿元上升到2010年的10.7万亿元债务水平，债务增速较快，且2009年"四万亿"政策刺激下债务规模在短期内激增。其二，国际机构对我国债务规模的估算要高于国内机构，国内官方机构公布的地方政府性债务数据水平相对较为保守，机构公布的债务水平结果较学术研究结果更为谨慎。

2014年后，关于地方政府性债务治理的一系列改革措施相继出台，审计系统公布的债务数据及官方机构发布的债务研究成果均意在表明中国地方政府性债务在安全范围内。根据中国社科院李扬团队发布的国家资产负债表研究结论看，截至2015年底，中央政府债务10.7万亿元，地方政府债务16万亿元，全国政府债务合计26.7万亿元，占当年GDP比重为39.4%，低于国际关于政府债务负债率60%（欧盟《马斯特里赫特条约》）的警戒线；地方政府债务率89.2%，低于国际常见预警值150%以下[1]。2015年12月，财政部部长楼继伟在第十二届全国人民代表大会常委会第十八次会议上，做了《国务院关于规范地方政府债务管理工作情况的报告》，对地方政府债务现状、存在问题及下一步工作安排进行汇报。2016年5月，财政部有关负责人就地方政府债务风险问题进行答记者问[2]。综合看财政部观点认为，我国地

---

[1] 李扬：中国政府债务可控　债务水平低于欧盟警戒线［EB/OL］. 中国新闻网，http://www.chinanews.com/gn/2016/06-15/7905488.shtml.

[2] 财政部有关负责人就政府债务问题答记者问［EB/OL］. 财政部新闻办公室，http://www.mof.gov.cn/zhengwuxinxi/zhengcejiedu/2016zcjd/201605/t20160526_2037679.htm.

方政府债务风险总体可控，比较国际常见债务预警标准，认为我国地方政府仍有进一步举债空间。财政部相关负责人认为，伴随地方政府债务近年来快速增长，地方政府偿债能力指标有所下降，地方政府违法违规担保举债现象依然存在，伪 PPP 模式成为地方政府变相举债的风险点，虽然地方政府债务风险总体可控，但局部地区债务风险较大。2016 年 12 月，中国财政科学院团队就其在各省调研情况发布调研报告，认为地方政府性债务风险在不断积累，局部地区债务风险偏高①。

相较于国内机构对地方政府债务情况相对乐观的预期，国际机构对地方政府债务风险则表露出担忧态度。2016 年 3 月，国际信用评级机构穆迪下调中国评级，虽然维持中国主权信用评级 AA3 未变，但将评级展望从"稳定"下调为"负面"，其理由为：中国地方政府债务快速增长导致财政疲软，而中国改革前景存在不确定性。随后，标普将中国主权信用评级确定为 AA −，评级展望从"稳定"下调为"负面"。需要注意的是，穆迪、标普关于中国地方政府债务的研究报告及《金融时报》等媒体对债务规模的加总口径与国内地方债务情况存在差异，对审计系统 2010 年底、2013 年 6 月底的两次债务统计结果选取 10.7 万亿元与 17.8 万亿元，但该规模是将政府负有偿还责任的债务、负有担保责任的债务以及可能承担一定救助责任的债务的简单加总，这种简单加总并不准确，理论上将放大地方政府债务规模。

7.2　评价模型的选择

通常我们熟知的信用风险是一个金融领域的概念。信用风险是指由于借款人不能或不愿履行合约而给另一方带来损失的可能性，以及由于借款人信用评级变动或履约能力变化导致债务市场价值的变动而引发损失的可能性（张金清，2009）②。地方政府债务问题从某种意义上仍是资金融通过程中伴生的风险管控问题，只是政府作为举债主体，其风险认定与债务危机处理可能区别于企业及个人，但在政府债务保持良性运转时，仍然要依托金融市场规则，因此金融领域的信用风险评价方法对于地方政府债务风险评价具有借鉴意义。但由于金融领域风险评价方法多针对企业，模型在应用时应考虑到

---

① 财科院调研显示局部地方债务率偏高收支矛盾突出 ［EB/OL］. 21 世纪经济报道（数字版），http：//epaper.21jingji.com/html/2016 − 12/15/content_52539.htm.

② 张金清. 金融风险管理 ［M］. 上海：复旦大学出版社，2009.

政府这一举债主体的特性进行适当修正。

目前信用风险评价模型具有代表性的为 Credit Metrics、Credit Risk +、Credit Portfolio View 以及 KMV 四种模型。Credit Metrics 模型的原理为：通过债务人在一定时期内违约行为、信用评级变化及其导致的信用价差变化等因素，确定信用资产市场价值并基于信用资产价值计算在险价值。Credit Portfolio View 模型同 Credit Metrics 模型原理相似，对信用风险的理解都是将其通过市场价值表现。但该两类模型需要债务人的信用信息，诸如评级变化、违约情况等，而我国地方政府债务该类信息质量较差，目前不具有应用条件。Credit Risk + 模型与 KMV 模型对信用风险的理解为违约损失，因此其原理相近，但 Credit Risk + 模型只考虑违约或不违约两种状态，基于财险精算思想直接假定债务人违约数量为服从泊松分布的随机变量，该模型的假定明显不适用于地方政府债务信用风险评价。而 KMV 模型则将违约风险与债务人资产价值相联系，其原理相对可适用于地方政府债务风险分析。

7.2.1　KMV 模型概述

KMV 模型是美国 KMV 公司建立的用于估计债务企业违约概率的一种评价方法，于 20 世纪 90 年代提出，经过二十余年发展，方法已得到广泛认可并应用。该方法的基本思想为：债务人的资产价值变动是驱动信用风险产生的本质因素，通过确定资产价值变动所遵循的规律或假定，以此估计债务违约率。其计算过程主要分为三个步骤：（1）计算公司资产价值与资产收益率波动性；（2）计算违约距离；（3）利用违约距离计算结果推导预期违约率。具体而言，KMV 模型利用 Black-Scholes 期权定价模型①，将公司资产作为标的资产，将公司股权价值（视同所有者权益）视为看涨期权，将企业债务视为看跌期权，假定为欧式期权②，由于股权价值与股权价值波动率信息可获取与计算，联立方程组求解企业资产的市场价值与波动性。通过利用 B－S 期权定价公式，评价企业债务信用风险可以使用企业资产的市场价值而非账面价值。违约距离与预期违约率根据相应公式计算。

---

① 由于 KMV 模型利用 B－S 期权定价公式，因此该模型含有如下假定：（1）资产价格服从几何布朗运动；（2）资产收益率服从对数正态分布；（3）在期权有效期内，无风险利率和资产收益变量恒定；（4）市场无摩擦，即不存在税收和交易成本；（5）资产在期权有效期内无红利和其他所得；（6）期权为欧式期权。

② 按期权购买者行权时限划分，期权可以分为欧式期权与美式期权，欧式期权只能在到期日行权，而美式期权可在期权有效期内任何时间行权。

常规 KMV 模型的方程组如下所示：

$$E = V_a \cdot N(d_1) - D e^{-r\tau} N(d_2)$$

$$d_1 = \frac{\ln(V_a/D) + \left(r + \frac{1}{2}\sigma_a^2\right)\tau}{\sigma_a\sqrt{\tau}}$$

$$d_2 = d_1 - \sigma_a\sqrt{\tau}$$

$$\sigma_E = N(d_1)\frac{V_a\sigma_a}{E}$$

其中，E 表示股权价值，D 表示负债市值，V_a 表示资产市值，τ 表示债务期限，σ_a 表示资产价值波动率，σ_E 表示股权价值波动率，r 表示无风险利率。违约距离 DD 为：

$$DD = \frac{E(V_a) - DP}{E(V_a)\sigma_a}$$

其中，$E(V_a)$ 表示资产期望值，DP 表示违约点，根据 KMV 公司的实践，认为违约点通常在短期流动性债务与含长期债务的总债务之间，通常设定为 DP = SD + 0.5LD，其中 SD 表示短期债务，LD 表示长期债务。

预期违约率 EDF 通常有两种确定方法，一种方法为基于资产价值分布，如正态分布的计算，为理论预期违约率；另一种则是基于历史违约数据的违约率计算，称为经验预期违约率。在地方债务风险评价中，因为缺少历史评级数据，因此常采用理论计算方法：

$$EDF = N(-DD)$$

7.2.2　KMV 模型在地方政府债务风险评价的应用

近年来，由于地方债务数据公开条件差，受数据获取情况的约束，地方债的相关研究起步较晚。由于在地方债务风险评价研究中缺乏相关债务信用评级或评价数据，学术界通常使用城投债规模作为地方债务风险评价的样本，其依据在于美国地方债务的表现形式主要为市政债券，与我国的城投债形式相近。通过替代性样本的使用，学者开始尝试应用 KMV 模型对我国地方债务风险进行评价，并取得一定成果，如顾巧明、邱毅（2014），王学凯、黄瑞玲（2015），周海赟、王晓芳（2015）等。模型的应用也日趋广泛，由最初仅围绕各地方发行的城投债风险分析，逐渐向政府债务规模风险进行拓展，将 KMV 这一分析企业债务违约概率的技术模型应用于政府负债主体的违约概率评价。

但目前有关 KMV 模型在地方债务风险评价的应用，均存在一个问题，即偿债假定来源于政府收入，而忽视了政府资产变现或债转股进行偿债的可能性。在模型设计时，上述作者均未考虑地方政府资产情况，以当年财政收入代替原模型中的企业资产市场价值，进行违约距离与预期违约率的计算。地方政府债务违约距离计算考虑财政收入，具有一定合理性。地方政府区别于企业，其财政收入是依靠政府强制力取得的稳定收入，与政府可偿债资产无直接关系，因此财政收入可用于政府债务信用风险的判断。但将当年财政收入全额作为政府单一偿债能力计算债务信用风险（以下简称"现行做法"），则违背 KMV 模型基本思想，计算结果也很难承认是信用风险评价。原模型的违约距离旨在分析企业资债相抵后的剩余权益资产，信用风险评价的是：在某一时点，债务人可抵债资源对债务的偿付能力，而非某时期债务人对到期债务本息的即期偿付情况。现行做法至少存在两点误区：其一，将财政收入当年全额计算，实质上政府财政收入需要保障政府用于履行职能、维持运转的基本支出，可用于偿债的只能是一定比例的财政收入；其二，仅考虑财政收入不能反映地方政府全部偿债资源，我国地方政府掌握大量国有资产，只有将其考虑进去后才能衡量政府的真实偿债能力。

7.3 基于 KMV 模型的地方政府债务信用风险评价

上文分析了 KMV 模型的原理与其在地方政府债务信用评价上的应用，我们分析了现行部分学者对 KMV 模型修正存在的问题，下面将阐述本章对 KMV 模型的修正思路。

7.3.1 地方政府债务信用风险评价模型：修正 KMV 模型

1. 模型设计

本章在评价地方政府债务风险时，将使用 KMV 模型并进行部分修正，以适应地方债务风险评价的特点。评价模型总体上将保持 KMV 模型的框架。模型主要对债务人偿债能力（即原模型的资产价值）进行修正。假定政府债务在某一时点要求全部清偿，届时政府可偿债资源将分为地方政府国有资产与政府收入两部分，政府收入包括一部分公共财政收入与土地出让金净收入等其他财政收入。之所以将资产与收入同时作为偿债资源，其理由为：政府财政收入依靠强制力或占有资源出让取得，不依赖于其资产。

修正 KMV 模型的方程组如下所示：

$$E_a = V_a \cdot N(d_1) - D\,e^{-rt}N(d_2)$$

$$d_1 = \frac{\ln(V_a / D) + \left(r + \frac{1}{2}\sigma_a^2\right)\tau}{\sigma_a\sqrt{\tau}}$$

$$d_2 = d_1 - \sigma_a\sqrt{\tau}$$

$$\sigma_E = N(d_1)\frac{V_a\sigma_a}{E_a}$$

其中，E_a 表示地方政府资产账面价值，σ_E 表示地方政府账面资产波动率。D 表示地方政府债务规模，V_a 表示地方政府资产的市场价值，由于地方政府国有资产总量等指标为账面价值，因此需要利用 KMV 模型求出其资产市值，以便观察政府的实际偿债能力。σ_a 表示地方政府资产的波动率，τ 表示债务期限，r 表示无风险利率。违约距离 DD 为：

$$DD = \frac{\sum_i E(V_i) - D}{\sum_i E(V_i)\,\sigma_i}$$

其中，$E(V_i)$ 表示各项偿债能力的期望值，具体包括：地方政府国有资产市场价值，地方政府用于偿债提取一定比例的财政收入以及土地出让金净收入。σ_i 表示各项偿债能力的波动率。DP 表示违约点，KMV 公司实践中通常区别短期流动性债务与长期债务，下调债务总量计算中的长期债务权重。在数据信息充分的理想条件下，我们可以根据各项债务不同的债务期限分别设定不同的权重，远期债务由于距离偿债日期较远，对于近期政府债务风险暴露的影响较小，所以通常设置较低的权重，违约点可以由不同期限的债务加权加总得出，如 $DP = SD + \sum_t \partial_t LD_t$。其中，SD 表示一年内到期的短期债务，而 LD_t 表示不同债务期限的中长期债务，∂_t 为相应期限债务加总的权重。本章在测算中，由于现行地方政府债务数据缺乏债务期限的信息，因此在计算违约距离 DD 时将全部债务总量一并测算，不区分短期债务与长期债务。需要注意，此安排将加大违约概率结果。

预期违约率 EDF 采用理论计算方法，假定服从正态分布：

$$EDF = N(-DD)$$

2. 无风险利率确定

KMV 模型测算拟将 5 年期国债利率作为无风险利率，以 2013 年无风险利率计算为例，2013 年 5 年期国债共发行三笔，其一为"13 附息国债 01"，发行额 260 亿元，票面利率 3.15%；其二为"13 附息国债 13"，发行额 300 亿元，票面利率 3.09%；其三为"13 附息国债 23"，发行额 572.1 亿元，加权计算确定无风险利率为 3.47%。各年份无风险利率计算方法同此法，计算结果如表 7-2 所示。

表 7-2 　　　　　　　　　　无风险利率计算结果

年份	证券简称	发行总额（亿元）	票面利率（%）	无风险利率（%）
2002	02 国债 02	360	2.22	2.38
	02 国债 14	224	2.65	
2003	03 国债 06	260	2.53	2.49
	03 国债 04	260	2.45	
2004	04 国债 08	336.1	4.3	4.38
	04 国债 03	641.6	4.42	
2005	05 国债 03	333.9	3.3	2.72
	05 国债 11	333.5	2.14	
2006	06 国债 18	300	2.48	2.53
	06 国债 12	300	2.72	
	06 国债 05	308	2.4	
2007	07 国债 17	280	4	3.58
	07 国债 05	300	3.18	
2008	08 国债 26	260	1.77	3.07
	08 国债 17	260	3.69	
	08 国债 05	280	3.69	
2009	09 附息国债 24	268	2.9	2.59
	09 附息国债 31	273.9	2.9	
	09 附息国债 18	275.8	2.97	
	09 附息国债 10	295	2.26	
	09 附息国债 04	564.3	2.29	

续表

年份	证券简称	发行总额（亿元）	票面利率（%）	无风险利率（%）
2010	10 附息国债 08	280.4	2.7	2.77
	10 附息国债 28	282.2	2.58	
	10 附息国债 20	299.7	2.52	
	10 附息国债 39	321.4	3.64	
	10 附息国债 33	280	2.91	
	10 附息国债 17	280	2.53	
	10 附息国债 13	280	2.38	
2011	11 附息国债 22	293	3.55	3.53
	11 附息国债 14	600	3.44	
	11 附息国债 04	639.7	3.6	
2012	12 附息国债 03	580	3.14	3.05
	12 附息国债 14	560.6	2.95	
2013	13 附息国债 23	572.1	4.13	3.47
	13 附息国债 13	600	3.09	
	13 附息国债 01	480	3.15	
2014	14 附息国债 08	570	4.04	3.96
	14 附息国债 26	560.4	3.53	
	14 附息国债 01	380	4.47	
2015	15 附息国债 03	704.1	3.31	3.17
	15 附息国债 19	861	3.14	
	15 附息国债 11	901.2	3.1	
2016	16 附息国债 02	600	2.53	2.58
	16 附息国债 21	303.1	2.39	
	16 附息国债 07	1 106.00	2.58	
	16 附息国债 15	1 160.80	2.65	

注：表中计算依据为 5 年期记账式国债，2011 年后选用 5 年期记账式附息国债，利率均采用固定利率。

资料来源：根据 Wind 数据计算整理。

3. 财政收入用于偿债的比例确定依据

我国学者当前利用 KMV 模型测算地方政府性债务信用风险，通常以全部财政收入作为债务偿还依据。然而在实际运作中，地方政府利用财政收入偿还债务的比例将受制于其维系政府职能正常运作的固定支出。因此本章利用 KMV 模型测算，将以部分财政收入与政府资产总量作为偿债依据。

关于财政收入用于偿债的提取比例选择，将借鉴国际经验与国内中央债务偿债情况。国际经验将主要参考美国地方政府偿债情况，美国州与地方政府财政收入用于政府债务偿还的比例计算为：财政收入偿债比例 = （州与地方政府债务利息支出 + 州与地方政府短期债务回购额）/州与地方政府财政收入。美国该比例计算结果如图 7 - 3 所示。

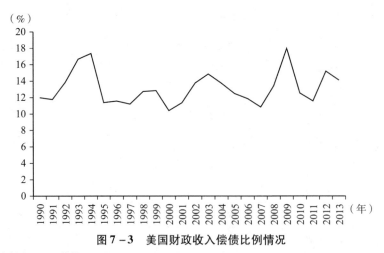

图 7 - 3　美国财政收入偿债比例情况

资料来源：Wind 数据。

根据图 7 - 3 中信息，在 1990 ~ 2013 年间，美国州与地方政府的财政收入偿债比例在 10% ~ 18% 区间波动，均值为 13. 15% 。

美国联邦政府经常性收入与债务利息支出的比例关系见图 7 - 4，根据图中信息可知，"二战"后美国联邦政府财政收入偿债比例呈先增后降趋势，在 20 世纪 80 年代达到峰值 25% 以上，此后呈下降趋势，近年来偿债比例控制在 15% 以下。

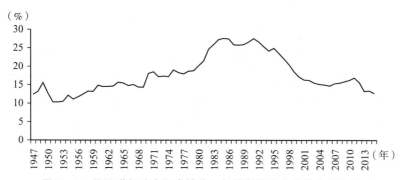

图 7 - 4　美国联邦政府经常性收入与债务利息支出的比例关系

资料来源：Wind 数据。

相比之下，我国中央政府财政收入中用于国债还本付息支出的偿债比例相对较低，基本在 5% 以下，近年来该比例趋势如图 7 - 5 所示。

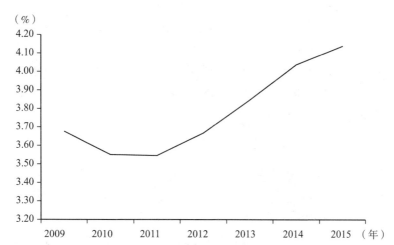

图 7 - 5　我国中央政府财政收入中用于国债还本付息支出的占比

资料来源：Wind 数据。

相比较之下，由于我国地方政府在 2014 年之前禁止公开发债，政府偿债信息并未通过预算数据显示出来，美国州与地方政府偿债情况更具有参考价值。由于目前我国可获取数据主要为一般公共财政收入，政府性基金收入等数据相对缺乏，本次分析将使用一般公共财政收入数据，因此偿债比例选取应该适当上调。综合上述信息，本章将地方政府用于偿债的比例确定为 20% 。

4. 其他指标计算方法说明

各项偿债能力波动率计算方式如下：由于大部分地方国有企业财务数据缺乏，本章将各省份上市国有企业作为国企代表，以其股权价值波动率作为各省份国有资产价值波动率，统计各省份上市国企股权价值总额的各月份变化率，以变化率的标准差作为波动率。财政收入与土地收入的波动率计算方法相似，以各月份收入变化率的标准差作为波动率。

7.3.2 关于是否将土地收入纳入 KMV 模型的考量

土地出让金收入是目前地方政府用于偿还地方政府性债务的主要资金来源，但由于目前缺乏分省土地出让价格的月度统计，现有数据为全国 100 个大中城市自 2008 年以来的月度跟踪数据，而其他统计数据如国有资产总量统计公开数据仅到省级，财政收入月度数据也缺乏地市级资料，因此对全国地市级债务风险测算受到数据制约。模型测算将比较是否纳入土地收入对债务违约的影响程度，土地统计数据中 100 个城市中，能与其他数据口径对应的为北京、上海、天津、重庆四个直辖市情况，其中，北京、上海为一线城市，天津、重庆为二线城市。因此将以这四个城市为例，计算考虑土地收入因素对偿债违约预期的影响情况。

1. KMV 模型计算过程

以北京 2012 年政府性债务信用风险评价为样本，简要表述 KMV 模型的计算过程。首先计算基本参数：根据前文计算结果，2012 年无风险利率 3.05%；预测周期为 1，考察以 1 年为周期的债务信用风险；政府性债务 6 503 亿元；国有资产账面价值 6 093 亿元，以 2012 年北京国企中上市公司的股权价值总额为依据，月股权市场价值变化率的标准差为 0.17，作为股权价值波动率。由于预测周期为 1，将参数代入方程，方程组为：

$$6\ 093 = V_a \cdot N(d_1) - 6503 \cdot e^{-0.0305} N(d_2)$$

$$d_1 = \frac{\ln(V_a/6503) + \left(0.0305 + \frac{1}{2}\sigma_a^2\right)}{\sigma_a}$$

$$d_2 = d_1 - \sigma_a$$

$$0.17 = N(d_1)\frac{V_a\sigma_a}{6503}$$

求解可得北京国有资产的市场价值为 12 392.23 亿元，资产波动率 0.29。

计算违约距离 DD。2012 年北京政府公共财政收入提取 20%，共计 663 亿元，月财政收入变化率的标准差为 0.36，作为财政收入波动率；2012 年北京土地出让金收入按 30% 比例作为可偿债净收入，2012 年北京各类土地出让总收入的月变化率标准差 1.06，作为收入波动率。代入违约距离 DD 计算公式 $DD = \dfrac{\sum\limits_{i} E(V_i) - D}{\sum\limits_{i} E(V_i)\,\sigma_i}$，求得违约距离 1.6483，采用理论计算方法计算预期违约率 EDF 为 4.96%。

各省份各年度地方政府性债务计算过程一致。

2. 是否纳入土地出让金收入的两种方案计算结果

地方政府偿债资源包括土地出让金净收入的 KMV 模型测算结果见表 7 – 3。由于 2006 年后土地出让金净收入指标不再公布，仅公布出让金收入总额，因此选用 2006 年以前的数据水平，出让金净收入占收入总额的 30%。

表 7 – 3　　　　　　　　考虑土地出让金净收入的 KMV 测算结果

地区	2012 年		2013 年	
	DD	EDF	DD	EDF
北京	1.648319	0.049644	1.792458	0.036530
上海	1.192539	0.116525	1.011418	0.155908
天津	1.209339	0.113266	0.992455	0.160488
重庆	0.847804	0.198274	1.020194	0.153818

2012 年四直辖市地方政府性债务信用风险比较情况为：北京政府债务信用风险最低，预期违约率 EDF 仅为 4.96%，重庆市债务风险最高，预期违约率 19.83%，但总体看四直辖市债务预期违约率较低，风险可控。2013 年，北京、重庆债务预期违约率下降，上海、天津有所上升。

不考虑土地出让金收入的 KMV 模型测算结果见表 7 – 4。比较两种方案，四直辖市债务信用风险评价结果略有差异见表 7 – 5，但差异较小，基本可忽略。之所以出现该种结果在于，土地出让金收入虽然是政府偿债资金的主要来源，但当地方政府庞大的资产作为债务偿债资源时，土地出让金收入影响变小。换言之，土地出让金收入对地方政府债务的流动性风险影响更为显著。

表 7 - 4　　　　　　　不考虑土地出让金净收入的 KMV 测算结果

地区	2012 年		2013 年	
	DD	EDF	DD	EDF
北京	1.685303	0.045965	1.849216	0.032213
上海	1.177866	0.119425	1.003375	0.157840
天津	1.196383	0.115774	0.975710	0.164604
重庆	0.833266	0.202347	0.988564	0.161438

表 7 - 5　　　　　　　两种信用风险评价方案的计算结果比较

地区	2012 年		2013 年	
	EDF（含土地）	EDF（不含土地）	EDF（含土地）	EDF（不含土地）
北京	0.049644	0.045965	0.036530	0.032213
上海	0.116525	0.119425	0.155908	0.157840
天津	0.113266	0.115774	0.160488	0.164604
重庆	0.198274	0.202347	0.153818	0.161438

7.3.3　分省市地方债务 KMV 测算

分省的审计公报数据选择 2010 年、2012 年、2013 年 6 月的数据。之所以选择以上三年审计公报数据，在于数据口径相对一致，地方债务总量统计包含了负有直接偿还责任的债务、负有担保责任的债务以及负有救助责任的债务。2014 年、2015 年部分省区市也公布了地方债务审计报告，但一般只公布了负有直接偿还责任的债务。此外，2014 年后新《预算法》修订后，允许地方政府发债，地方债务整顿进入新的阶段。从审计公报数据变化看，2014 年后分省报告仅公布了政府负有直接偿债责任的债务，不再公布负有担保责任与救助责任的债务总量。为保证地方债务风险测算结果的可比性，因此选用 2010 ~ 2013 年间的三年审计数据。

值得注意的是，本章测算依据的地方债务总量不同于分省地方政府债务审计公报数据，在测算地方债务总量时对负有不同责任的地方债务赋予不同的权重，即：负有直接偿还责任的债务、负有担保责任的债务以及负有救助责任的债务在加总时按照 1:0.7:0.5 测算。加权加总债务总和将大于官方承认的地方政府债务余额，将导致 KMV 模型评价结果大于官方承认的债务总额下评价结果。KMV 模型计算时，受数据制约，缺乏计算土地出让金波动率所需数据，因此不考虑土地出让金收入。分省市地方政府性债务预期违约率计算结果如表 7－6 所示。

表 7－6　　　　　　　分省区市地方债务 KMV 模型测算结果

地区划分		省区市	2010 年	2012 年	2013 年
东部地区	东北地区	辽宁	0.2028	0.1330	0.1239
		吉林	0.3049	0.4454	0.1768
		黑龙江	—	0.2686	0.2614
	华北地区	北京	—	0.0460	0.0322
		天津	—	—	0.1646
		河北	—	0.2916	0.2251
	华东地区	山东	0.1485	0.1243	0.0671
		江苏		0.1613	0.1593
		浙江	0.1531	0.1462	0.1504
		上海		0.1194	0.1578
	东南地区	广东	0.1865	0.1524	0.1106
		福建	—	0.1678	0.1280
		海南	0.3601	0.2324	0.1804
中部地区		山西	0.3015	0.1996	0.1858
		安徽	—	0.1807	0.1283
		江西	—	0.1981	0.1190
		河南	0.2477	0.2283	0.1927
		湖北	0.1745	0.1888	0.1593
		湖南	0.2965	0.2161	0.2025
西部地区	西北地区	陕西	—	0.2682	0.2259
		甘肃	0.2599	0.2120	0.1956
		青海	—	0.2197	0.2086
		宁夏	0.2694	0.2139	0.1400
		新疆	0.2676	0.2691	0.2681

地区划分		省区市	2010 年	2012 年	2013 年
西部地区	西南地区	四川	—	0.1445	0.1204
		贵州	—	—	0.1713
		云南	—	0.1378	0.2098
		重庆	0.2907	0.2024	0.1614
		西藏	—	—	—
	广西		0.2276	0.1562	0.1288
	内蒙古		0.3462	0.2863	0.1967

根据 KMV 模型测算结果，全国地方政府债务信用风险基本可控，最高违约概率发生在吉林 2012 年度，达 44.54%，各省份债务风险的违约概率普遍在 10% ~20% 水平。分地区看，东部地区债务风险较低，河北、海南风险相对较高，违约率在 20% 以上，但违约率下降态势明显，从 2010 年的 36% 降至 2013 年的 18%，山东、江苏、浙江等省份债务风险较低且情况稳定，广东、福建、山东等省债务信用风险下降。中部风险略高于东部，各省债务风险总体呈下降态势，山西、湖南债务风险相对较高。西部各省份债务风险出现分化，西北地区债务风险高于西南省份，内蒙古、宁夏、重庆、广西等省区市风险较高，但下降趋势明显。东北地区债务风险呈分化态势，但分化程度降低，吉林债务信用风险相对较高，但风险下降态势明显。总体看，各省份 2013 年债务信用风险较 2010 年更低。

7.3.4 分省市城投债 KMV 测算

由于审计系统公布的数据期限较短，且均为政府大规模刺激政策后债务信息，而地方政府举债行为由来已久，应用审计系统公布数据不利于观察债务信用风险的长期趋势。因此，我们选用城投债券作为地方政府性债务分析的替代样本，选取城投债作为分析样本的合理性已在前文进行了相关表述，在此不再赘言。

城投债 KMV 模型测算方法与前文审计系统 KMV 模型测算过程相同，只是将各省份每年度城投债规模作为政府性债务代入计算，债券数据来自 Wind 债券市场数据库，详细计算过程不再赘言。分省市城投债 KMV 模型测算结果见表 7 – 7。

表 7-7　　　　分省区市城投债信用风险 KMV 模型测算结果

省区市	2004 年	2005 年	2006 年	2007 年	2008 年	2009 年	2010 年	2011 年	2012 年	2013 年	2014 年
北京	0.0247	0.1142	0.3429	0.2155	0.2260	0.1531	0.0715	0.0375	0.0413	0.0280	0.1233
天津	—	0.0816	0.1452	0.3564	0.2940	0.2330	0.1537	0.1026	0.1168	0.1532	0.0439
河北	—	—	0.0867	0.2901	0.2844	0.2537	0.1817	0.0888	0.1908	0.1490	0.0635
山西	—	—	—	—	—	0.2613	0.2481	0.0362	0.1651	0.1481	0.1263
内蒙古	—	—	—	0.3616	0.2952	0.2394	0.2314	0.1761	0.1997	0.1442	0.1221
辽宁	—	—	—	—	0.2965	0.2522	0.1604	0.0631	0.1060	0.1020	0.0868
吉林	—	—	0.1167	0.3227	0.2946	0.2104	0.1700	0.0867	0.2492	0.1093	0.0875
黑龙江	—	—	—	—	—	0.0654	0.2272	0.0746	0.1740	0.2164	0.1733
上海	0.0684	0.0554	0.1644	0.2327	0.2685	0.1965	0.1403	0.0362	0.1117	0.1460	0.0571
江苏	0.0531	0.0945	0.0667	0.2597	0.2348	0.1896	0.2708	0.0739	0.1451	0.1429	0.0682
浙江	—	0.1106	0.1419	0.3695	0.2480	0.1525	0.1359	0.0730	0.1364	0.1403	0.0399
安徽	—	—	0.2275	0.2458	0.2873	0.2234	0.1780	0.1387	0.1629	0.1180	0.0722
福建	—	—	0.1343	0.2805	0.4000	0.2649	0.2674	0.1513	0.1500	0.1172	0.1338
江西	—	—	0.1229	0.2301	0.2962	0.2469	0.2478	0.1529	0.1683	0.1070	0.0056
山东	—	—	0.1454	0.2582	0.2314	0.1743	0.1257	0.0681	0.1055	0.0595	0.0292
河南	—	—	0.1893	0.2687	0.2570	0.2308	0.1929	0.0465	0.1685	0.1555	0.0488
湖北	—	0.0830	0.1506	0.2710	0.2955	0.2357	0.1222	0.0957	0.1478	0.1247	0.0574
湖南	—	—	0.1399	0.2982	0.2695	0.1992	0.2104	0.1802	0.1688	0.1642	0.0670
广东	—	0.0805	0.1350	0.2462	0.2274	0.2095	0.1540	0.0617	0.1252	0.0960	0.1579
广西	—	0.1186	0.1533	0.3172	0.2922	0.2264	0.1882	0.1455	0.1360	0.1146	0.0824
海南	—	—	—	—	—	—	0.2938	0.1777	0.1380	0.0493
重庆	—	—	0.1665	0.3028	0.2670	0.3422	0.2647	0.0664	0.1804	0.1486	0.1160
四川	—	0.0526	0.1815	0.2260	0.2596	0.1598	0.0873	0.0696	0.1232	0.1030	0.0463
贵州	—	—	—	—	—	0.1567	0.0613	0.1506	0.1349	0.0658
云南	—	—	—	—	0.2015	0.2690	0.1971	0.1170	0.1160	0.1719	0.0575
西藏	—	—	—	—	—	—	—	—	—	0.1309	0.1952
陕西	—	—	—	0.2716	0.2569	0.2155	0.1817	0.1333	0.2175	0.1808	0.1670
甘肃	—	—	—	—	—	0.3346	0.2098	0.1492	0.1841	0.1720	0.1767
青海	—	—	—	—	0.1956	0.2789	0.2377	0.2837	0.1888	0.1902	0.0882
宁夏	—	—	—	0.2821	0.3105	0.2528	0.2018	0.1131	0.1597	0.1062	0.0571
新疆	—	—	—	0.2776	0.3196	0.2611	0.1892	0.1374	0.2024	0.2091	0.0641

　　总体看，城投债信用风险在可控范围内，但各省份债务风险评价结果在评价区间内均呈现某种变化趋势，没有在区间内走势稳定的省份。各省份债务风险情况也有所差异，具体表现在：一是同一时间节点各省份债务风险评价结果差异存在；二是各省份债务风险走势各异。

　　东北三省城投债信用风险评价结果走势如图7-6所示。吉林地方政府利用城投债融资相对较早，但初期债务信用风险较高。辽宁债务风险呈下降趋势。2014年黑龙江债务信用风险相对较高。

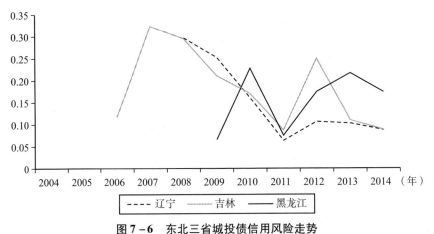

图7-6　东北三省城投债信用风险走势

　　东部地区城投债信用风险评价结果如图7-7至图7-9所示。东部各省

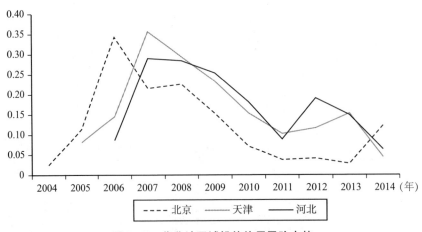

图7-7　华北地区城投债信用风险走势

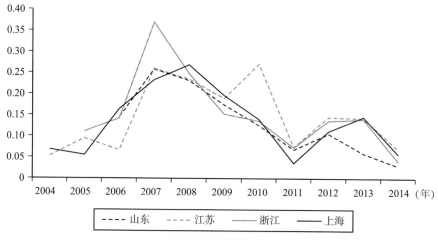

图 7 - 8　华东地区城投债信用风险走势

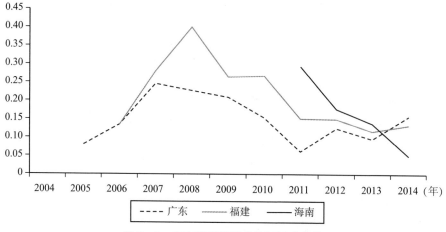

图 7 - 9　东南地区城投债信用风险走势

债务风险走势具有相似特征：一是东部地区省份城投债券融资起步较早，除海南外，其他地区 2006 年以前均展开城投债券融资；二是债务信用风险水平相近，大部分在 10% ~ 25% 区间，近期债务风险水平较低，在 15% 以下；三是各省债务风险走势呈现相似特征，各省在开始举债后的 1 ~ 3 年内出现债务风险高峰，随后进入信用风险的下降通道，由于各省份批量开展城投债券融资在 2004 年后，各省份在 2006 ~ 2008 年进入地方政府债务风险的第一轮高峰，2012 ~ 2013 年间有一轮信用风险的小高峰。

　　中部地区城投债信用风险评价结果如图 7 - 10 所示。各省份城投债券融资起步较晚，大部分在 2006 年开始城投债券融资，2008 年各省份进入信用风险高峰，预期违约率在 25% ~ 30%，同时各省在信用风险高峰后虽然信用风险总体呈下降趋势，但降幅及变化速度较小。

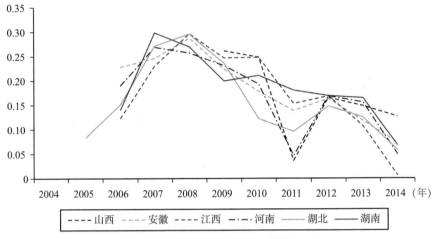

图 7 - 10　中部地区城投债信用风险走势

西部地区城投债信用风险评价结果如图 7 - 11、图 7 - 12 所示。西北地区与西南地区呈现不同趋势特征。西北地区各省城投债券融资起步较晚，信用风险总体呈下降趋势。西南地区四川、重庆与广西等城投债融资起步较早的省份呈现出与东、中部相似的特征。

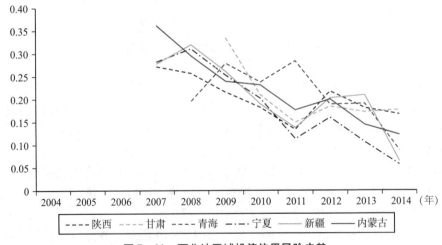

图 7 - 11　西北地区城投债信用风险走势

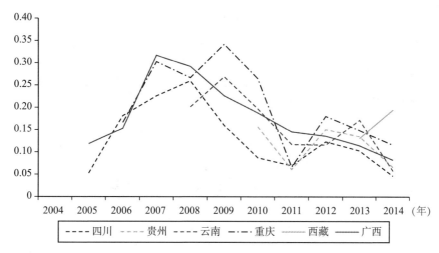

图 7 - 12 西南地区城投债信用风险走势

全国各省区在 2008 ~ 2014 年期间，债务信用风险总体呈下降趋势，但同期各省债务总量出现了快速增长的态势，债务总量激增与信用风险下降情形并存，说明各省份城投债券融资主要用于地方基础设施等资本性支出，形成大量可抵债的固定资产。

7.4 地方政府债务流动性风险评价

在本章前两部分，我们重点探讨如何利用 KMV 模型对地方政府性债务的信用风险进行评价。研究结论认为：地方政府性债务信用风险总体可控。但同时也呈现出一种表面上似乎矛盾的现象，即：债务总量增加的同时，信用风险反而呈现下降走势。对此，我们认为这是由于举债融资主要用于资本性支出，形成可偿债资产。但政府性债务在短期内快速增长，虽然信用风险可控，但流动性风险可能存在，因此本部分将套用 KMV 模型的形式与计算方法，对地方政府性债务的流动性风险进行评价。

7.4.1 地方政府债务流动性风险评价：修正 KMV 模型

KMV 模型用于评价债务人的信用风险，主要通过测算企业的资产市场价值，从而与企业负债相比较，确定违约距离与预期违约率。该模型有两个特征：一是利用 B – S 期权定价公式计算资产的市场价值；二是违约距离与预期违约率的计算形式。我们在前文利用 KMV 模型对地方政府性债务信用风险进行评价，是某时间节点下政府可偿债资源与债务总额的比较。当我们将模型中偿债资源与偿债标的额适当调整，改为比较某一节点下政府当期需要偿付的债务本息和与政府即期可调用的偿债资源，则模型实质成为评价地方政府债务的流动性风险。

按照该思路，对 KMV 模型进行进一步修正。政府即期可调用的偿债资源为：地方政府财政收入与地方政府土地出让金收入。地方政府的国有资产不能即期变现，因此不能作为政府即期可调用的偿债资源。修正违约距离 DD 为：

$$DD = \frac{\sum_i E(V_i) - D}{\sum_i E(V_i)\, \sigma_i}$$

其中，$E(V_i)$ 表示政府即期可调用偿债资源的期望值，具体包括：地方政府用于偿债提取一定比例的财政收入以及土地出让金收入。σ_i 表示各项偿债能力的波动率。由于土地出让金收入波动性缺乏相应数据用于计算，因此假定波动性为 1，即土地出让金收入的期望值直接使用出让金收入代替。D 表示地方政府当期需要偿付的债务。预期违约率 EDF 采用理论计算方法，假定服从正态分布：

$$EDF = N(-DD)$$

7.4.2　地方政府债务流动性风险评价结果

为照应前文采用审计系统数据进行的 KMV 模型信用风险分析结果，本部分将继续利用审计系统数据分析地方政府债务的流动性风险。选用 2013 年下半年审计系统公布的地方政府需偿债额度。计算结果如表 7 – 8、图 7 – 13 所示。

表 7 – 8　　　　　　　　　　地方政府流动性风险评价结果

地区划分			流动性风险
东部地区	东北地区	辽宁	0.50
		吉林	0.96
		黑龙江	0.57

续表

地区划分			流动性风险
东部地区	华北地区	北京	0.21
		天津	0.04
		河北	0.74
	华东地区	山东	0.32
		江苏	0.23
		浙江	0.18
		上海	0.15
	东南地区	广东	0.14
		福建	0.21
		海南	0.15
中部地区		山西	0.44
		安徽	0.25
		江西	0.40
		河南	0.53
		湖北	0.70
		湖南	0.63
西部地区	西北地区	陕西	0.81
		甘肃	0.92
		青海	0.59
		宁夏	0.94
		新疆	0.62
	西南地区	四川	0.90
		贵州	0.97
		云南	0.86
		重庆	0.44
		西藏	—
	广西		0.30
	内蒙古		1.00

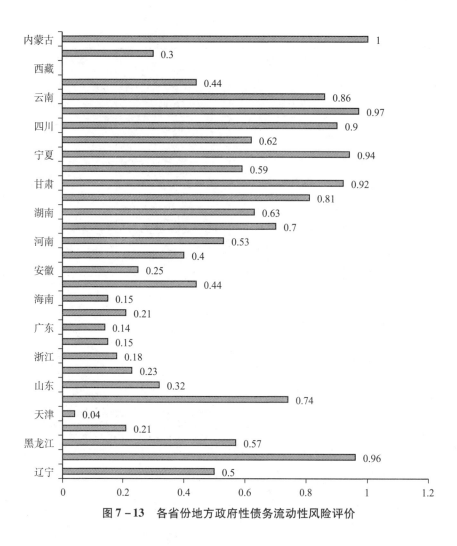

图 7－13　各省份地方政府性债务流动性风险评价

　　根据债务流动性风险评价结果，多个省份预期违约率过高，流动性风险严重，其中内蒙古 EDF 值为 1，表明该省份违约率 100%，财政当期收入不可能清偿当期到期债务，云南、贵州、四川、宁夏、甘肃、陕西、吉林等省份预期违约率高达 80% 以上，流动性风险严重。从区域情况看，西部地区流动性风险最高，东部地区流动性风险最低，中部地区与东北地区预期违约率在 50% 左右，个别省份过高。

　　地方政府性债务流动性风险评价结果说明，虽然地方政府总体债务信用风险可控，预期政府具有清偿其举借债务的能力，但 2009 年后地方政府债务规模激增，地方政府流动性风险加剧，部分省份存在债务违约风险，违约行为具体表现为到期债务延期清偿。地方政府通过融资平台、事业单位举债，债务期限结果错配，也是加剧地方政府债务流动性风险的主要原因，应对流动性风险的对策包含在当前存量债务化解思路中，将在后续章节进一步探讨。

| 第 8 章 |

我国地方政府债务风险
化解途径的效果分析

在现行地方政府债务风险评价的基础上，本章将对当前地方政府债务风险的解决思路进行概括及评价，并对当前债务风险化解思路的存在风险进行分析，从而为后文风险管控政策建议提供支撑。

8.1　当前我国地方政府债务风险化解思路分析

前文已经对地方政府债务风险形成路径进行分析，本章将在此基础上进一步分析探讨现行的地方政府债务风险化解思路。

8.1.1　我国地方政府债务风险化解背景

从前文现状部分分析可知，2009 年大规模货币政策刺激下，地方政府债务在短期内呈现激增态势。由于地方政府禁止发债，债务管理缺位，导致该轮政府性债务的期限结构存在集中偿付问题，于 2013 年左右开始进入偿债高峰。该轮债务融资区别于以往融资平台等渠道融资的特点之一，是县级及以下政府性债务的盲目扩张，而该层级政府存在财政管理能力较低、风险控制能力差等现实情况，举借债务实际上并不能确保应用于资本性支出。2013 年 12 月，国务院转发财政部《关于调整和完善县级基本财力保障机制的意见》（以下简称《意见》），作为本轮地方政府债务治理的第一枪。该《意见》确保了县乡两级政府正常运转的经营性支出需求，为确保新增政府性债务资金全部用于资本性支出奠定基础。

通过 2013 年下半年开始的新一轮债务审计，对地方政府性债务情况展开摸底清查，财政部基本掌握了地方政府债务的偿付压力情况。2014 年《预算法》修正，在赋予地方政府举债权力的同时，也意味着中央对该轮地方政府性债务将不予救助，由地方政府自发自还。2015 年开始，财政部组织地方政府有计划地开始发行地方政府债券进行债务置换，该举措可以实现两个效果：其一，地方政府债务管理规范化，历史上形成的地方政府或有负债显性化；其二，通过低利率的地方政府债券置换此前高利率的企业债券、银行信贷融资及信托融资，后置并减轻地方政府债务偿付压力。与此同时，2014 年起财政部、发改委开始大力推行 PPP 模式，其目的在于通过政府投资撬动社会资本，实质上则是分担了地方政府在市政建设、公共服务等方面的财政支出压力。需要说明的是，PPP 模式在推行伊始，还承担着化解地方政府债务的任务，在 PPP 项目实际操作中，大量地方政府工程欠款、垫款形成的债务通过 PPP 模式从政府债务转为财政支出责任。该政策漏洞直到 2016 年财政部警告该种做法为止，已成功转化了大量此前形成的政府工程存量债务，该部分风险也隐藏在项目中，如保持在现行市政服务提供的体制机制下而不进行市场环境的改变，风险仍将在以后爆发。但这种风险爆发将相对零散化，处理难度相对较低。政府也针对该类行为进行总量限制，2017 年 2 月财政部出台规定，规定 PPP 项目涉及的财政支出责任上限为地方政府财政支出 10%。

此外，也有观点认为，由于地方政府历史性债务中，以土地出让金收入承诺偿债的债务占比较大，各省份一般达 30% 以上比例。而从地方政府在允许公开举债之前的偿债实际操作看，土地出让金净收入也是其偿债的主要资金来源。因此地方政府可能通过抬高土地价格，保障政府债务偿债能力。但该路径应考虑到各省及市级政府城镇化的现实需求，对于城市化、城镇化工作基本完成的地区，未来依靠抬高地价不断卖地以应付不断累积的政府债务，不具有可持续性。该路径涉及问题较为复杂，在此简述思路，暂不深入讨论。

8.1.2　地方政府存量债务风险化解的操作手段

综上，可将现行地方政府存量债务风险化解思路总结如图 8 - 1 所示。

当前地方政府举债由原来的隐性间接举债转向以地方政府债务为主的显性直接举债。对于两种政府举债模式的转型，一般存在两种思路：一种是如同我国社保转型期间采用的类似于"老人老办法，新人新办法"的转型思路，对原有举债方式形成的债务由政府接收并负责按期偿付本息，对新增举债则严格按照改革后公开发行地方政府债券的形式，存量债务与增量债务分开管理，通过长时间推进逐渐消化历史存量债务；另一种则是在转型期间对

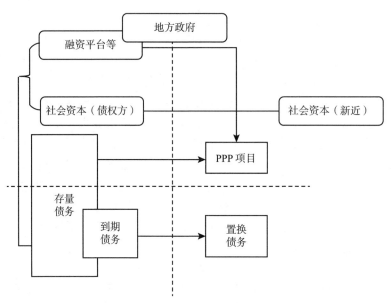

图 8-1　地方政府存量债务风险化解思路

存量债务进行债务整顿，通过债务置换及其他方式，将存量债务在短时间内转变为新举债模式下形成的增量债务。两种思路各有利弊。思路一属于渐进式转型，改革引发的震动较小，过渡更加平稳，短期工作量小，但可能形成历史的糊涂账，地方政府对改革可能存在隐瞒债务规模等灰色操作；思路二则实际上在转型期进行大范围的债务整顿，短期改革压力大，矛盾集中爆发，但历史欠账少。我国本轮地方政府债务治理实质上选择的是第二种思路，是短期内大范围的债务整顿。

选择该思路与我国当前地方政府存量债务特征有关。2008 年金融危机后，我国推行了较为激进的刺激政策，地方政府债务规模在 2009 年、2012 年分别出现了短期的激增并维持住了激增后的增量债务规模，这意味着当前地方政府债务形成时间密集，而同时期地方政府财政性收入的增长并未呈现相同的快速增长态势，地方政府负债压力激增。同时，由于我国地方政府历史举债多是通过融资平台、事业单位融资，债务信息公开性极差，中央政府缺乏对地方政府举债的统筹规划，各省及市县级政府缺乏下调，同时期举借的债务期限相似性较高，债务期限结构错配导致本已激增的负债压力进一步转变为偿债压力，债务风险存在集中爆发的可能性。此外，由于既往禁止地方政府公开发行债券融资，政府融资成本较高，具体将在地方政府债务置换部分进行详细探讨。

根据上文分析，当前地方政府债务风险的化解具有应急特征，转型期间债务整顿主要针对存量债务。由于政府存量债务规模过大，债务整顿需要分批次有序进行。2014 年地方政府被赋予举债权，2015 年开始在公开市场发行地方政府债券。债券按用途可大致分为新增债与置换债，置换债主要用于置换当期及以前到期的政府存量债务。根据审计系统公布的 2013 年 6 月底未来偿债情况看，2013～2016 年是地方政府的偿债高峰。因此 2015 年开始发行地方政府置换债置换当期债务，将在 3 年左右的时间完成存量债务的置换，具体债务置换情况将在本章后面进行分析。在债务置换的同时，对于存量债务中项目具有收益能力可偿债或部分偿债的，转化为 PPP 项目形式，减轻地方政府存量债务置换压力。但粗放式的推行 PPP 项目则可能导致地方政府存量债务中项目债权人的利益受损，或政府在 PPP 项目中通过政府补助等形式将存量债务转化为政府支出责任，减轻表内债务压力，但政府的财政支出压力仍然存在。有关 PPP 项目在化解地方债务风险的若干问题，将在本章后续展开详细论述。

8.2　通过债务置换化解地方政府存量债务

本轮地方政府债务治理具有明显的应急特征，面临着短期内债务集中到期、存量债务融资成本高等特征。针对此种局面，地方政府债务改革将主要通过置换债整顿存量债务。本部分将从地方政府债务置换规模、债务期限结构以及债务融资成本等方面分析本轮地方政府债务置换情况。

8.2.1　地方政府债务置换情况

本轮债务置换旨在完成如下目标：一是整顿存量债务，将非债券融资形成的地方政府债务转化为地方政府债券；二是延后地方政府债务偿付时间，重新调整地方政府债务期限结构配置；三是降低地方政府债务融资成本，减轻地方政府债务付息压力。

本轮地方政府债务实行分批次置换。地方政府债券发行实行限额管理，对于已清理甄别的地方政府债务，由中央政府审批确定各省份发行债券的限额。这也意味着，虽然原则上置换债券用于置换当年及以前到期的非债券融资债务，但需要在各年度各省份间进行限额调配。大致来看，2015 年置换债券用于债券发行期以前到期的债务，而 2016 年置换债券规模在部分省份已高于债券发行期以前到期的债务，这意味着可能存在地方政府债务的提前置换，以降低地方政府债务融资成本。

2015 年全国地方政府债务置换债券发行共计 3.59 万亿元，2016 年置换债券发行共计 3.84 万亿元，两年合计发行置换债券共计 7.43 万亿元[①]。对照 2013 年 6 月底审计系统公布数据，2013 年 7 月~2014 年底应偿债总额 4.76 万亿元，2013 年 7 月~2015 年底应偿债总额 6.57 万亿元，2016 年底之前到期应偿债总额 7.79 万亿元。由于存量债务中债券融资占比约为 10%，从置换债券总额与应偿债额数据对照看，2015~2016 年间置换债券基本完成了 2016 年底前到期应偿还债务的置换，部分省份应开始置换 2017 年及以后到期的高息债务。

各省份地方政府债务置换情况见表 8-1。截至 2016 年底，超过 21 个省份完成了 2016 年底前到期地方政府非债券融资债务的置换，开始置换 2017 年及以后到期的高息债务。[②]

表 8-1   地方政府债务置换情况

地区划分		省区市	2015 年置换债（亿元）	2016 年置换债（亿元）	置换债总额（亿元）	2016 年及以前应偿债总额（亿元）	2016 年以前债务置换比例（%）	原债务总额（亿元）	总债务置换比例（%）
东部地区	东北地区	辽宁	1 862	2 263	4 125	3 803	108.47	5 663	72.84
		吉林	473	146	619	2 040	30.34	2 581	23.98
		黑龙江	768	931	1 699	1 250	135.92	2 042	83.20
	华北地区	北京	828	747	1 575	4 544	34.66	6 506	24.21
		天津	565	673	1 238	1 194	103.67	2 264	54.68
		河北	1 404	1 632	3 036	3 125	97.15	3 962	76.63
	华东地区	山东	2 136	2 523	4 659	3 560	130.87	4 499	103.56
		江苏	3 194	2 695	5 889	6 298	93.51	7 636	77.12
		浙江	2 485	1 836	4 320	3 900	110.77	5 088	84.91
		上海	1 054	1 320	2 374	3 722	63.78	5 194	45.71
	东南地区	广东	1 588	1 264	2 852	4 181	68.21	6 932	41.14
		福建	950	1 374	2 324	1 994	116.55	2 454	94.70
		海南	223	176	399	511	77.98	1 050	38.00

---

① 根据 Wind 数据债券市场信息整理。

② 债务置换的对象为地方政府非债券融资债务，由于审计系统关于未来偿债数据中缺乏融资结构信息，因此需要按照 90% 的非债券融资比例进行估算。

续表

地区划分		省区市	2015 年置换债（亿元）	2016 年置换债（亿元）	置换债总额（亿元）	2016 年及以前应偿债总额（亿元）	2016 年以前债务置换比例（%）	原债务总额（亿元）	总债务置换比例（%）
中部地区		山西	557	479	1 036	1 040	99.62	1 521	68.11
		安徽	1 282	1 446	2 728	2 253	121.08	3 077	88.66
		江西	865	1 054	1 929	1 878	102.24	2 426	79.14
		河南	1 425	1 641	3 066	2 731	112.27	3 528	86.90
		湖北	1 442	1 071	2 513	4 070	61.74	5 151	48.79
		湖南	1 395	3 488	4 883	2 456	198.82	3 478	140.40
西部地区	西北地区	陕西	1 260	809	2 069	2 076	99.66	2 733	75.70
		甘肃	396	357	753	968	77.79	1 221	61.67
		青海	328	298	626	469	133.48	745	84.03
		宁夏	282	267	549	405	135.56	502	109.36
		新疆	586	810	1396	1150	121.39	1 642	85.02
	西南地区	四川	1 790	2 046	3 836	5 195	73.84	6 531	58.74
		贵州	2 320	2 200	4 520	3 652	123.77	4 623	97.77
		云南	1 567	1 145	2 712	2 563	105.81	3 824	70.92
		重庆	799	1 164	1 963	2 606	75.33	3 575	54.91
		西藏	—	—	—	—	—	—	—
	广西		690	1 079	1 769	1 449	122.68	2 071	85.42
	内蒙古		1 393	1 450	2 842	2 791	101.83	3 392	83.79

资料来源：根据 Wind 数据计算整理。

8.2.2　债务置换前后政府偿债期限结构对比

当前地方政府存量债务存在债务偿债期限结构错配、债务集中到期的挑战，债务置换的目标之一，是通过置换延后债务到期偿付时间，调整偿债期限结构配置。

根据审计系统公布截至 2013 年 6 月底的地方政府债务偿债期限结构情况见表 8－2，其较好地反映了地方政府债务整顿前的偿债期限结构情况。

表 8 - 2 地方政府债务偿债期限结构情况 单位：%

地区划分		省区市	2013 年 7～12 月	2014 年	2015 年	2016 年	2017 年	2018 年 及以后
东部地区	东北地区	辽宁	22.22	21.74	13.46	9.73	7.26	25.59
		吉林	28.2	25.22	16.67	8.95	5.7	15.26
		黑龙江	21.33	16.19	13.61	10.06	7.57	31.24
	华北地区	北京	10.29	29.83	14.35	15.37	4.43	25.73
		天津	10.12	19.58	14.76	8.3	8.68	38.56
		河北	35.06	18.66	15.31	9.83	8	13.14
	华东地区	山东	31.19	18.85	17.42	11.68	7.55	13.31
		江苏	21.92	29.53	19.7	11.33	6.35	11.16
		浙江	15.65	27.1	19.02	14.88	9.07	14.28
		上海	12.97	27.8	17.6	13.28	8.33	20.02
	东南地区	广东	16.07	17.4	14.96	11.89	10.53	29.15
		福建	17.42	26.22	20.69	16.95	7.22	11.5
		海南	7.7	13.66	14.17	13.13	15.07	36.27
中部地区		山西	31.47	11.81	14.82	10.28	9.45	22.17
		安徽	18.38	21.8	19.45	13.58	8.14	18.65
		江西	24.97	22.04	18.34	12.04	8.26	14.35
		河南	27.79	19.15	18.03	12.42	8.99	13.62
		湖北	23.73	21.84	21.62	11.82	7.16	13.83
		湖南	27.25	17.03	16.32	10.02	9	20.38
西部地区	西北地区	陕西	32.42	19.31	16.03	8.22	7.45	16.57
		甘肃	33.11	13.46	19.98	12.7	6.3	14.45
		青海	10.39	24.02	18.35	10.16	16.92	20.16
		宁夏	46.91	10.38	14.07	9.34	8.33	10.97
		新疆	25.49	16.03	15.37	13.14	9.44	20.53
	西南地区	四川	31.01	21.98	16.67	9.89	6.57	13.88
		贵州	24.37	23.85	19.25	11.54	6.75	14.24
		云南	27.5	15.01	16.24	8.29	7.27	25.69
		重庆	21.35	23.86	17.22	10.47	7.03	20.07
		西藏	—	—	—	—	—	—
	广西		13.51	21.51	20.57	14.36	10.34	19.71
	内蒙古		46.65	14.29	13.27	8.08	6.22	11.49

资料来源：根据政府审计数据计算整理。

地方政府债务整顿前的未来累积偿债比例情况见表 8 - 3。

表 8 - 3　　　　　　　　　　地方政府未来累积偿债比例情况　　　　　　　　单位：%

地区划分		省区市	2013 年 7 ~ 12 月	2014 年	2015 年	2016 年	2017 年
东部地区	东北地区	辽宁	22.22	43.96	57.42	67.15	74.41
		吉林	28.2	53.42	70.09	79.04	84.74
		黑龙江	21.33	37.52	51.13	61.19	68.76
	华北地区	北京	10.29	40.12	54.47	69.84	74.27
		天津	10.12	29.7	44.46	52.76	61.44
		河北	35.06	53.72	69.03	78.86	86.86
	华东地区	山东	31.19	50.04	67.46	79.14	86.69
		江苏	21.92	51.45	71.15	82.48	88.83
		浙江	15.65	42.75	61.77	76.65	85.72
		上海	12.97	40.77	58.37	71.65	79.98
	东南地区	广东	16.07	33.47	48.43	60.32	70.85
		福建	17.42	43.64	64.33	81.28	88.5
		海南	7.7	21.36	35.53	48.66	63.73
中部地区		山西	31.47	43.28	58.1	68.38	77.83
		安徽	18.38	40.18	59.63	73.21	81.35
		江西	24.97	47.01	65.35	77.39	85.65
		河南	27.79	46.94	64.97	77.39	86.38
		湖北	23.73	45.57	67.19	79.01	86.17
		湖南	27.25	44.28	60.6	70.62	79.62
西部地区	西北地区	陕西	32.42	51.73	67.76	75.98	83.43
		甘肃	33.11	46.57	66.55	79.25	85.55
		青海	10.39	34.41	52.76	62.92	79.84
		宁夏	46.91	57.29	71.36	80.7	89.03
		新疆	25.49	41.52	56.89	70.03	79.47
	西南地区	四川	31.01	52.99	69.66	79.55	86.12
		贵州	24.37	48.22	67.47	79.01	85.76
		云南	27.5	42.51	58.75	67.04	74.31
		重庆	21.35	45.21	62.43	72.9	79.93
		西藏	—	—	—	—	—
	广西		13.51	35.02	55.59	69.95	80.29
	内蒙古		46.65	60.94	74.21	82.29	88.51

资料来源：根据政府审计数据计算整理。

修订后的《预算法》允许地方政府举债后，地方政府通过公开发行政府债券，有计划地对 2014～2016 年间的到期偿还债务进行置换。债务置换后，地方政府债务偿债期限结构得到优化。具体情况如表 8-4 所示。

表 8-4 地方政府债券偿债期限结构 单位：%

地区划分		省区市	2018 年	2019 年	2020 年	2021 年	2022 年	2023 年
东部地区	东北地区	辽宁	11.92	27.65	41.41	57.35	70.87	86.78
		吉林	3.30	7.08	23.64	43.16	53.03	64.75
		黑龙江	10.77	20.44	33.58	53.13	63.87	82.95
	华北地区	北京	9.52	24.09	39.22	52.89	67.34	76.06
		天津	1.93	5.85	18.08	46.71	55.14	73.34
		河北	9.93	26.33	38.32	59.36	70.32	87.22
	华东地区	山东	7.81	20.54	31.87	52.03	61.52	80.23
		江苏	8.87	20.89	34.25	51.45	63.51	80.06
		浙江	8.58	18.07	31.17	47.84	58.09	71.11
		上海	9.57	22.36	34.43	49.79	58.81	71.84
	东南地区	广东	6.67	11.99	23.28	48.75	57.13	72.02
		福建	1.97	4.86	22.54	45.55	50.99	59.51
		海南	3.08	15.06	29.64	46.00	57.23	75.51
中部地区		山西	4.29	8.16	24.80	43.24	53.73	65.27
		安徽	8.04	15.90	31.47	53.25	63.98	85.27
		江西	4.74	15.05	28.46	44.03	57.43	71.03
		河南	7.36	18.44	31.32	48.84	61.62	79.15
		湖北	4.23	15.20	28.83	50.38	62.11	82.44
		湖南	3.49	23.55	33.51	49.80	59.76	76.66
西部地区	西北地区	陕西	9.02	27.30	38.99	57.26	68.96	87.23
		甘肃	4.30	9.04	23.13	45.36	54.83	75.33
		青海	7.47	18.16	29.27	45.14	56.11	72.30
		宁夏	8.69	23.47	34.88	53.29	64.98	79.34
		新疆	8.44	19.89	32.85	50.01	62.79	79.95
	西南地区	四川	12.16	29.43	42.14	59.61	71.99	89.87
		贵州	9.53	18.73	34.09	50.10	64.69	79.81
		云南	9.80	17.56	30.99	44.36	57.67	74.27
		重庆	6.12	18.92	30.65	47.24	58.39	74.98
		西藏	—	—	—	—	—	—
	广西		8.22	13.07	25.93	48.53	61.38	79.69
	内蒙古		4.33	12.06	24.51	43.66	55.08	72.35

资料来源：根据 Wind 数据计算整理。

根据2015～2016年债务置换前后，各省份地方政府债务偿债期限结构对比看，本轮债务置换实现了延后债务到期偿付时间、调整偿债期限结构配置的目标。债务置换前，地方政府未来偿债压力集中在两年半内，2013年7月～2015年底各省份普遍需要偿付债务总量的60%甚至以上。而通过债务置换，偿债期限基本延迟至2018年，60%的债务偿付压力分散在2018年后的5年间，债务期限结构实现优化。

8.2.3　债务置换前后政府融资成本变化分析

根据2015年12月时任财政部部长楼继伟《关于规范地方政府债务管理工作情况的报告》，2014年末地方政府性债务余额中债券融资比例小于10%，银行信贷、信托融资及其他金融机构融资成本要高于债券融资，平均成本在10%左右。

银行贷款是我国地方政府性债务的主要融资来源，在2010年以前银行信贷融资在各省份融资来源占比高达70%以上。由于地方政府性债务主要用于地方基础设施建设等资本性支出，对于银行信贷主要为中长期贷款，根据贷款期限不同贷款利率有所差异，在2000～2014年间中长期贷款基准利率在5.4%～7.83%区间。见图8-2。

从前文对地方政府债务现状的分析，审计系统数据显示，2010～2013年6月期间，由于中央政府开始控制银行信贷对地方政府债务融资的投放，地方政府开始加大信托融资的占比，也意味着政府债务融资成本的进一步攀升。以基础设施信托、保障房信托等产品的预期收益率侧面观察政府信托融资的融资成本。2010～2014年期间，基础设施信托融资年预期收益率在7%～10%之间，保障房信托融资年预期收益率在8%～10%之间，债券信托融资年预期收益率在7%～10%之间，这也意味着政府信托融资可能面临着更高昂的成本。见图8-3～图8-5。

通过债务置换，地方政府债务融资成本取得明显下降。根据2015年12月《关于规范地方政府债务管理工作情况的报告》，2015年债务置换后将地方政府存量债务成本降至3.5%左右，预计为地方每年节省债务利息2 000亿元。通过债券市场公开信息统计，2015年发行地方政府置换债券的加权平均利率为3.39%，2016年置换债券的加权平均利率为2.85%，2015～2016年两年置换债券的加权平均利率为3.11%。分省置换债券平均利率情况如表8-5所示。

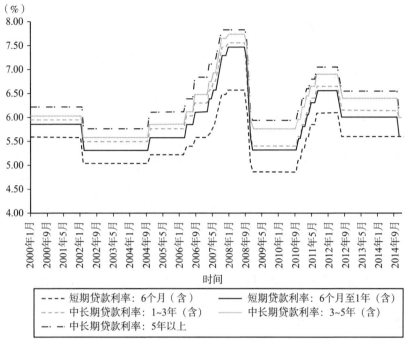

图 8-2　贷款基准利率情况

资料来源：Wind 数据。

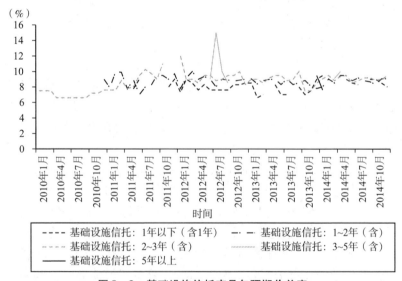

图 8-3　基础设施信托产品年预期收益率

注：预期收益率按当期信托产品市场数据，由于产品发行不连续，故数据有间断。
资料来源：Wind 数据。

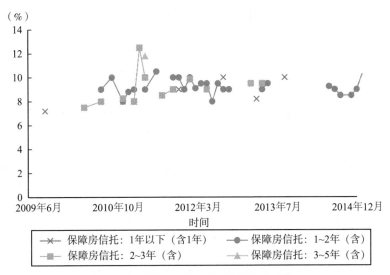

图 8－4　保障房信托产品年预期收益率

注：预期收益率按当期信托产品市场数据，由于产品发行不连续，故数据有间断。
资料来源：Wind 数据。

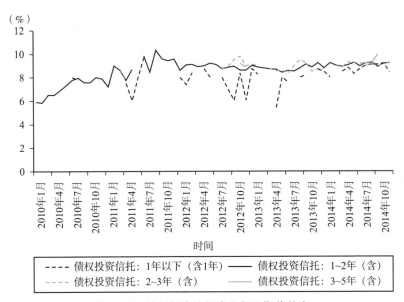

图 8－5　债权投资信托产品年预期收益率

注：预期收益率按当期信托产品市场数据，由于产品发行不连续，故数据有间断。
资料来源：Wind 数据。

表 8－5 分省置换债券平均利率情况

地区划分		省区市	2015 年利率（%）	2016 年利率（%）	总利率水平（%）
东部地区	东北地区	辽宁	3.35	2.90	3.10
		吉林	3.40	2.82	3.27
		黑龙江	3.34	2.93	3.12
	华北地区	北京	3.48	2.66	3.09
		天津	3.51	2.94	3.20
		河北	3.42	2.87	3.13
	华东地区	山东	3.45	2.92	3.16
		江苏	3.36	2.74	3.08
		浙江	3.47	2.70	3.14
		上海	3.29	2.68	2.95
	东南地区	广东	3.41	2.92	3.19
		福建	3.32	2.86	3.05
		海南	3.48	2.81	3.19
中部地区		山西	3.23	2.76	3.01
		安徽	3.40	2.85	3.11
		江西	3.33	2.90	3.09
		河南	3.32	2.90	3.10
		湖北	3.57	2.90	3.28
		湖南	3.39	2.79	2.96
西部地区	西北地区	陕西	3.46	2.87	3.23
		甘肃	3.40	2.80	3.12
		青海	3.38	2.88	3.14
		宁夏	3.32	2.88	3.11
		新疆	3.33	2.77	3.00
	西南地区	四川	3.29	2.81	3.03
		贵州	3.35	2.86	3.11
		云南	3.34	2.98	3.19
		重庆	3.39	2.91	3.10
		西藏	—	—	—
	广西		3.44	2.86	3.09
	内蒙古		3.45	2.99	3.22

资料来源：根据 Wind 数据计算整理。

从分省情况看，2015 年各省份置换债券加权利率在 3.4% 左右，省际利率差异不大，湖北省债券加权利率最高，为 3.57%，山西省利率最低，为 3.23%，两省相差 0.34 个百分点。2016 年各省份债券加权利率在 2.66% ~ 2.99% 区间，各省份债券利率较 2015 年下降。

8.3   通过 PPP 项目化解地方政府债务

8.3.1   PPP 项目推进现状

PPP 模式（public-private-partnership）被译为政府和社会资本合作模式，其含义与具体范畴在学术领域存在争议，现行政策文件对 PPP 模式的内涵与外延界定也不甚明晰。近年来，政府基于加快转变政府职能、打破行业准入限制、完善财政投入和管理方式、提高财政资金使用效益等目的，大力推动 PPP 项目，极大程度上缓解了地方政府的债务压力，为地方政府开展基建投资，撬动社会资本提供了有效渠道。截至 2016 年底，我国 PPP 项目总入库数达 11 260 个，总投资额 13.5 万亿元，其中项目落地率达 31.6%。从 PPP 项目投资方向看，交通运输与市政工程分别占总投资额的 29.3% 和 28%，片区开发占比 10.36%，75% 以上的投资用于基础设施建设领域①。

从理论层面看，推动 PPP 模式，吸引社会资本，通常基于以下目的：其一，改善公共服务方面，通过提高公共服务水平和服务供给绩效，从而提高人民生活水平；其二，减轻政府负担方面，旨在引进社会资本分担政府风险、化解政府债务，减少政府开支，以及通过出售资产并向售后资产征税来增加政府收入；此外，PPP 项目还可发挥吸引国内外投资、鼓励资本回流、促进经济发展等作用。但 PPP 项目能够发挥如上作用的前提在于政府垄断公共服务提供的低效无能，但这种低效无能则主要归咎于服务提供者的垄断地位，而不在于服务提供者的身份。因此，PPP 项目发挥作用的核心机制在于将竞争和市场力量引入公共服务。

但将化解政府债务风险纳入 PPP 项目目标，甚至将其作为政府推行 PPP 项目的主要动因时，则可能扭曲 PPP 项目发挥作用的机制。根据

---

① 根据 Wind 数据整理。

《国务院办公厅转发财政部发展改革委人民银行关于在公共服务领域推广政府和社会资本合作模式指导意见的通知》（2015）第十三条，政府推行 PPP 项目时将化解地方政府性债务风险纳入政策目标中，允许政府与债权人协商将存量债务转为 PPP 项目。

8.3.2 PPP 项目化解地方债务风险过程中的政企博弈分析

在城镇供水行业 PPP 项目运作中涉及的相关主体为政府（推动者）与社会资本。本章构建的博弈模型为完全信息动态博弈模型，即假定博弈方对于博弈结果完全清楚，博弈方依次选择行为，后选择行为者能够看到先选择博弈方的选择内容。政府为博弈中的先选择行为者，决定是否推行 PPP 项目，企业观察政府行为后进行回应。

1. 模型一：不考虑地方债务化解的 PPP 项目

（1）博弈模型设计

就政府而言，政府实行供水 PPP 项目，其目的在于获得良好的供水服务，履行公共服务职能，减少原供水体制下政府或国企供水带来的成本，但增加了与民营企业、社会资本的谈判及管理成本。因此，政府推行 PPP 项目时预期效用函数如下：

$$U_G[U(Q/P), C_P, L]$$

其中，$U_G(\cdot)$ 表示政府效用函数；$U(\cdot)$ 表示接受供水服务的民众及企业的效用，影响该效用函数的是供水服务性价比 Q/P，Q 表示供水服务，是关于供水量与水质的函数；政府效用主要受供水服务社会反响 $U(\cdot)$、政府成本 C_P 以及政企谈判中争取到的企业让步力度 L；其中政府成本 C_P 包括政府推行 PPP 项目的招标、谈判成本及后续的相关项目管理成本，但并不包括水质监测的成本。

从当前国内实践看，我国城镇供水以国有化经营为主，主要为国企经营或政府事业单位经营。如果政府不推行 PPP 项目实行与社会资本的合作，政府的效用为：

$$U_G'[U(Q/P), R_G]$$
$$R_G = P \cdot Q - C_G(Q)$$

区别于推行项目的效用函数，不推行时政府运营供水服务的预期利润 R_G，承担城镇供水的运营成本 $C_G(Q)$，成本是关于供水服务 Q 的增函数，同等技术条件下，高水平服务意味着高供水成本。需要说明的是，上述两个效用函数之所以未考虑水质监测的成本，基于如下两方面原因：其一，我国目前缺乏供水出厂后的水质监测，水质监测通常由水厂承担；其二，出厂后水质监测对于供水生产者确保产品质量具有重要作用，而且没有任何可靠证据表明在缺乏监管条件下，国有化经营比民营化经营更为负责，因此本章中认为水质监测对于城镇供水两种模式下的供水生产者具有同向作用，为简化模型未将该项成本纳入分析。

就企业而言，参与竞标 PPP 项目的企业面对的预期收益为：

$$R[P \cdot Q, C_i(Q)] - L_i，且 L_i \geq L_0$$

其中，$R[P \cdot Q, C_i(Q)]$ 为供水企业的利润函数，$C_i(Q)$ 为企业 i 的供水成本。L_i 为企业在 PPP 项目运营中对政府的让步力度，包括供水服务定价的让步、利润分成、基础设施投资责任的让步等，L_0 表示政府招标条件中规定的基准让步水平。P 为供水服务价格，我国目前实行的城镇供水管制价格，价格的最终决定权在政府部门。供水服务 Q 的质量标准也由政府制定，而供水量由市场规模决定。价格 P 并非一成不变，而是在一定空间内，由政府与企业谈判调整，价格预期水平为：$P = P_0(C_i) + Prob(L_i)P'$，其中 P_0 为基准价格（即价格谈判中的基期价格），P' 表示价格上涨空间，$Prob(L_i)$ 表示政企价格谈判中企业对价格上涨空间实现的预期，是关于企业让步 L_i 的减函数，企业让步力度越大，政企谈判中能实现的价格调整 $Prob(L_i)P'$ 越小。为简化分析，忽略企业招标谈判成本。

假定政府 PPP 项目吸引两个企业竞标，企业存在技术专业化差异，预期收益为：

企业 1：$R[P \cdot Q, C_1(Q)] - L_1$

企业 2：$R[P \cdot Q, C_2(Q)] - L_2$

在两企业竞标条件下，企业做出保障供水服务质量的前提下，政府会选择让步力度最大的企业，即 $L = max(L_1, L_2)$；假定两企业互相了解双方的生产能力及成本信息，在理想条件下通过竞争可以充分压制对方的谈判空间，$L_1(e_2)$ 表示企业 1 预期到企业 2 参与竞争后选定的最大让步力度，$L_2(e_1)$ 表示企业 2 预期到企业 1 参与竞争后选定的最大让步力度，则 $L_1(e_2) = R[P \cdot Q, C_2(Q)]$，$L_2(e_1) = R[P \cdot Q, C_1(Q)]$。

综上，形成如下策略行动组合，见表 8-6。

上述博弈模型分析的 PPP 项目，其目的旨在探求最高效的供水服务提供模式，通过引入竞争实现高性价比的服务产品供应。这应该是 PPP 项目推行以及民营化的初衷。

表 8-6　　　　　　　不考虑地方债务化解的 PPP 项目策略行动组合

政府	推行 PPP 项目 / 优企业＼劣企业	竞标	不竞标
政府	推行 PPP 项目 — 竞标	$U_G[U(Q/P), C_P, L]$, $\max(R[P \cdot Q, C_1(Q)] - L_1(e_2), 0)$, $\max(R[P \cdot Q, C_2(Q)] - L_2(e_1), 0)$	$U_G[U(Q/P), C_P, L_1]$, $R[P \cdot Q, C_1(Q)] - L_1$, 0
政府	推行 PPP 项目 — 不竞标	$U_G[U(Q/P), C_P, L_2]$, 0, $R[P \cdot Q, C_2(Q)] - L_2$	$U'_G[U(Q/P), R_G]$, 0, 0
政府	不推行	$U'_G[U(Q/P), R_G]$, 0, 0	

（2）博弈模型分析

根据上述模型，由于政府具有先行优势，政府是否推行 PPP 项目在于效用 $U_G(\cdot)$ 与 $U'_G(\cdot)$ 的比较，当预期 $U_G[U(Q/P), C_P, L] > U'_G[U(Q/P), R_G]$ 时，政府推行 PPP 项目。假定供水服务价格 P、服务 Q 给定，两种方案面临同样的 U(Q/P)，则关键在于 PPP 项目预期 L 与政府提供服务时收益 R_G 的比较。通过招标条件的设计，政府可以获得一个保底的企业让步 L_0，预期 L 的取值区间为 $\{L_0, R[P \cdot Q, C_i(Q)]\}$，因此 $R[P \cdot Q, C_i(Q)] > R_G$ 是 PPP 项目推行的必要条件，即政府提供公共服务的收益要明显低于市场上其他企业提供同类服务的收益，在 P、Q 给定的前提下，政府提供服务的效率要足够低，成本足够高，政府才有可能推行 PPP 项目。但并不意味着社会企业提供服务效率优于政府提供，政府就一定有意愿推行，考虑到政府及相关单位的既得利益，企业让步 L 需要足以弥补政府放弃的 R_G，政府才有动力推行 PPP 项目，而 L 的提高压缩了企业的预期收益，过高的让步会吓退有意向投标的社会资本。这也印证了目前我国 PPP 项目推行中政府通常在亏损或微利公共服务上向社会资本开放，而对于运作良好、收益稳定的优质项目，政府缺乏激励引入社会资本，即便开放能够带来绩效的进一步提高。

政府推行 PPP 项目后，为鼓励社会企业投标，促进竞争以获得更有利的谈判结果，政府应尽可能减少企业的投标及谈判成本，同时合理设计招标条件 L_0，给企业一定的利润空间。从模型看，给定 P、Q，在忽略投标成本时，$R[P \cdot Q, C_i(Q)] > L_0$、$L > R_G$ 条件下，均衡策略组合为（推行，竞标，竞标）。

公共服务价格和质量标准由政府制定，但并不意味着引入社会资本前后公众面临相同的服务价格，社会资本面临相同的服务需求。引入社会资本后政府可能考虑企业利益而适当放松对价格 P 的控制，这取决于企业与政府的谈判结果，即 $P = P_0(C_i) + Prob(L_i)P'$。服务 Q 由两方面因素决定，其一为服务产品质量，该因素通常随着社会发展与公众生活水平的提高而面对公众更高的服务质量需求，标准通常由社会及市场环境决定，对某个项目而言应该视为外生变量；其二为服务产品的供给量，该因素则受政府行为影响较大，我国对城镇供水等基础设施项目实行特许经营管理模式，供给量受合同约定的服务范围所限。变量 P、Q 将影响企业受益 R，政府如推行 PPP 项目，只有合理的价格和必要的服务范围划定才能够吸引社会资本进入。此外，政府应遵守 PPP 项目合同约定，为企业提供稳定可靠的预期，模型隐含着合同双方遵守契约的假定，而现实中政府违约是 PPP 项目企业最为关切的风险点之一。

2. 模型二：以化解地方债务为目标的 PPP 项目

（1）博弈模型设计。

目前中国地方债务问题凸显，部分地方政府债务亟待化解，从目前 PPP 相关政策文件看，PPP 项目已经成为地方政府向企业转嫁债务，化解债务风险的一个渠道。在这种政策动机下，我们需要对博弈模型进行修正，从而观察纳入债务化解目标激励下原博弈关系的变动。

纳入地方债务化解目标后，政府对 PPP 项目企业的让步预期产生变化，推行 PPP 项目的政府效用为：

$$U_G[U(Q/P), C_P, L]$$

如政府不推行 PPP 项目，政府的效用纳入项目相关地方债务，效用函数修正为：

$$U'_G[U(Q/P), R_G, D_G]$$

假定存在两个企业竞标，企业 1 具有较高的专业生产能力与技术水平，是 PPP 项目理论上提供优质低价的首选目标；企业 2 与地方政府具有债务关系，如涉及垫资等工程债务，专业能力相对较差；假定两个企业同时竞标，企业的预期收益修正如下：

企业 1（优质）：$R[P \cdot Q, C_1(Q)] - L_1$

企业 2（债权）：$R[P \cdot Q, C_2(Q)] - L_2$

其中，$L_2 = D_G + L'_2$，即政府期望参与竞争的债权企业能够通过以债权换股权的形式化解政府债务，L'_2 为除了债务免除外的其他企业让步。此外，为防止债权企业不参与竞标，政府会做出继续拖欠债务的威胁。

综上，考虑债务化解后修正形成如下策略行动组合，见表 8-7。

表 8 - 7　　　　　　　　　考虑债务化解后修正策略行动组合

政府		债权企业 优质企业	竞标	不竞标
	推行 PPP 项目	竞标	$U_G[U(Q/P), C_P, L],$ $\max(R[P \cdot Q, C_1(Q)] - L_1(e_2), 0),$ $\max(R[P \cdot Q, C_2(Q)] - L_2(e_1), -D_G)$	$U_G[U(Q/P), C_P, L_1],$ $R[PQ, C_1(Q)] - L_1, -D_G$
		不竞标	$U_G[U(Q/P), C_P, L_2], 0,$ $R[P \cdot Q, C_2(Q)] - L_2$	$U'_G[U(Q/P), R_G, D_G],$ $0, -D_G$
	不推行		$U'_G[U(Q/P), R_G, D_G], 0, -D_G$	

（2）博弈模型分析。

纳入地方政府债务化解的目标后，政府是否推行 PPP 项目的效用函数形式发生变化。当预期 $U_G[U(Q/P), C_P, L] > U'_G[U(Q/P), R_G, D_G]$ 时，政府推行 PPP 项目。给定供水服务价格 P、服务 Q，将地方债务 D_G 纳入模型意味着政府推行 PPP 项目的激励加强，政府推行 PPP 项目的必要条件为由 $L > R_G$ 修正为 $L > R_G - D_G$，但政府招标条件里对保底让步水平 L_0 的预期提高，要求 $L_0 \geq D_G$。

债权企业与其他企业在竞标中的预期 L 面临着不同的取值范围，由于政府作出拖欠债务的威胁，债权企业竞标需要满足 $R[P \cdot Q, C_i(Q)] - L_i > -D_G$，预期 L 的取值区间为 $\{D_G, R[P \cdot Q, C_i(Q)] + D_G\}$，而其他企业预期 L 的取值区间为 $\{D_G, R[P \cdot Q, C_i(Q)]\}$，即当 $L_2 \leq R[P \cdot Q, C_2(Q)] + D_G$，债权企业参与竞标，当 $L_1 \leq R[P \cdot Q, C_1(Q)]$，其他非债权企业参与竞标。

在两企业竞标条件下，$L = \max(L_1, L_2)$；假定两企业互相了解双方的生产能力及成本信息，在竞标时可以充分压制对方的谈判空间。企业 1 为了保证赢得企业 2（债权企业），最大让步幅度要求达到 $L_1(e_2) = R[P \cdot Q, C_2(Q)] + D_G$，但 $L_1(e_2)$ 的取值范围为 $\{D_G, R[P \cdot Q, C_1(Q)]\}$，要求 $R[P \cdot Q, C_1(Q)] \geq R[P \cdot Q, C_2(Q)] + D_G$ 时，企业 1 才有能力迫使企业 2 退出。企业 2（债权企业）的最大让步幅度达到 $L_2(e_1) = R[P \cdot Q, C_1(Q)] = D_G + L'_2(e_1)$ 即可让企业 1 退出竞争，债权企业自主选择的让步空间为 $L'_2(e_1) = R[P \cdot Q, C_1(Q)] - D_G$。$L_2(e_1)$ 的取值范围为 $\{D_G, R[P \cdot Q, C_2(Q)] + D_G\}$，要求 $R[P \cdot Q, C_1(Q)] \leq R[P \cdot Q, C_2(Q)] + D_G$ 时企业 2 才

有能力迫使企业 1 退出。

因此，当且仅当 $R[P \cdot Q, C_1(Q)] = R[P \cdot Q, C_2(Q)] + D_G$ 时，两家企业在充分竞争时迫使各自实现最大让步，竞争呈僵持状态，偏离这种平衡必然导致某一方因让步空间不足而退出竞争；当 $R[P \cdot Q, C_1(Q)] \leqslant R[P \cdot Q, C_2(Q)] + D_G$ 时，企业 2（债权企业）赢得 PPP 项目；当 $R[P \cdot Q, C_1(Q)] \geqslant R[P \cdot Q, C_2(Q)] + D_G$ 时，企业 1 赢得 PPP 项目。

如城镇供水行业等基础公共服务行业属于微利行业，投资金额大，投资回收期长，这种情况下，企业 1 凭借技术优势实现 $R[P \cdot Q, C_1(Q)] \geqslant R[P \cdot Q, C_2(Q)] + D_G$ 并不现实。

8.3.3　N 省某县 B 供水 PPP 项目案例分析

在案例选择上，拟采用城镇供水行业案例展开分析，其原因为：（1）城镇供水项目属于市政工程类项目，该类项目为目前政府 PPP 推行的主要方向，根据全国 PPP 综合信息平台项目库 2016 年第 3 期的季报，市政工程类项目在政府示范项目与落地示范项目中占比最高；（2）城镇供水行业属于自然垄断行业，目前各地供水市场主要为政府和国企垄断经营；（3）城镇供水服务属于基础公共服务，与公众的日常生活和社会主体生产运营关系紧密；（4）我国城镇供水行业市场化程度低，政府对服务价格、服务范围安排的管制力度强，且各地管理制度各异，分散化特征明显，多头管理，面临着"九龙治水"的复杂局面，PPP 项目发挥作用的空间更大。

1. 案例概况[①]

N 省某县 B 供水 PPP 项目为典型的地方政府存量债务化解案例。B 供水项目原为县政府投资兴建项目，于 2012 年立项，委托 X 公司施工，原合同约定项目款项自 2012 年施工起按 4∶3∶3 比例分三年全部付清，工程造价共计9 800 万元。B 供水项目于 2015 年全部完工并交付运营，但政府拖欠工程款，三年实际支付仅 2 600 万元。

为化解存量债务，县政府拟通过 PPP 项目的名义进行贷款，B 供水项目包装成 ROT 模式，由县政府城投公司组建 H 子公司作为 PPP 项目的政府出资人代表，由县财政局政府官员担任子公司董事长，B 供水项目的政府拖欠

---

① 本案例源自笔者实际调研的真实案例，出于保密的要求，对当事主体进行了虚化的处理。

工程款转化为 H 子公司债务。H 子公司已成功向某政策性银行申请到 PPP 专项贷款 6 500 万元,但贷款到账后,财政局及 H 子公司以 X 公司未参与 PPP 项目为由拒绝拨付工程欠款。

县财政局提出的解决方案为:X 公司与 H 子公司组建关于 B 供水项目的 PPP 项目公司,PPP 项目公司的资本金按投资总额(原工程造价)的 50% 设置,拟定资本金 5 000 万元。项目公司的股权结构为,县政府出资人代表(H 子公司)以实物资产(B 供水项目)形式出资,占项目公司 70% 的股权;社会投资人占股 30%,以货币出资方式投入 1 500 万元股本金。即 X 公司参与 PPP 项目后,H 子公司偿还政府拖欠工程欠款 6 500 万元,但 X 公司需要从中拿出 1 500 万元向 PPP 项目公司注资。此外,PPP 项目公司获得县供水特许经营权,由 X 公司负责 B 供水项目的日常运营。

2. 关于 PPP 项目利润空间的分析

PPP 项目能否吸引社会资本的关键在于政府给予企业的利润空间与利润预期的稳定性,而在 PPP 项目推行过程中,政府通常会将盈利良好的项目保留下来,即使为该项目投资承担债务,而将盈利水平较差的项目发包出去。从当地县供水特许经营合同看,政府对合作的价格 P、服务 Q 作出如下安排:当地自来水价格需经县物价局测算后举行价格听证会,经县政府同意,按照县发改委的批复意见进行定价,当地现行水价为 2007 年确定,其中居民用水 2.60 元/吨,机关事业单位用水 3.60 元/吨,工业用水 3.50 元/吨,经营服务性用水 4.00 元/吨。

我国供水行业实行价格管制,基于历史原因与社会稳定,对居民用水实行管制低价,并相应提高工业用水、经营服务性用水的定价,以实现不同产品价格的交叉补贴。管制价格制定就是在价格交叉补贴的模式下,核定供水企业的成本利润水平,保证水企 8% ~ 12% 的盈利水平。这种扭曲的价格机制也成为当前供水市场企业盈利与否颇具争议的原因之一,供水企业成本核定不清,企业以居民供水业务的成本倒挂、供水价格调整不及时为理由要求提高水价,避免亏损,而现实中大量声称亏损或经营压力大的企业却具有可观的账面利润。根据《城市供水统计年鉴 2013》、中国水网以及各市政府机关及供水公司公开数据分析,城镇供水成本相对于居民用水价格的倒挂现象具有普遍性。分省城镇供水成本与居民用水价格比较见表 8 - 8 和图 8 - 6。

表 8 – 8　　　　　　　　　　分省加权成本与居民用水价格　　　　　　　　单位：元

区域	省区市	分省加权居民水价①	分省加权单位成本②	居民用水成本倒挂差额
东部省份	北京	1.70	2.31	-0.61
	天津	1.70	4.38	-2.68
	河北	2.30	2.81	-0.51
	上海	1.45	2.17	-0.72
	江苏	1.74	1.80	-0.06
	浙江	1.83	1.98	-0.15
	福建	1.62	1.71	-0.09
	山东	1.84	2.95	-1.11
	广东	1.77	1.77	0.00
	海南	1.54	1.79	-0.25
中部省份	山西	2.17	2.47	-0.30
	安徽	1.29	1.64	-0.35
	江西	1.14	1.24	-0.10
	河南	1.39	2.28	-0.89
	湖北	1.42	1.51	-0.09
	湖南	1.47	1.65	-0.19
西部省份	内蒙古	2.07	2.92	-0.85
	广西	1.26	1.33	-0.07
	重庆	2.50	2.96	-0.46
	四川	1.70	1.83	-0.13
	贵州	1.69	2.44	-0.75
	云南	2.25	2.43	-0.19
	西藏	1.00	1.48	-0.48

---

① 分省加权居民水价的计算公式为：分省加权居民水价 $= \sum_i P_i Q_i / Q_{总}$，其中 P_i 表示某市居民基础水价（不含水资源费与污水处理费），Q_i 表示某市居民用水售水量，$Q_{总}$ 表示全省居民用水售水总量。

② 分省加权单位成本的计算公式为：分省加权单位成本 $= \sum_i C_i Q_i / Q_{总}$，其中 C_i 表示某市单位供水成本，Q_i 表示某市供水量，$Q_{总}$ 表示全省供水总量。

续表

区域	省区市	分省加权居民水价	分省加权单位成本	居民用水成本倒挂差额
西部省份	陕西	2.13	2.25	-0.13
	甘肃	1.54	2.97	-1.43
	青海	1.30	1.56	-0.26
	宁夏	1.60	2.18	-0.58
	新疆	1.36	1.50	-0.14
东北省份	辽宁	1.90	2.66	-0.75
	吉林	1.74	3.11	-1.37
	黑龙江	1.79	3.66	-1.87

资料来源：根据《城市供水统计年鉴2013》、中国水网以及各市政府机关及供水公司公开数据整理。

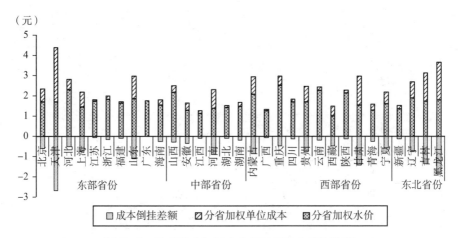

图8-6　分省供水加权成本与居民用水价格比较

资料来源：根据《城市供水统计年鉴2013》、中国水网以及各市政府机关及供水公司公开数据整理。

　　参与B供水PPP项目的X公司面临着较为尴尬的经营局面。该县的供水市场格局为：工业用水并未划入PPP供水项目，一部分工业用水由县政府水利局组织生产经营，另一部分工业园区内的用水由园区内水厂负责。B供水PPP项目仅负责县自来水公司的业务范围，包括居民用水、机关事业单位用水和经营服务性用水，主要为居民用水。县自来水公司为自收自支的事业单位，但厂网设备维护通常需要政府财政拨款。县政府对于PPP供水项目的安排为：PPP 项目公司负责运营 B 供水项目，向自来水公司供水，由自来水公司负责销售。即 X 公司运营的水厂主要负责低水价的居民用水，而公司不直接销售，即意味着自来水公司要从低水价中再分成一部分，盈利预期堪忧。

从政府角度看，保留自来水公司事业编制意味着 PPP 项目并未有效缓解原体制下的冗员低效问题。此外，政府保留了高水价的工业用水经营，该 PPP 项目承担的是低利润空间的业务，即政府区分 Q，将低水平R_G的业务推行 PPP 项目，而将高水平R_G的业务保留下来。

面对政府主导下形成的预期收益 $R[P \cdot Q, C_2(Q)] - L_2$，在对企业负责人的访谈中，企业负责人表示其对于注资的 1 500 万元能否在特许经营期内收回成本表示担忧，企业的盈利模式在于政府承诺未来该县的供水项目交由 X 公司承担，企业参与 PPP 项目以维系政企关系，从而获得未来水务施工项目的优先权。根据财政部 2016 年 10 月发布的《财政部关于在公共服务领域深入推进政府和社会资本、合作的通知》第九条规定：对于涉及工程建设、设备采购或服务外包的 PPP 项目，已经依据政府采购法选定社会资本合作方的，合作方依法能够自行建设、生产或者提供服务的，按照《中华人民共和国招标投标法实施条例》第九条规定，合作方可以不再进行招标。该项政策的出台为政府对 X 公司的承诺提供了依据。该项政策为部分施工单位规避项目施工资质要求，通过作为社会资本参与 PPP 项目获得工程打开了方便之门。

3. 关于地方债务化解的分析

案例中 B 供水 PPP 项目形成的地方政府债务属于垫资形成的工程欠款。债务化解渠道为设立 PPP 项目，通过银行贷款的形式借新还旧，并以要求企业注资的形式减轻债务压力。

从贷款融资情况看，县政府出资代表 H 子公司申请的是某政策性银行为 PPP 项目安排的贷款资金，因此将已建成并经过验收投入使用的 B 供水项目包装成 ROT 模式。值得一提的是，当地县财政局组织 H 子公司向农发行申请贷款时，PPP 项目安排为 BOT 模式，并成功申请到贷款，PPP 项目向上级省财政厅申报时被修改为 ROT 模式，因此县政府通过 PPP 项目化解地方政府债务的行为得到了该政策性银行的配合。贷款利率按中国人民银行 5 年及以上贷款利率，贷款总额 6 500 万元，贷款期限 15 年，宽限期 2 年（即所谓的供水项目建设期），因此实质上县政府将工程欠款转化为 17 年的银行贷款。

在 H 子公司成立后，政府对 X 公司的工程欠款已经转化为 H 子公司的债务。法理上该笔贷款用于偿还 X 公司的工程欠款不存在障碍。但政府要求 X

公司参与 PPP 项目，并以贷款以 PPP 项目的名义申请下来为理由，如不参与则拒绝偿还 X 公司债务。因此政府作出了拒绝偿还债务的威胁，将企业不参与项目的收益预期降为 $-D_G$。而企业虽然注资 1 500 万元捆绑在 PPP 项目上，但能够获得 5 000 万元的债务偿还，并获得 PPP 项目公司 30% 的股权。而政府对价格 P、服务 Q 的安排，企业的收益预期也不足以吸引其他无债务纠纷的企业参与项目竞争。

4. 关于该类 PPP 项目后续风险的分析

从政府债务风险来看，政府通过申请贷款偿还了拖欠的工程欠款，但属于借新还旧，将这笔债务转为 17 年期的银行贷款，债务风险后移。根据贷款申请资料，该笔贷款名义上的还款来源为 B 供水 PPP 项目在特许经营期内的经营收入，PPP 项目采用使用者付费加政府补贴的形式，从供水服务定价和 PPP 项目公司服务范围来看，使用者付费基本上不可能保证贷款本息的偿还，因此这笔债务将最终由政府补贴的形式变相转为政府偿还。经过 PPP 项目的转化，县政府的账面存量债务成功削减，但偿债的政府支出责任依然存在，只是通过借新还旧将支出置后并分散化。

从 PPP 项目的实施效果看，B 供水 PPP 项目实际上属于存量项目，B 供水项目验收并投入使用后，由县自来水公司负责日常运营。而 PPP 项目实施后，B 供水项目交由 X 公司运营，而 X 公司是建筑施工企业，此前并没有相关水务运营经验。因此 X 公司参与 B 供水项目对于供水服务绩效的提升，从生产技术角度看效果并不明显，从管理角度看，由于 PPP 项目实施后仅承担了自来水公司的水厂生产环节，而供水产品的销售环节依然由县自来水公司承担，管理绩效的提升空间有限。在与 X 公司的访谈中，该公司主要负责人对于供水项目的运营缺乏经验，其收益预期也集中在未来的水务工程项目上。总体而言，该 PPP 项目并非是以提高服务水平与服务供给效率为目的实施的。

此外，县政府为了吸引 X 公司参与 PPP 项目，通过口头方式承诺 X 公司可以优先承包该县未来的水务工程，而《财政部关于在公共服务领域深入推进政府和社会资本合作工作的通知》则从法理上为 X 公司承包未来的水务工程提供依据。这种行为实质上造成了 X 公司对于当地水务工程施工某种意义上的垄断，违背了公平竞争的原则，也不利于政府在后续的工程中通过招投标方式取得更优选择。

5. 关于融资平台通过 PPP 项目转型的分析

案例中的县政府对存量债务的化解，存在做实地方融资平台的意图。从该供水工程建设项目的债权债务关系变动情况看，项目原发包方为县城建局，承建单位垫资建设，2011 年县级政府整理地方政府性债务，将该笔债务划归县财政局，县财政局无近期偿还工程欠款意向。2012 年县财政局有关人员主动联系债权人 X 公司，邀请 X 公司参与 PPP 项目（实际已建成并经验收投入使用），由县政府城投公司组建 H 子公司作为 PPP 项目的政府出资人代表。根据 PPP 项目合同，H 子公司占股 60%，以 B 供水项目作为实物资产出资。根据访谈信息，某县城投公司通过该种形式，将涉及多个市政工程类项目的工程欠款包装成 PPP 项目，项目转移到城投公司名下，做实融资平台。

通过 PPP 项目做实融资平台公司的做法具有一定代表性，如能保证 PPP 项目的良好运营，该做法将减少债务整顿过程中带来的震荡冲击，但转型后的融资平台是否具备相应的资本运作能力与项目管理能力，地方政府供水等市政服务的市场环境能否保证项目获得预期利润，将成为转型后融资平台公司必须面对的挑战。①

8.4　地方政府债务风险化解措施的特征总结

存量债务风险化解是本轮地方政府债务治理中承前启后的关键一步，是原有地方政府隐性举债融资、地方各行其是的模式向地方政府显性举债融资、中央加强管控模式的过渡阶段。因此，本轮债务风险化解具有如下特征：一是具有应急整治的特征，在摸清地方政府债务情况后，以置换债等过渡性措施优化债务偿付期限结构，平滑可能爆发的债务流动性风险；二是风险化解过程中疏导与控制结合，对于 PPP 项目等疏解地方政府债务压力及财政支出压力的途径，及项目实施过程中的灰色操作管理有先松后紧、先推进后规范的倾向；三是具有稳定预期的要求，地方政府在本轮债务治理过程中，始终在传递着债务风险可控的信息，强调地方债务存在的风险具有局部性，而非全局性，社科院等官方研究机构也在传递债务风险可控的信心，有关 PPP 项目推行中存在的问题，财政部等也是在 PPP 项目推进取得一定进展后开始规范；四是本轮地方政府债务治理并未停留于简单的债务整顿，2016 年下半年开始相关政策法规的出台，标志着本轮地方政府债务治理旨在形成地方政府债务融资的管控机制。

---

① 孙玉栋，孟凡达 . PPP 项目管理、地方政府债务风险及化解［J］. 现代管理科学，2017（5）.

第9章

地方政府债务风险管控的国际经验与教训

通过前文对我国地方政府债务的现状和风险形成机制分析及历史成因、存在问题进行探讨，对我国地方政府债务的治理既要结合地方政府现行体制机制基础，也要充分借鉴国际经验教训，构建我国地方政府债务风险管控机制。本章重点探讨美国、日本等发达国家的地方政府债务管理经验，也通过波兰这一转型国家作为对比，探讨我国地方政府债务管理的改革方向。

9.1 地方政府债务管理国际经验

9.1.1 美国——以市场约束为主的地方政府债务管理模式

美国作为当前世界唯一的超级大国、发达资本主义国家，市场经济较为完善，在诸多领域具有标杆及引领作用。美国地方政府债务及其管控历来受到人们关注与追捧，资料较为丰富，对我国地方政府债务风险管控具有重要价值。

1. 举债权限及管理机构

美国允许州与地方政府举债融资，地方政府举债历史可以上溯到1817年纽约州为开凿运河而发行债券融资。截至2013年末，美国州与地方政府债务年末未偿还债务总额为29 547.22亿美元，按同期美元兑人民币汇率6.116折算，约为18.07万亿元人民币。2013年6月底中国地方政府债务余额10.9万亿元。2013年美、中两国GDP分别为16.69万亿美元和59.52万亿元人民币，按汇率折算美、中GDP比例为1.71∶1，假定2013年6月底中国地方政府债务余额为当年债务余额，则美、中两国地方政府债务余额比例为1.65∶1，从总量看，我国地方政府债务规模与美国水平相近。从债务规模来看，美国债务增长十分平稳，与我国地方政府债务短期激增的情况截然不同。

美国州和地方政府主要通过发行市政债券举债，包括一般责任债券与收益债券。一般责任债券以地方政府财政收入还本付息，而收益债券则与政府财政收入切割，以项目收益保障债券本息偿付，审批较为宽松。

此外，作为联邦国家，美国地方政府债券发行一般不需要联邦政府审批。但地方政府发行市政债券是否需要州政府审批，美国各州做法并不相同。

2. 举债方式及资金用途

美国州与地方政府举债基本上采用发行市政债券融资方式，举债方式结构上单一化特征明显。市政债券融资成本低是美国州与地方政府青睐该融资模式的主要理由。这与我国在 2014 年以前地方政府举债融资渠道的结构有区别，我国地方政府性债务主要为银行贷款，相比于债券融资（虽然禁止地方政府发行债券，但城投债券融资为地方政府提供了变相举债的渠道）具有程序简单，信息披露要求相对较低，便于政府相机决策的优势，但融资成本要高于债券融资。

从资金用途看，州与地方政府债券融资主要用于地方基础设施建设和各类公益性项目，债券融资资金纳入资本性预算管理。从资金用途看，我国与美国均将地方政府性债务使用限定在资本性支出。

3. 市场约束模式主导的地方政府债务管控

在长期地方政府举债实践中，美国形成了较为完善的地方政府风险管控机制。下面将从债务规模控制、担保机制、债信评级、信息披露等方面进行简要介绍。

在规模控制方面，美国州与地方政府通过设立负债率、债务率等债务指标进行控制。根据 2002 年美国全国州预算官员协会的调查结果，美国 50 个州中，47 个州允许发行一般责任债券，其中 37 个州对一般责任债券发行进行限额管理，设定债务率（州与地方政府债务余额/州与地方政府年度总收入）上限在 90%～120%，负债率（州与地方政府债务余额/州内生产总值）限制设定在 13%～16%。此外，从偿债指标上也进行限制，通过跟踪债务利息占总预算收入的比例，一般将风险预警值设定在 20%～25%①。

---

① 财政部预算司考察团. 美国、加拿大州（省）、地方政府债务情况考察报告［J］. 财政研究，2010（2）：78－80.

在担保机制方面，美国市政债券发行为防范信用风险，一般对债券进行担保和保险。美国债券市场存在多家专业性较强的市政债券保险公司，根据市场需求，对债券市场的各个环节提供保险。

在债信评级方面，国际三大知名评级机构均在美国，分别为穆迪、标普及惠誉。商业性评级机构对政府发行的市政债券进行信用评级，作为市政债券市场交易中的重要参考。相对独立与权威的信用评级结果，一方面可以为市场交易主体提供参考，另一方面也激励地方政府优化债信管理，提高偿债能力，从而获取更高的信用评级，保障债券发行与流通。同时，长期积累的信用评级数据也为地方政府债务管理提供信息支撑，是政府债务管理决策的重要参考。反观我国债信评级工作，从已发行的具有地方政府融资特征的城投债券评级结果看，绝大部分债券评级在 AA 级以上。观察 2015 年后发行的地方政府债券信用评级，发行时评级全部为最高等级 AAA 级。可想而知，当市场上充斥着一批难以反映债券信用状况的评级结果时，一方面，评级机构的信誉受损，评级结果对于债市交易主体缺乏参考价值；另一方面，也将导致政府缺乏优化债信管理的激励。

在信息披露方面，美国政府会计准则委员会确立了政府债务报告基本准则，要求州与地方政府按照相关规定报告债务情况。由于美国州与地方政府通过市政债券融资，对债券信息披露要求较高。一旦国内经济、政府财政或相关法律等发生重大变化可能威胁举债安全，政府必须及时披露。个别地方对于市政债券的信息披露要求甚至要高于一般公司债券。

此外，严格的债券审批程序也是美国控制地方政府债务风险的有力制度保障。以洛杉矶为案例，该市发行市政债券，首先需要通过市长、市议会的初步核准，确立发债需求，然后组建金融专家团队对该项债券融资进行审查评议，提供专家意见。通过专家团队的审查后，发债主体需要根据市政债券发行的相关规定，编写债券发行方案，送交市长与市议会审议。方案通过后才可以发行该笔市政债券。从市政债券的审批流程看，除了政府，议会与专家组在债券审批中发挥了重要作用，尤其是议会在债券审批工作的参与，保障了民众对地方政府债务规模、投向的意见表达。

4. 地方政府破产机制探讨

美国州与地方政府融资的市场化程度较高，有关政府债务管理的机制也相对完善。近年来，随着中国地方政府债务风险日益受到关注，同时期美国在金融危机后也出现所谓的"财政悬崖"，关于美国的地方政府破产机制受到广泛关注，在此进行简要探讨，分析我国地方政府债务管理有哪些可以借鉴的经验。

（1）美国地方政府破产案例：底特律。

2013 年 12 月 4 日，美国底特律市破产，债务高达 185 亿美元①。选取该城市破产事件作为案例分析的原因为：一是债务规模庞大；二是底特律作为传统汽车制造业中心，其衰落也可归因于产业结构单一，产业转型升级不力，与我国东北等地区过度依赖某一行业大型国有企业的地方政府具有相似之处；三是 2008 年国际金融危机加深了底特律的债务危机。

该市破产及后续财政整顿的流程如下：2012 年 4 月，底特律向密歇根州政府寻求财政援助。2012 年 12 月，密歇根州政府组织成立了财政审查小组。2013 年 3 月，宣布底特律财政紧张，州政府全面接管底特律财政。截至 2013 年 3 月，底特律的债务总额超过 180 亿美元。2013 年 7 月，根据美国《破产法》规定，向联邦破产法院申请破产保护。破产申请拟通过再融资等措施偿还债务，同时缩减养老金和退休福利等财政支出，尤其是大幅度缩减退休福利。2013 年 12 月破产法院同意底特律破产。

底特律市政府破产后的财政重整，涉及：一是与债权人协商，进行债务整顿，地方政府与城市工会、养老基金、美国银行等进行多次协商，形成了削减 70 亿美元债的债务重组方案，其中养老金和退休福利的削减幅度达到 37.8%；二是地方政府对区域经济的后续发展实行政策刺激，通过了未来 10 年总额达 140 亿美元的振兴计划②。此外，为加强对地方政府财政扩张行为的监管，州政府成立专门委员会，对底特律市财政进行监管审查，该委员会的存续期至少为 10 年，期间有权否决底特律地方政府的任何投融资方案。

2014 年 12 月 11 日，在对底特律债务重组方案进行为期 2 个月的审查之后，底特律市宣布完成债务重组，脱离破产状态，州政府归还财政管理权。

（2）美国政府破产制度的特点。

一是政府破产制度仅适用于州以下地方政府。根据美国法律，只有县、市政府等地方政府可以申请破产，州政府不能申请破产。此外，地方政府破产相应的财政救助一般控制在州政府，采用如信用担保、接管财政、提供贷款等措施对地方政府提供流动性救助，联邦政府原则上不能干预救助。

二是地方政府破产实质是财政重整计划的表现形式，破产期间不能影响

---

① ②　刘瀚波. 美国地方政府破产制度探析 [J]. 经济与管理研究，2015（12）：99 – 108.

政府提供公共服务。破产期间，地方政府财政由州政府或临时机构接管，在保证公共服务责任的正常履职、保障税收与公共财产的前提下，通过延长债务期限、借新债还旧债、缩减财政支出、以未来税收作担保或变卖部分财产完成债务重组。

三是地方政府债务重组不能完全保证债权人的权益，以一般责任债券为例，地方政府没有必须偿还其本金和利息的义务。从美国财政重组的实践来看，地方政府通常与相关债权人协商减免部分债务。

5. 美国地方债务纳入资本性预算管理

美国政府预算分为经常性预算与资本性预算两部分，其中用于公益性资本性支出列入资本性预算中核算。资本性预算资金主要来源于发行债券。美国政府的资本预算编制非常严格，在编制和审批时需要经过严格的质询和听证。项目预算程序透明，并且需要保证资金的足额供应，充分考虑经济发展和债务承受能力。大多数政府每年会准备一份资本项目跨年度的改进计划。预算管理人员需要对项目规划进行仔细复查，以确保资本性预算账面上反映的项目支出安排与地方政府债务偿付周期合理衔接，防止滥用地方政府债券。政府项目负责人管理立项，一旦涉及债券融资还需要进行全民投票，得到全民的监督。

9.1.2　日本——由中央直接控制向规则管理转型

区别于美国地方政府以市场约束为主的债务管理模式，日本地方政府债务管理相对具有较为明显的中央集权色彩。这可能主要受到两国政府体制与文化差异的影响，日本属于单一制国家，区别于美国的联邦制，中央对地方政府管控更为严格。但相较于我国，日本地方政府举债权限放开远较我国要早。

1. 举债权限及管理机构

日本属于单一制国家，地方政府按层级分为都、道、府、县和市、町、村等，其中都、道、府、县为同级地方政府，下辖市、町、村。日本对地方政府举债权限开放较我国更早，目前各级地方政府均具有举债权限。除地方政府外，该国还赋予部分地方公共团体举债权限，用于开展相应的社会事业与开发建设。

关于日本地方政府债务管理机构，以 2006 年改革为分水岭。2006 年以前中央政府严格控制地方政府举债，地方政府举债行为需要通过中央政府审批，包括举债规模、偿债方式等涉及地方政府举债行为的具体内容，主要由大藏省（日本政府财政部门）与总务省批准。2006 年后，日本加大了地方政府举债自治权力，在限额内地方政府可以自行举债而不需要上报中央批准，但超过一定限额仍然需要由总务省审批[①]。

总体来看，日本中央政府对地方政府举债控制较为严格，采用有限度的赋予地方债务管理权限。但区别于我国当前地方政府债务管理，日本市、町、村等基层地方政府也具有举债权限，而我国当前地方政府债务权限仅有限度的下放到省级。

2. 举债方式及资金用途

从举债方式来看，日本地方政府债务主要以地方债券为主，但债券的表现形式与我国地方政府债券有区别。从发行主体看，日本地方债券包括地方政府债券与地方公营企业债券（类似于我国地方国有企业）；从举债形式上，则可分为证书借款与债券发行，其中地方政府发行债券与我国地方政府债券的举债模式相近，而证书借款则是地方政府向债权人开具借款收据实现债务融资，筹资对象包括中央政府与金融企业，该模式与我国地方政府债务中的中央政府转贷等具有相似性。

从地方政府债务资金用途看，原则上日本地方政府债务资金主要投放到资本性支出，不得用于经常性支出。但具体用途上地方政府债务资金关于资本性支出的限定要求则有所松动，具体来看主要包括：地方公共基础设施建设及购地支出；债务置换；市政交通、供水、供气等公共事业运作经费及相关经营企业的运作经费；自然灾害应急支出；地方公营企业资本金及贷款。区别于我国，日本地方政府债务帮助公营企业间接融资。

3. 中央集权色彩浓重的债务管控模式

相较于美国以市场约束模式为主导的地方政府债务管理模式，日本地方政府债务管理中具有浓重的中央集权色彩，其风险管控措施对于加强我国中央对地方控制方面可供借鉴。由于地方政府（包括市、町、村级的基础地方政府）具有举债权，地方政府在债务管理方面享有一定自治权力，而中央对

---

① 张志华，周娅，尹李峰，刘谊，闫晓茗，陈志洁. 日本地方政府债务管理 [J]. 经济研究参考，2008（62）：24－31.

地方政府的直接控制则主要体现在对地方政府举债行为的统筹安排、审批及后续监控上。

中央对地方政府举债的统筹安排主要反映在日本地方债务的计划管理上。总务大臣与财务大臣负责制定《地方政府债务计划》（以下简称《债务计划》），对地方政府举债总额、债务资金用途、债务发行方式进行统筹安排。需要说明的是，虽然该《债务计划》由中央政府制定，但不纳入国会审议范畴，因此《债务计划》并不具有强制效力。但该《债务计划》将成为自治省审批地方政府举债申请的参考依据。从《债务计划》统筹的债务内容看，除了地方政府举债外，地方公营企业债务也纳入计划范畴。

2006 年是日本中央政府对地方政府举债控制的分水岭。2006 年以前中央对地方政府举债实施严格控制，对地方政府举债的审批涉及举债规模、举债形式、借款对象、债务资金用途等有关地方政府举债的全面信息。以公募债券发行为例，地方政府债务发行按照如下流程：由地方议会确定发债计划，上报中央政府，经由总务省、大藏省审批。

2006 年后日本中央放松了对地方政府举债的管控，将审批制改为有条件的协商制，但这种协商制实质上具有明显的规则管理模式特征。中央对地方政府设置财政状况相关指标，地方政府财政条件满足标准时可以直接举债，举债行为仅需通过地方议会审批通过。但如果地方财政不能达到所设置的标准值，则地方政府举债行为需要上报中央总务省审批，并根据地方财政状况，对举债进行不同程度的限制。如以地方政府实际偿债率（偿债支持/一般预算收入）作为标准，在 18% 水平以内，地方政府可以自行举债；在 18%~25% 之间，地方政府举债需要上报审批；在 25%~35% 之间，中央政府将干预地方举债的债务资金用途，债务资金限定在指定项目；35% 以上，地方债务资金投向将限制向公共住房、教育、社会福利等领域投放。

伴随日本中央对地方政府举债权力的放宽，日本相应构建了风险预警机制强化对地方政府债务风险的监控。由于日本不同于美国，不允许地方政府破产，因此在 2007 年颁布的防范债务风险法案中，不仅设计构建了地方政府债务风险预警指标，还安排了应对债务危机的地方政府财政重组计划。日本防范债务风险的主要指标见表 9-1。当某项指标突破预警甚至重组计划标准时，意味着地方政府财政面临风险，需要开展财政重组计划，重组计划将由中央政府主导。

表 9-1　　　　　　　　　日本风险预警与财政重组计划的限制

债务风险指标	风险预警标准	财政重组标准
实际赤字率 （赤字额/财政收入）	府县级（都、道、府、县）：3.75% 基层地方政府（市、町、村）：11.25%~ 15%	府县级：5% 基层地方政府：20%
综合实际赤字率 （赤字额/综合财政收入）	府县级：8.75% 基层地方政府：16.25%~20%	府县级：15% 基层地方政府：30%
实际偿债率 （偿债财政支出/财政收入）	25%	25%
未来债务负担率 （债务余额/财政收入）	府县级及指定地区：400% 基层地方政府：350%	——

资料来源：张志华，周娅，尹李峰，刘谊，闫晓茗，陈志洁. 日本地方政府债务管理 ［J］. 经济研究参考，2008（62）：24-31。

4. 偿债基金制度

日本为保障地方政府债务偿还，优化债务管理，构建了地方政府债务偿债基金制度。该制度在偿债基金的资金来源与资金用途等多方面对我国具有参考价值。

地方政府债务偿债基金的资金来源安排如下：一是按照规定各年度按比例划入的财政预算资金，通过财政收入保障偿债基金的基本偿债信用能力；二是偿债基金在地方政府债务借新还旧操作中获取的收益，该项资金来源也说明地方政府债务偿还中偿债基金负债的债务发行与偿还的具体操作；三是偿债基金的资本经营收入，主要为基金买卖股票产生的收入与基金资金再投资获得的收入，该项资金来源可见日本偿债基金制度下，偿债基金并未单纯作为债信支撑保留在账面上，而是利用资金进行风险可接受范围内的投资获取收益，但基金用于股票买卖在股市上获益是否适用于我国情况则有待商榷。

地方政府债务偿债基金的规模确定考虑了如下因素：一是偿债基金在地方债务待偿还总额的负债的比例；二是所负责偿债部分的债务期限结构安排；三是负担偿债部分的债务融资成本；四是偿债中借新还旧部分占比与直接还本付息部分占比的偿债结构情况。通过对上述因素进行分析测算，从而确定偿债基金的合理规模。

地方政府债务偿债基金的偿还对象相对局限在一般会计中发行的公债，通过前文介绍，在日本地方政府债务统计中，地方公营企业债务及公共团体债务也属于地方政府债务范畴，举债行为受到政府管控与议会审议，但偿债基金主要负责政府发行的公债部分。

9.1.3 英国——以谨慎性监管框架为代表的规则管理模式

作为老牌资本主义国家，英国在地方政府债务管理上形成了较为完善的制度。英国地方政府包括苏格兰、威尔士、英格兰和北爱尔兰4个地区及下辖郡、区。2004年出台的谨慎性监管框架有利于加强地方政府的自我监督和管理，对我国有借鉴意义。

1. 举债权限及管理机构

英国历史上对政府举债采取较为审慎的态度，中央对地方政府举债也较为严格。政府举债较为注重理论上的合宜性，规定政府举债必须要有相应的征税权作为保障，因此除英联邦政府举债外，英格兰、苏格兰、威尔士等有征税权的地方政府也可以举借债务。

英国地方政府融资通常有三类途径：其一是向联邦政府举债，获取英国政府贷款或公债转贷资金，主要通过公共工程贷款委员会进行；其二是地方政府自行举债，英国地方政府协会建立一个地方政府联合机构发行债券，发行费用由地方政府按举债比例协商分担；其三是PPP模式，即向私人融资，将社会资本引入原地方公共财政负担部分，严格来说，从形式上PPP模式带来的财政支出要求并不表现为债务形式。

从地方政府债务形成的资金来源结构看，长期借款中主要来自公共工程贷款委员会。该机构可以上溯到1817年，旨在为地方政府筹集资本性支出所需资金。从职能看，该机构作为中间环节，统筹了地方政府的举债融资与债务偿还，筹资来源主要为国家贷款基金。2002年该委员会并入英国财政部债务管理办公室，该办公室负责英国政府债务与现金管理。

2. 举债方式及资金用途

英国地方政府债务资金来源主要有公共工程贷款委员会贷款；银行和其他长期融资渠道；短期借款。长期借款中公共工程委员会贷款占比较大。公共工程委员会贷款利率较低，灵活多样且收费低廉。其利率基本是固定利率，贷款利率是在国债收益率基础上增加 12～22 个基点①。地方政府举债只能用于资本性支出项目，不能用于经常性支出。

3. 以谨慎性监管框架为代表的规则管理模式

英国历史上对地方政府债务实行较为严格的管控，中央集权色彩较重。但 2004 年后开始放松对地方政府举债行为的管控，构建了以谨慎性监管框架为主体的规则管理模式，加强了地方政府债务管理的自主程度。该监管框架可以大致概括为谨慎性准则、谨慎性指标以及具体执行措施。

谨慎性准则规定了地方政府债务管理自主化与专业化的基本原则。准则内容包含如下：一是地方政府举债融资要限定在资本性支出；二是地方政府举债（相应的资本性支出计划）不能超过地方政府财政承受能力；三是地方政府举债安排应坚持谨慎性原则；四是政府债务相关的财政管理决策要实现专业化。

谨慎性指标是在谨慎性监管框架下实施地方政府债务管控的具体操作标准。指标涵盖了以下几方面内容的衡量：一是反映地方政府举债计划的指标，具体包括举债融资渠道、举债形式及相应的结构情况；二是地方政府债务规模及长短期债务安排；三是地方政府债务的偿债情况，主要涉及债务还本付息的未来安排，包括偿债期限结构安排等；四是地方政府偿债收入来源安排；五是地方政府债务资金使用情况，包括长期负债与投资情况。地方政府财政部门负责出具反映谨慎性指标情况的财政稳健性报告，并制定符合地方政府偿债能力的举债计划。

具体执行措施包括：地方政府举债计划将举债规模控制在相应的谨慎性指标下；外部审计人员将依据谨慎性监管框架，审议地方政府举债计划，审议地方政府债务相关情况；财政部门发布涵盖地方政府债务情况信息的财政稳健性报告，保障地方政府债务及相关财政概况的公开透明；地方政府债务需要有相应的可偿债收入作为债信保障，地方政府不得以其资产作为债务抵押。当地方政府债务偿付出现问题，举债不具有可持续性时，地方政府将依次采取如下措施：一是支取偿债准备金；二是出售地方政府资产用于抵债；三是减少地方政府财政支出。在上述措施不能解决债务偿付危机时，联邦政府将接管地方政府财政，实行财政重组。

---

① 张志华，周娅，尹李峰，刘谊，闫晓茗，陈志洁. 英国地方政府债务管理 [J]. 经济研究参考，2008（62）：18-23.

9.1.4 波兰——转轨国家的地方政府债务风险管控

作为东欧剧变中的转轨国家，波兰在地方政府债务风险管控方面相对优于其他转轨国家，并取得一定经验。之所以选取该国作为观察对象，主要在于该国作为原社会主义国家，其财政管理思路在转轨前后的演变与我国具有相似之处，而其转轨经历又正是与我国改革开放的转轨思路相区别的"休克疗法"，相似的国情与不同的轨道选择使该国做法具有参考比较价值，可供我国地方政府债务风险管控借鉴。

1. 举债权限及管理机构

波兰在国家转轨后，政府管理方面大量遵循西方资本主义国家经验。20世纪90年代初，波兰通过立法允许地方政府举债，但对地方政府举债权力的约束较为严格。波兰政府设置公债管理局作为专门的债务管理部门，该部门隶属于财政部，负责该国中央债务及地方政府债务的监督管理工作。1998年出台的《公共财政法》是波兰的财政基本法律。根据该法案规定，波兰政府债务举借，无论中央财务还是地方债务，都归属于财政部。除公债管理局外，波兰于1994年设立公债管理委员会，主要负责公债管理与该国宏观财政货币政策的对接协调工作。从成员构成看，委员会主要由财政部、省财政厅及国家银行相关人员构成，成员涵盖了公债管理与财政政策、货币政策的管理单位，旨在发挥其协调沟通作用①。综上可见，波兰政府的地方政府享有举债权，但从实际管理上地方债务管理受到财政部专职机构控制约束，中央政府能够掌握地方政府举债规模信息，把控约束地方政府举债行为。此外，该国设立专门的协调机构，有助于部门间政策信息的及时沟通与调整。

2. 举债方式与资金用途

波兰地方政府的举债方式与资金用途与我国地方政府债务现状具有相似性。举债资金主要来源于金融机构的信贷资金，辅以发行地方债券的形式。但与我国也有区别，由于我国在2014年《预算法》修订前禁止地方政府发债，地方政府债务的主要渠道为事业单位与融资平台的信贷资金，信贷资金

---

① 张志华，周娅，尹李峰，吕伟，刘谊，闫晓茗. 波兰的地方政府债务管理［J］. 经济研究参考，2008（22）：33-37.

除了来源于政策性金融机构，如国家开发银行、农业发展银行的政策性优惠信贷外，还有很大一部分来源于各商业银行的商业贷款，因此我国地方政府债务的信贷融资成本较高。从债券融资方面，波兰债券融资的主要形式为发行市政债券，而我国地方政府债券融资则可以大致划分为两个阶段：在新《预算法》修订前，我国地方政府禁止发债，债券融资主要采取融资平台公司发行的城投债形式；2009 年后，中央开始逐步尝试下放地方政府举债权，从 2009 年的中央代发地方债券到 2012 年的地方政府债券试点发行，至新《预算法》修订后地方政府举债权的有限放开，我国地方政府债券发行采取了与国债相同的公债形式，区别于城投债与市政债券形式。这种形式的差异表现在债务资金用途的明确性上。从目前我国债券市场发行公告来看，城投债主要为企业债形式，多明确公布了债券融资资金的用途，而地方发行的公债在用途方面并未在债券发行公告上披露详细信息。

从举债资金的用途上，波兰政府规定债务资金只能用于建设性支出，不能用于弥补财政赤字。根据 2014 年修正的新《预算法》第三十五条规定，地方政府通过举债筹措的资金"只能用于公益性资本支出，不得用于经常性支出"。

3. 地方政府债务风险管控措施

波兰政府对于地方政府债务风险的管控，已经形成了一套较为完整规范的机制，其监管力度在众多转轨国家中相对严格。梳理波兰政府对地方债务管理的风险管控机制，其在债务风险形成的全环节具有相应安排，即事前（规模控制）、事中（风险监控）、事后（审计监督）以及透明度（信息公开机制）均可供我国借鉴。而波兰之所以能实现如此严格规范的风险防控体制，关键在于将地方政府债务信息纳入预算管理框架。

（1）地方政府债务纳入预算管理。

根据波兰《公共财政法》规定，波兰政府预算实行单式预算，该国政府全部财政收支都通过一张预算表反映出来，其中地方政府债务收入作为年度财政收入的一部分，汇编入预算，地方政府的偿债支出作为地方财政支出的一个模块进行预算编制，支出总额受到相关法规约束。

（2）地方政府债务的多环节管理。

将地方政府债务收支纳入预算管理，是波兰地方政府债务多环节管控的基础，地方政府债务规模控制、风险监控以及审计监督在此基础上开展工作。

债务规模控制方面，波兰《公共财政法》主要从债务总量、偿债情况等方面进行约束，适用指标如表 9-2 所示。

表 9 - 2 波兰债务规模控制指标

控制目的	适用指标	具体标准
地方政府债务总规模	负债率	不得超过50%，如超过则不允许举借新债
	担保债务率	各年度预算调整上限值，在1%~3.7%区间
地方政府偿债情况	偿债率	低于15%
	逾期债务率	低于60%

注：根据波兰《公共财政法》规定，负债率＝（债务总额＋担保债务总额）/GDP；担保债务率＝担保债务总额/GDP；偿债率＝（年偿债额＋债务担保额）/当年税收收入；逾期债务率＝未偿债务累积总额/当年税收收入。

资料来源：张志华，周娅，尹李峰，吕伟，刘谊，闫晓茗. 波兰的地方政府债务管理［J］. 经济研究参考，2008（22）：33－37。

风险监控方面，纳入预算管理的地方政府债务信息可以支撑政府对债务风险进行跟踪监控。其指标除了债务规模控制方面的相关指标外，还有如下指标支撑风险预警提示工作，如：通过监控外债占比（即外债余额占总债务的比重），预警汇率风险；通过债务到期日结构等指标，合理安排债务偿付规划，避免债务集中偿付；以及通过存续期限结构的相关指标，预警利率风险与再融资风险等。

审计监督方面，由于债务纳入预算管理，波兰最高审计办公室在对财政账户进行审计监督时，便将地方政府债务举借、使用以及偿付等相关事宜纳入审计范围中。此外，关于预算公开等方面的法规也保障了波兰地方政府债务信息的透明度。

9.2　政府债务管理实践中的教训
——以欧洲主权债务危机为例

从一般衡量财政风险和债务规模的通用指标来看，欧洲整体的债务规模状况和赤字水平均低于日本和美国这两个突出的国家，然而为什么欧洲却首先受到金融危机的影响发生了主权债务危机，这是一个值得深思的问题。本节将就欧洲整体债务情况作一阐述，同时也将介绍个别出现债务危机国家的危机形成原因，并进一步归纳欧债危机的形成机制，以供我国地方政府债务管控作为参考。

9.2.1 欧洲主权债务规模状况

1. 欧盟国家总体政府债务水平

欧盟国家在过去二十年左右的时间里主权债务经历了相当的增长。截至 2016 年底，欧盟 27 国债务总额达到了 12 万亿欧元，占其 GDP 的比重达 83.2%。而 1996 年欧盟 27 国政府债务总额共 5.2 万亿欧元，占其 GDP 比重为 69.9%。可以看出，虽然欧盟国家在 1996 ~ 2016 年债务总额增长超过了一倍，但其债务负担率水平增长并不十分大，这主要是由于各国经济水平的提高所致。另外，欧元区 17 个国家的债务总额在 1996 年为 4.2 万亿欧元占 GDP 比重为 73.7%，而在 2016 年底达 9.6 万亿欧元，占其 GDP 比重达 88.9%，超过欧盟国家的整体负担率水平。同样也可以看出，整个欧元区虽然债务余额增加整整一倍，但债务水平仅仅只有十几个百分点。欧盟以及欧元区国家债务总额的增长情况，具体见图 9 - 1。

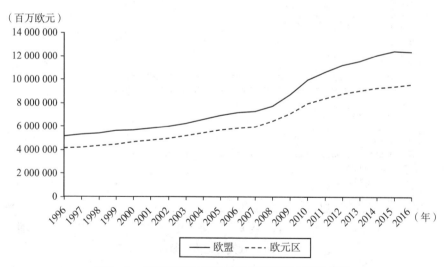

图 9 - 1 欧盟国家以及欧元区国家债务总额的增长

资料来源：欧盟统计局。

2. 欧盟国家中央政府债务规模

在欧盟国家中，中央债务规模比较大的几个国家有德国、法国、意大利和英国。其中，截至 2016 年底，德国联邦政府债务余额为 1.37 万亿欧元，法国中央政府的债务余额为 1.83 万亿欧元，意大利的中央政府债务余额为 2.14 万亿欧元，英国的中央政府债务余额为 2 万亿欧元。可以看出，意大利中央债务规模是最大的，不仅如此，意大利的债务负担水平也是各国中最高的。截至 2016 年底欧盟各国债务规模的具体情况见图 9 - 2。

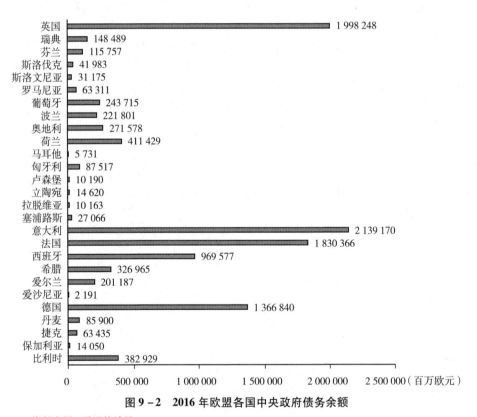

图 9 - 2　2016 年欧盟各国中央政府债务余额

资料来源：欧盟统计局。

3. 欧盟国家政府总债务规模

2016 年欧盟国家政府的总债务余额见图 9 - 3，包括中央政府债务加地方政府债务。明显可以看出，意大利的债务规模水平是最高的，总的债务余额达到 2.2 万亿欧元，其次为法国和德国，债务总余额分别为 2.19 万亿欧元、2.14 万亿欧元，英国紧随其后，债务总余额也达到 2.14 万亿欧元。

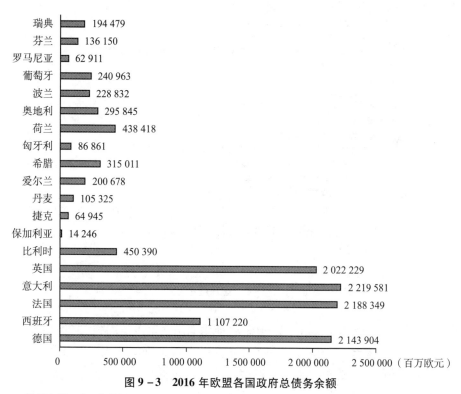

图 9 - 3　2016 年欧盟各国政府总债务余额

资料来源：欧盟统计局。

4. 欧盟国家政府债务负担率

就欧盟各国的债务负担水平来讲，除德国、法国、英国等经济实力最强的国家债务负担率比较高之外，在金融危机之后发生债务危机的国家的债务负担率水平相对更高。2016 年希腊的政府债务负担率达到了惊人的 179%，而葡萄牙、意大利的债务负担率也都超过了 130%。接下来是比利时和西班牙，债务负担率分别为 106% 和 99%。虽然德国是债务规模最大的几个国家之一，但其政府债务负担率却仅为 68%，远低于前者。其他大多数国家的债务负担率在 60% 左右徘徊，如图 9 - 4 所示。

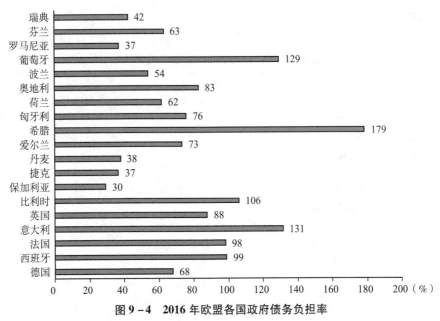

图 9-4　2016 年欧盟各国政府债务负担率

资料来源：欧盟统计局。

9.2.2　欧洲主权债务危机演变历程

作为公共债务起源的欧洲，其债务使用的历史可以追溯到 13 世纪的意大利。政府债务是各国经济发展的必然产物。而就个别国家来看，其债务形成又有其独特的历史沿革。下面就典型欧洲主权债务危机国家的债务形成历史做一概述。

1. 希腊债务危机演变历程

长期以来，由于希腊自身经济结构单一、高福利制度和腐败等问题，再加上货币自主权的让渡，希腊政府的债务规模一直处于高速增长状态。2009年之前，希腊一直处于负债透支状态，需要依靠"借新债还旧债"来维持，财政状况十分糟糕，债务规模不断攀升，债务负担率一直处于 100% 的高位。尤其是 2001 年加入欧元区之后，希腊逐步放宽财政控制，赤字不断恶化，见图 9-5。

2009 年，随着希腊政府掩盖政府财政赤字与债务的真相被揭露，希腊的信用评级被不断降低，导致其融资成本剧增，市场流动性枯竭，债务危机爆发。随后欧盟对希腊进行了一揽子援助计划，且进行了紧缩的财政改革，然

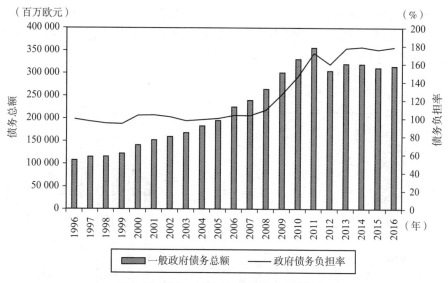

图 9 – 5 　 1996 ~ 2016 年希腊政府债务情况

资料来源：欧盟统计局。

而并没有起到预期的效果。2015 年 6 月，希腊未能按期偿还 IMF 的贷款，债务危机进一步加深。

回顾这一历史进程，希腊债务危机的爆发有以下几个方面的原因：第一是本国经济增长方式和结构的不合理；第二是财政状况从未达标；第三是欧元区债务危机的防范和救援机制缺失；第四是主权信用评级的下调导致融资困难。

2. 爱尔兰债务危机演变历程

爱尔兰一直是欧盟中经济增长水平比较快的国家，其经济增长的主要动力是房地产投资。其经济的增长速度一直远高于欧盟国家的平均水平，甚至被誉为"凯尔特之虎"，可以与亚洲新兴经济体媲美。

爱尔兰在 20 世纪 90 年代经济取得了显著的增长，尤其在 1995 ~ 2000 年期间，经济增速甚至达到 10%，2000 年之后经济略有回落，但仍然保持了 5% 的增长速度，也实属不易。总的来看，2008 年之前爱尔兰的经济状况良好，在政府债务上的反应就是债务总余额稳定，且债务负担率不断下降。然而 2008 年金融危机发生之后，爱尔兰的房地产价格迅速下跌，导致房地产出现大量坏账，很多银行濒临倒闭。而政府财政救助也让爱尔兰的财政雪上加霜。爱尔兰的政府债务余额和债务负担率直线上升，并快速突破了 2.1 千亿欧元和110%。之后爱尔兰不得不请求欧盟和国际货币基金组织的救助来渡过银行业和财政的难关，可喜的是债务风险得到了有效的控制，截至2016年，债务负担率回落到73%（见图9－6）。

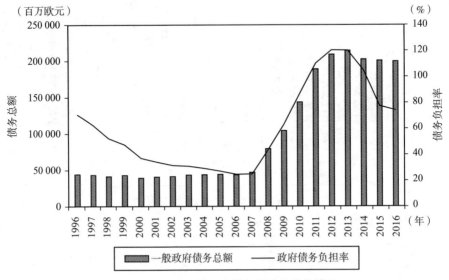

图9－6　1996～2016年爱尔兰政府债务情况

资料来源：欧盟统计局。

　　从以上的爱尔兰债务危机中，我们也可以看出经济的高速发展如果得不到合理的控制，往往会潜存隐性的危机，过去的资产有可能在价格下跌之后成为债务，这样会出现上升时大幅上升，下降时也大幅下降的经济现象。事实上，在经济繁荣的背后，往往也存在着一定的假象，如果不能慎重对待这些假象，便有可能使经济承担严重的后果。这一后果往往就通过债务的形式来体现。

3. 意大利债务危机演变历程

　　意大利是欧元区的第三大经济体，在经济的各个方面都有比较坚实的基础，然而其经济在过去二十年中发展速度一直比较缓慢，经济的平均增速不到2%。2008年金融危机之后，虽然不像希腊等国快速出现主权债务危机，但经济在各个方面都受到严重的打击，包括加工制造业和房地产等重要的支柱行业。随着其他国家债务危机的蔓延，加上意大利120%的债务负担率水平更难以承受大的冲击，最后意大利也没有能幸免于债务危机。

意大利的债务危机总体上也可以归结为经济的停滞不前，进而严重影响到财政收入水平。其财政赤字率在过去二十年中大部分时间都保持在 2% 以下，这样常年的财政赤字自然就会积累为严重的政府债务。意大利过去二十年的债务变化情况见图 9-7。

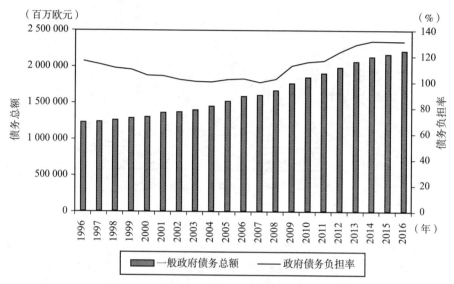

图 9-7　1996~2016 年意大利政府债务情况

资料来源：欧盟统计局。

4. 德国主权债务情况概述

与上述几个债务危机国不同的是，德国在整个进程中体现出了良好的抗风险能力。欧债危机之前，政府债务余额和政府债务负担率缓步上升，且总体水平较低，处于可控范围。面对 2008 年债务危机的爆发，虽然德国经济遭受了欧债危机的严重冲击，2009 年实际国内生产总值同比萎缩 5.1%，下跌幅度甚至还略高于欧盟平均跌幅；但此后在 2010 年和 2011 年，受惠于德国政府有力的财政刺激政策以及外部需求旺盛等临时性因素，更主要的是得益于德国发展模式的长期结构性优势，德国经济出现强势反弹，经济同比增长率分别达到了 4.0% 和 3.3%，增速约为欧盟的 2 倍。此外，德国的劳动力市场创造"就业奇迹"，出口继续高歌猛进。由此，从图 9-8 中可以看出，无论是债务总余额还是债务负担率，在经过危机爆发带来的一小段攀升之后，马上趋于稳定，并有较大幅度的回落。

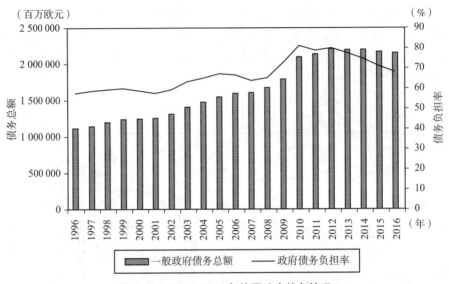

图 9 – 8　1996 ~ 2016 年德国政府债务情况

资料来源：欧盟统计局。

德国能有效应对债务危机，得益于以下几个原因：第一是德国强大的制造业基础，制造业在德国财富比例中占有重要位置，可以直接推动就业和拉动出口，积累社会财富；第二是持续的社会经济改革，德国在劳动力市场、东西德平衡、人口问题、移民制度等方面大刀阔斧地改革，并颇有成效；第三是坚持审慎财政与坚挺货币两大原则，其对财经政策的高度保守和谨慎自律在一定程度上发挥了重要作用。

5. 各国债务风险演变的总结

纵观各国债务的历史成因，无外乎财政中出现了长年的不平衡，收入不能同时伴随支出增长的原因则在于经济的缓慢增长，或者是虽然出现了一定时期的短暂繁荣，然而这种繁荣中潜藏着一些泡沫。随着外部如金融危机的冲击，经济受到创伤，泡沫严重的会受到更大的创伤，比如爱尔兰，危机之后财政赤字一度达到 30% 的严重程度。这是债务危机出现的一个方面的原因。另外一方面，由于社会发展和政治选举方面的原因，各国政府为满足人民的需要，社会保障支出不断扩张，导致财政支出常年增长，超过收入可以承受的范围，进而形成财政赤字。在这种状况下，政府只有通过借债度日，年复一年政府债务自然越积越高，最后在外部冲击的状况下，发生不能偿还的情况，从而导致了债务危机。因此，各国债务形成的历史原因总结来讲就是各国的生产力赶不上广大人民日益增长的需求而导致了严重的债务积累。

9.2.3　欧洲主权债务危机的成因分析

从制度的角度来看，欧盟国家政府债务危机存在以下几个方面的问题。

1. 财政政策与货币政策的二元性矛盾

欧元区国家财政与货币政策的二元性是现阶段对欧债危机成因探讨的主要制度性原因。由于欧元区实行统一的货币制度与分散的财政制度，统一货币下，单个国家的财政扩张不会直接导致货币即期贬值，政府具有财政扩张增加赤字的倾向；而当欧元区成员国债务危机引爆后，欧元区统一货币制下，政府无法利用货币贬值等手段稀释债务、提高竞争力，仅能依靠财政途径，危机处理手段相对单一，降低了对债务危机的应对能力。

2. 缺乏明晰刚性的权责约束制度

权责利不明晰降低激励和约束的功效。欧元区并没有明确各成员的权利和义务，对违反义务所附有的责任也未界定。有效的制度可以使所有的成员国明确货币合作过程中自身如何受益、如何受损以及相互之间如何补偿，从而对自己行为可能带来的收益和损失形成合理预期。这也可以解释对债务危机发生国家的救援计划迟迟未能出台的原因。

3. 激进的财政收缩政策可能抑制经济增长

当前欧元区国家在削减政府债务过程中，急于在短期内大幅降低政府债务，推行了较为激进的政策，但是也并没有出现债务水平下降的趋势。这可能就是由于未考虑到削减债务过程的交易费用问题。一般来说，政府债务和经济增长存在阈值效应，因此从长期来看，必须要对政府债务规模进行严格的控制，避免因为超过阈值水平而使政府债务对经济增长产生负面影响。但"阈值论"成立并不意味着在短期内要大幅削减债务，因为政府债务与经济增长之间双向因果关系的存在，在财政紧缩的同时也会伴随着 GDP 的下降，反过来又会导致债务水平升高，最终可能会陷入越紧缩经济增长率越低债务水平越高的恶性循环。

4. 福利性支出未能形成优良资产

以希腊为代表的欧债危机国家举债，维系高水平的福利性支出是其主要目标。这种福利性支出并不能形成可抵债增信的优良资产，属于消费性支出，政府的债务运作以财政收入为债信基础，高度依赖经济发展状况与政府税收能力。当人口老龄化引致福利支出快速增长，或经济面临冲击下行压力加大，均会对政府主权债务偿付形成直接压力。

9.3　国际经验与教训对我国的启示

9.3.1　地方政府债务纳入预算管理，采用余额管理

通过对前文经验的介绍可知，各国地方政府债务管控得以规范有效实施的关键，在于将地方政府债务纳入预算管理。反观我国，在新《预算法》修订之前地方政府禁止举债，地方政府债务多通过事业单位与融资平台的信贷或债券融资进行，这部分债务不可能反映在地方政府的财政收支中。新《预算法》允许地方政府举债，并要求地方政府本级财政部门向社会公众针对举借债务情况作出说明，对地方政府债务实行限额管理。这意味着新增地方政府债务的部分信息将通过预算反映出来，但我们对地方政府债务总规模及偿付情况依然无从获知，当前地方政府债务并未全部纳入预算管理。能否将地方政府债务信息纳入政府预算管理，从长期看，是实现我国地方政府债务管控规范安全最为根本的一步棋。

9.3.2　地方政府债务单独编制预算，反映中长期资产支出计划

参考美国经验，我国可将资本性财政收支与经常性财政收支分立进行管理。美国通过将地方政府债务纳入资本性预算，具有如下便利：一是符合地方政府债务资金的用途性质，更好地反映该部分财政收支的特征，便于长期资本性收支管理；二是更符合债务资金的使用周期，便于债务的发行与偿付安排；三是结合地方政府中长期财政投资规划，有利于加强对地方政府投资行为的监管，便于财政投资项目资金的审计监督。

9.3.3　严格地方政府债务发行审批制度

参考各国地方政府债务管理经验，通过对地方政府债务纳入预算管理，

实行余额管理，政府发行债务的行为也随之纳入公众监督范围，议会在地方政府债务发行的决策与审批环节起到了重要作用。反观我国目前地方政府债务管理制度，限额管理实质上弱化了人大对地方政府债务发行的决策与监督职能，不利于制约地方政府过度举债的倾向。

9.3.4　完善地方政府债务财政重整机制

美国的破产制度对我国可提供如下借鉴：一是我国应该明确各级政府在债务危机中的责任义务，地方政府对债务具有偿还责任，省级政府可以在地方政府发生流动性危机时给予必要的流动性援助，然而如果区域性的流动风险可能波及全国，中央政府考虑予以援助；二是虽然我国不允许地方政府破产，然而就目前我国地方债的发展来看，局部地区出现流动性危机是可能的，我国可以考虑地方政府在出现流动性危机时进行债务重组。

9.3.5　设立偿债基金制度，安排债务偿付规划

日本、英国等国家的地方政府债务管理经验，可为我国设立地方政府债务偿债基金提供思路：其一是效仿英国等国家偿债基金机制，在预算安排中设立专项科目，提取一定比例的财政资金注入，为地方政府债务提供债信支撑；其二为效仿日本等国家经验，增加地方政府偿债基金职能，由偿债基金负责地方政府债务的偿付工作，并允许基金通过债券公开市场操作获取收益，补充偿债基金。

9.3.6　控制财政支出，注意防范系统性风险

欧债危机带给我国的一个重要启示是，应注意严控财政支出，避免过度透支政府信用。希腊等国家维持高福利水平而过度透支财政是主权债务危机形成的主要原因。而欧盟国家货币政策统一与财政政策分立导致欧盟缺乏对成员国财政赤字安排的有效约束。反观我国，虽然地方政府举借债务用途不同，主要用于基础设施建设，能够形成较好的偿债资产，但仍有部分地区建设缺乏规划，造成大量基建投入的浪费。因此，我国地方政府债务管控，同样面临严控地方政府财政支出的重要议题。

| 第 10 章 |
我国地方政府债务风险管控的对策研究

通过前文对存量债务风险化解的分析，大致掌握了本轮政府债务改革过渡期中，地方政府债务整顿的思路。但随着地方政府置换债发行完成存量债务 70% 以上的进展，本轮债务整顿预期在未来 1 ~ 2 年内进入尾声。未来地方政府债务管理体系的构建完善将成为政府下一步的工作任务。本章将基于前文研究基础，借鉴国际经验，对地方政府债务风险管控机制的理想状态进行构想，并提出改革推进的相关政策建议。

10.1 我国地方政府债务风险管控的原则与思路

存量债务风险化解工作有序推进的同时，地方政府债务改革更应着眼于长期地方政府举债的体制机制建设。对应于长期地方政府债务管理，我们需要考虑的是增量债务的举借与管理问题。根据 2016 年 11 月财政部印发的《地方政府一般债务预算管理办法》与《地方政府专项债务预算管理办法》，地方政府新增债务融资主要通过发行地方政府债券的形式进行①。根据 2014 年修正的《预算法》第三十五条规定，地方政府举借的债务只能用于公益性资本支出，不得用于经常性支出。综上所述，新增债务将主要通过发行地方政府债券形式融资，债务资金用于公益性资本支出，这是我们在分析地方政府债务风险管控的基调。

我国地方政府债务风险管控应该坚持以下原则：

（1）明确责任。主要体现在两个层面：一是厘清政府与企业责任，整顿

---

① 根据《地方政府一般债务预算管理办法》第四条，除外债转贷外，一般债务收入通过发行一般债券方式筹措。根据《地方政府专项债务预算管理办法》第四条，专项债务收入通过发行专项债券方式筹措。

投融资平台，企业债务不得由政府偿还或担保，政府债务不得通过企业举借，杜绝金融机构关于政府兜底债务的幻想；二是明晰各级政府债务责任，杜绝地方政府关于中央财政兜底的幻想。

（2）规范管理。地方政府债务整顿要建立规范的债务管理制度，明确地方政府债务管理制度，将地方政府债务纳入预算管理，明确地方政府债务举借方式、举债程序与资金用途。坚决制止地方政府违法违规举借债务。

（3）稳步推进。地方政府债务改革不能一蹴而就，债务管理制度改革应结合存量债务化解情况、新增债务需求情况相应推进。

（4）严防风险。必须牢牢守住不发生区域性和系统性风险的底线，切实防范和化解财政金融风险。

在确立了分析基调与改革原则后，本章将从宏观层面分析地方政府债务在未来基建、公共服务等形成原有存量债务的领域将承担何种作用，地方政府的举债压力应该如何疏解。地方政府债务风险管控的宏观思路详见图10－1。

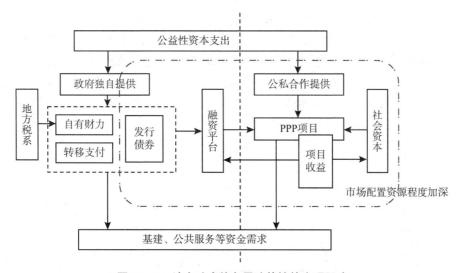

图 10－1　地方政府债务风险管控的宏观思路

需要明确公益性资本支出的投资主体不应该局限于政府。传统的公共物品理论认为，受非排他性与非竞争性的制约，公共物品需要由政府提供，准公共物品可以部分让私人参与提供。但近年来，政府提供公共物品过程中产生的低效、浪费、寻租腐败等问题日益受到人们关注与反思。奥斯特罗姆的

《公共事务治理之道》展示了公共物品如何通过制度性设计实现非政府优质提供。此外，在传统认为是公共物品的供水、污水处理等市政服务，通过行业细分也可以剥离出可市场化运营的部分。因此，公益性资本支出可以通过政府独立提供与公私合作提供两种模式，PPP 项目的推广与完善将有助于地方政府债务压力的疏解，而原有融资平台公司可以作为地方政府出资方参与PPP 项目运营。

政府的公益性资本支出将主要依靠发行债券融资、自有财力与转移支付等渠道，其中发行债券融资应占主体，债券偿付需要依靠地方政府综合财力。分税制改革后，中央财权集中，中央与地方财权与事权矛盾凸显。2016 年全面推行营改增后，地方主体税种营业税取消，地方税体系亟待健全。缺乏地方税体系的支撑，难以保证地方政府举债融资的可持续性。

从微观层面，地方政府债务风险管控机制的构架思路如图 10 - 2 所示。债务管控体制涉及地方政府债券发行、债务资金使用以及地方政府债务偿付安排的全环节管控。地方政府债务有效管控的前提是保障政府及公众能够掌握债务信息及举债行为，最有效与成型的经验为：将地方政府债务纳入预算管理。地方政府债务风险管控将在预算管理框架下开展：在债务融资环节（主要表现为债券发行）要健全地方政府债务发行的决策与审批机制，保证政府举债的合理性；在债务资金使用方面，应该对地方政府债务投资进行中长期规划，保证资金在时间与空间的合理配置；在债务本息偿付环节，可设立偿债基金负责地方政府债券的发行与回购，以及债务利息的偿付，并制定应对债务偿付风险的应急机制。

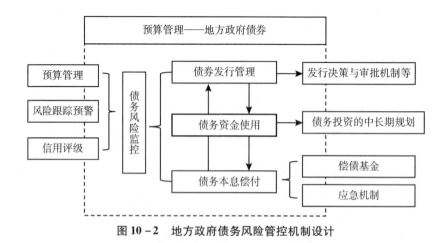

图 10 - 2　地方政府债务风险管控机制设计

根据地方政府债务风险管控的宏观思路与债务管控具体机制的设计思路，本章后续部分将对具体对策建议展开探讨。

10.2 完善地方政府债务预算管理

对地方政府债务实施预算管理，是地方政府债务风险管控机制的基石，关乎政府及公众对地方政府债务信息的掌控、地方政府债务管理行为的规范化及公开程度等多方面举措的实施。

目前关于地方政府债务纳入预算管理的工作已经有序开展，但具体制度还有待完善，地方政府债务的预算管理方向也有继续探讨的空间。纳入预算管理是地方政府债务管控机制的核心，虽然地方政府债务的预算管理机制还有完善与继续探讨的空间，但地方政府债务预算管理已经较好地迈出了第一步。

10.2.1 逐步有序推动地方政府债务限额管理向余额管理转化

地方政府债务预算的限额管理与余额管理代表着两种地方政府债务管理模式。限额管理模式下中央对地方政府债务直接控制，而余额管理则意味着政府债务管理模式更多走向规则管理。目前地方政府债务管理实行限额管理，在政府债务整顿及改革转型期，实行债务限额管理具有合理性。其一，在2014 年《预算法》修正前，地方政府没有公开举债权限，大量债务通过融资平台或事业单位等形成，属于隐性债务以及担保等方式形成的或有债务。在债务整顿时期，地方政府存量债务的清理甄别需要大量工作，因此采用限额管理有助于控制地方政府债务的增量，加快地方政府债务改革转型进程。其二，地方政府债务风险的管控，某种意义上是地方政府信用预期的管控，由于地方政府存量债务短期内偿付集中，部分地区存在严重的流动性偿债风险，而采用余额管理将导致各省份流动性风险的暴露，在地方政府债务风险各方观点不一、舆论呈观望跟踪态势时，采用余额管理将提前暴露局部地区债务偿付风险，降低地方政府债务信用预期，不利于地方政府后续举债行为，特别是债务整顿期间的置换债发行，信用预期下降的直接后果是置换债券利率的上升与债务融资成本的提高，甚至影响债务置换发行总量的落实程度。其三，我国正处于"三期叠加"、经济转型的阵痛期，前期强刺激政策造成社会杠杆率的过高水平，相对于地方政府杠杆率，目前国企债务风险问题同样严重，而根据前文地方政府债务信用风险的分析，相对于国有企业，地方政府还有加杠杆的空间，在债务整顿前暴露地方政府债务的流动性风险，并不利于后续金融资源的调配。

综上分析，地方政府债务限额管理是地方政府债务治理转型期的必要手段。但从长期看，地方政府债务限额管理是对地方政府债务流量的控制，地方政府缺乏对债务规模的掌控权，相应也弱化了对未来债务偿付安排的责任，并不利于地方政府预算向权责发生制的转型，限额管理下预算公开的债务信息也不利于人大及公众了解地方政府债务总量、债务风险指标情况及收支安排。因此，从长期看，地方政府债务管理在本轮置换债发行周期结束后，应逐步转变为地方政府债务余额管理。考虑到我国现阶段市县级部分政府债务流动性风险高企，可以考虑先将余额管理权限赋予省级地方政府。

10.2.2 统合政府预算，将一般债券与专项债券统一管理

2016 年 11 月，财政部印发《地方政府一般债务预算管理办法》（以下简称《办法》）与《地方政府专项债务预算管理办法》，从制度上确立了地方政府债务按照一般债务与专项债务分门分类管理的制度现状。需要注意的是，通过 2016 年两类地方政府债务的预算管理办法与 2014 年 9 月《关于加强地方政府性债务管理的意见》（以下简称《意见》）对比，《意见》设计了一般债务与分类债务分类管理思路，对于两类债务的区别，从用途上看一般债务用于没有收益的公益性资本支出，专项债务用于有一定收益的公益性资本支出，但根据《办法》规定，一般债务收入与专项债务收入用于公益性资本支出，不得用于经常性支出，但两类债务收入投向的公益性资本支出有何区别，《办法》并未明确界定。因此从制度层面，地方政府一般债务与专项债务的投向并未实现有效区分。从两类债务偿付资金来源看，《办法》进行了明确的界定：一般债务的本金通过一般公共预算收入（包含调入预算稳定调节基金和其他预算资金）、发行一般债券等偿还，而利息通过一般公共预算收入（包含调入预算稳定调节基金和其他预算资金）等偿还，不得通过发行一般债券偿还；专项债务的本金通过对应的政府性基金收入、专项收入、发行专项债券等偿还，同样，债务利息也不得通过发行专项债券偿还。从债务本息偿付来源看，两类债务分别来源于一般公共预算与政府性基金预算两本预算，但专项债务偿付来源于政府性基金收入的法理性缺乏依据，《地方政府专项债务预算管理办法》也未对专项债务与基金收入、专项收入做具体对应。

综上，地方政府债务推行一般债与债券债务分类管理，更可能是因为

一般公共预算与政府性基金预算分担了举债与偿债工作，随着四本预算改革后地方政府国有土地出让金收入纳入政府性基金预算管理，原有部分地方政府债务由土地出让金担保，新增债务中土地出让金及其他模块也对应了债务举借与偿付安排，但从现行制度规定看，地方政府发行债券的分门分类管理缺乏法理依据，仅停留在债务举借与偿付的制度性分割。

从长期看，现行一般公共预算、政府性基金预算、国有资本经营预算和社会保险基金预算还存在定位不清晰，四本预算间缺乏统筹协调等问题，在预算进一步改革中四本预算的统筹协调机制加强是改革的必然趋势。因此，一般债务与专项债务的统筹，也是四本预算统筹管理的应有之义。甚至地方政府债务预算可以进行单独编制，将一般债务与专项债务的举借与偿付安排统一在一本预算中反映，从而有利于地方政府债务信息的统合与债务管理的协调安排。

10.2.3 将债务预算独立模块，设立中长期资本性支出及债务偿付规划

根据前文分析，地方政府一般债务与专项债务的现行分类管理，从长期看应该加强统筹协调，甚至更进一步进行归并统一管理。建议对地方政府债务进行独立管理，可以单独设立一本预算反映地方政府债务举债及偿付安排，也可以在现行预算中设立独立模块进行信息统合。对地方政府债务预算的独立分账，主要是基于如下考量。

其一，从预算资金管理用途看，地方政府债务资金将限定于公益性资本支出，有别于政府预算管理中大量经常性支出，两种资金用途差异明显的资金统筹在一本账目上，并不利于观察经常性收支与资本性收支的特点。现行预算中将两类资金用途统合在一本账簿上反映是延续了政府预算收付实现制的传统，该模式的优势在于管控了政府的资金流量，但对政府资金投向、资金筹措使用产生的权责关系等信息反映较差。随着政府这一主体参与市场经济活动的深入，政府调控手段对市场经济规律的遵循，传统的收付实现制必然要过渡到权责发生制这种预算管理模式，相对应地，资本性收支与经营性收支的分立也是权责发生制转型下的重要举措之一。

其二，从预算管理的资金周期看，地方政府债务投向偏重于资本性支出，资金使用周期长，而在收付实现制下的预算账目中难以反映地方政府债务资金使用周期情况，对于长期投放的资金管理，将其流量与一般预算中的经常性收支统一展现并未有太多价值，反而隐藏了地方政府债务投向、投资期限

安排、未来偿付方案等涉及资金周转全流程的信息。以现行一般债务与专项债务的预算管理为例，预算编制大致涉及科目如表10-1所示。

表 10-1　　　　　　　　　　　　　**地方政府债务预算科目比较**

一般债务预算管理（一般公共预算）		专项债务预算管理（政府性基金预算）	
科目	说明	科目	说明
一般债务收入	省级债务收入	专项债务收入	省级债务收入
地方政府一般债务转贷收入	市县级转贷	地方政府专项债务转贷收入	市县级转贷
债务转贷支出	转贷下级支出	债务转贷支出	转贷下级支出
地方政府一般债务还本支出	一般债务还本支出	地方政府专项债务还本支出	专项债务还本支出
地方政府一般债务付息支出	一般债务利息支出合理预计	地方政府专项债务付息支出	专项债务利息支出合理预计
地方政府一般债务发行费用支出	发行费用支出合理预计	地方政府专项债务发行费用支出	发行费用支出合理预计

资料来源：根据《地方政府一般债务预算管理办法》《地方政府专项债务预算管理办法》整理。

从表中现行预算科目看，债务预算反映的都是地方政府债务当年流量信息，仅对流量信息的公示并不能反映地方政府债务资金长期周转使用的情况，因此将地方政府债务预算独立编制，根据中长期资本性支出及债务偿付规划3~5年的中期预算，说明各年度的债务偿付安排、地方政府债务投资项目资金周转安排，采用权责发生制编制地方政府债务预算，具有重要意义。中期预算的改革尝试由来已久，但在实践中各级地方政府尚在摸索阶段，并未形成较为完善的中期预算方案。地方政府债务预算的单独编制，也将是中期预算编制改革的较好切入点。

10.3　完善地方政府债券融资管理

在本轮地方政府债务改革中，通过一系列如置换债等债务整顿以及PPP项目的债务化解作用，基本确立了地方政府举债将主要通过地方政府债券发行融资的局面（除部分外债转贷外），因此地方政府债券融资的管理工作重要性将日益凸显。总体看，地方政府债券融资在债券市场公开运作，将受到资本市场的监督约束，是地方政府债务管理的一大进步，但从目前债券融资管理现状看，还存在如下改进空间。

10.3.1　完善地方政府债券发行的决策与审批机制

地方政府债券发行的决策与审批机制还有待完善，这也是一个需要以债务预算管理深化为基础的工作。从目前债券发行现状看，地方政府债务实行限额管理，中央政府与全国人大制定各省、自治区、直辖市的年度举债限额，由各省级单位在限额内安排地方政府债券发放。地方政府发债权力仅下放到省级。而地方各级政府，即省本级、市本级及县乡等基层政府的债券发行需求，如何统筹安排，各级政府举债需求上报过程中，各级人大是否有效发挥了审议、监督的职能，各级政府债务资金的统筹使用，省级人大是否有效发挥了审议、监督职能。一言以蔽之，即地方政府债券发行是否反映了公众意愿，是否仅仅是政府内部的协调安排。应参考美国地方政府市政债券的发行过程，在前文国际经验的分析中，议会在地方政府债券发行审批中发挥了重要作用，参与了发债意向确立、发债方案审批的多环节债务管控。在未来的地方政府债券融资审批机制改革中，如何保障各级人大职能的履行，对于控制地方政府债务规模尤为重要。人大对地方政府债务的管控，不能仅停留在听取债务管理报告、批准债务发行总额度的形式层面。

10.3.2　严格地方政府债券发行的信息披露

严格地方政府债券发行信息的披露是当前地方政府债务管控改革中可以立刻推进强化的建议。从地方政府债券在公开市场的发行情况看，各地地方政府债券发行的信息披露工作良莠不齐，主要反映在地方政府债券的募集资金用途上。具体问题如下：一是部分地方政府债券的募集资金用途信息缺失，通过公开市场信息不能了解该笔债券融资的资金使用方向，更遑论资金具体用途；二是地方政府债券募集资金用途信息过于粗糙，基本为"债务用于公益性资本支出""置换债用于置换地方政府清理甄别的×年×月到期债务"，较少部分债券指出债券融资的具体投向领域，如"市政建设支出安排×亿元""新增债券资金用于交通建设"等说法[1]；三是基本上没有地方政府债券

---

[1]　详见 Wind 数据债券市场信息中已发行地方政府债券的募资资金用途项。

将募集资金用途落实到具体项目上。地方政府债券信息披露程度低，侧面反映了当前地方政府债务管理的粗放，债务资金使用还具有一定随意性，缺乏具体结合到资本性支出项目上的债务举借与偿付规划。

10.3.3　提高信用评级机构评价能力与结果质量

培育信用评级机构是一个长期工作，但可以在当下即刻推进。从地方政府债券在 2015 年和 2016 年的发行情况看，信用评级机构给出的评级结果存在两方面问题：其一，信用评级机构的评价结果不能反映地方政府债信差异。这一方面可能与我国当前信用评级机构的技术能力有关，评价方法不能全面反映政府债务风险；另一方面信用评级机构可能受到地方政府干扰，缺乏独立自主判断。根据前文对地方政府债务风险的判断，我国地方政府债务信用风险基本可控，但债务流动性风险较为严重，各省份债务风险分化，差异较大，个别省份及地区债务风险相对突出，但从 2015 ~ 2016 年两年地方政府债券发行的信用评级看，评级均为最高信用评级水平 AAA，省际风险差异并未显现。对于这种评级结果，我们可以充满善意地理解为信用评级机构对各省份地方政府债务前景非常乐观，但希望在未来的信用评级工作中能够如实地、综合地反映地方政府债务信用情况。其二，信用评级后续跟踪情况较差。从 2015 年度发行的地方政府债券信用评级情况看，普遍只有发行期的地方政府债券信用评级，缺乏债信评级的后续跟踪。信用评级机构是地方政府债务风险监控体系的重要组成部分，提高评级机构能力，保障评级机构在债信评价过程中的独立性，才能有效及时反映公开市场对地方政府债券的风险判断，为地方政府后续债务管理工作提供信息支撑。

10.4　完善地方政府债务风险管理制度建设

地方政府债务纳入预算管理是地方政府债务风险管理推行的基石，在上文对地方政府债务预算管理完善及改革空间的分析基础上，本部分将对地方政府债务风险管理机制进行探讨，分别从债务规模控制、债务偿付的流动性风险控制、风险爆发或风险较高时的应急机制，以及对风险管理不善的责任追究机制等方面展开分析。

10.4.1　确定债务规模上限标准，设置地方政府债务天花板

根据前文对国际经验的分析，各国对地方政府债务通常实行余额管理，对地方政府规模设置指标上限。常用的规模指标有负债率（债务余额/GDP）以及债务率（债务余额/政府综合财力），并且形成相对公认的指标水平。例如欧盟《马斯特里赫特条约》将负债率风险参考值设定为60%，国际货币基金组织将债务率风险参考值设定为90%~150%。

就我国而言，当前地方政府债务实行的限额管理局限了债务规模上限的控制，虽然目前地方政府预算对地方政府债务余额有所公示，但限额管理机制弱化了债务规模上限的控制。限额管理下地方政府当年举债额度由国务院确定，并报全国人大或其常委会批准，国务院在考虑各省、自治区及直辖市年度举债额度时，应该已经将地方政府债务规模考虑在内，但这种债务举债额度的确定过程并未纳入预算管理环节，预算管理仅在各地方政府发债是否超出举债限额时发挥作用。当转为余额管理后，地方政府举债将受到债务余额规模的制约，年度举债额度确定纳入预算管理。

假定推行地方政府债务余额管理，地方政府债务规模指标上限的确定需要注意国际经验的适用性问题。其一，应该注意区分债务指标的统计范围，从国际经验看，既有地方政府债务规模指标标准，也有衡量主权债务规模的指标标准。其二，不同的债务指标统计范畴，其内涵也有所不同。以美国地方政府债务为例，地方政府债务投向要求为资本性支出，而以欧盟《马斯特里赫特条约》的相关指标水平为例，债务指标主要衡量主权债务水平，债务投向既包括资本性支出，也涵盖了欧洲国家为支撑高社会福利的经常性支出，因此，该条约负债率60%的风险标准对于我国地方债务的适用性存在商榷。我国地方政府债务投向主要为公益性资本支出，在债务指标风险标准的确定上，既要参考国际经验，以保证债务指标的可靠性，也要考虑指标统计范畴的适用性。

此外，债务规模指标的设立某种意义上旨在支撑市场对政府债务的信息，因此债务指标的风险标准可以设立公示标准与日常管理内部标准，公示标准强调国际经验的接轨，并选取较为宽松的指标，可以适当放松对债务指标统计范畴及内涵的要求。相反，旨在服务债务管理的标准则要强调债务指标的统计范畴与内涵。

10.4.2 完善地方政府偿债基金制度，盘活政府债务

结合上文分析，地方政府债务风险预警应实现风险的跟踪及定期风险评测，而这些工作并不需要划归预算管理的日常工作进行信息发布与预算调整。设立地方政府偿债基金制度，通过政府偿债基金专职地方政府债务的偿付工作以及债务风险的跟踪及预警，将债务偿付通过某机构以基金的形式集中专职管理，也有利于地方政府债务到期偿付、地方政府债务风险评测报告的定期发布等日常工作的开展。

根据 2009 年 8 月财政部出台的《关于推进财政科学化精细化管理的指导意见》〔财办〔2009〕37 号（以下简称《指导意见》）〕，地方政府债务管理改革设计中考虑了设立地方政府债务偿债基金，根据《指导意见》，要求"地方财政部门安排预算时，要建立偿债基金用于偿还到期债务"。但在后续财政部关于地方政府债务管理的相关文件中，偿债基金较少提及。从目前的地方政府债务管理实践看，地方政府债务偿付并未设立专门的偿债基金，而是一般债务与专项债务分类管理，分别在一般公共预算与政府性基金预算中安排用于偿债的支出科目。

可以仿照日本、英国等国家地方政府债务管理较为成熟的经验，设立偿债基金，实现地方政府债务偿付的专职化管理，提高债务偿付规划的统筹协调能力与债市经营能力。偿债基金将承担如下职能：其一，履行政府债务偿付工作，按期偿还债务本息，避免政府债务违约；其二，做好债务发行的偿付期限结构规划，参与安排各年度债务发行规模与债务期限安排，优化债务期限结构，避免出现地方政府债务的集中偿付现象；其三，经营地方政府债务，适度参与债券市场活动，根据利率市场水平的变化买卖政府债券，获取经营收入，减轻地方政府债务的偿付压力；其四，做好债券市场盯市工作，根据利率市场水平变化向政府及人大提出债务的置换建议，减少政府债务融资成本；其五，承担或参与地方政府债务的风险跟踪和预警工作，利用债务信息优势，对地方政府债务风险指标的即时变化进行跟踪，对预警指标的异常变化进行风险提示，并做好定期债务风险评测报告的发布工作。

地方政府偿债基金的资金来源将依靠如下渠道：其一，地方政府从一般公共预算和政府性基金中每年提取一定比例的财政资金，注入偿债基金；其二，从地方政府举借的债务中提取一定比例注入偿债基金；其三，通过偿债基金参与市场经营取得的收入，继续注入偿债基金。此外，偿债基金的债务风险跟踪和预警以及定期风险评测报告的发布，相应收入可以作为偿债基金

人员工资等日常机构运作的资金来源，偿债基金经营债市取得的收入，可以对相关决策及操作人员给予一定绩效奖励。

10.4.3　完善地方政府债务风险应急机制

2016 年 10 月，国务院办公厅印发《地方政府性债务风险应急处置预案》（以下简称《预案》），标志着我国地方政府债务风险管控的应急机制初步建立。但该预算是依托现有并不完善的地方政府债务管理体制建立的，尤其是地方政府债务预算管理还有较大的改善空间，地方政府债务还在实行具有明显过渡性质的限额管理而非余额管理。因此本次风险应急处置预算的发布，也具有过渡性质，还有继续完善的空间。从《预案》的发文形式看，通知采用国办函的形式，发布机构为国务院办公厅，说明中央政府对地方政府债务风险应急机制建立的高度重视，但发文以函件形式，是中央政府答复问题的一种常见文体，某种意义上说明本次《预案》的约束力与执行情况还有待观察。

《预案》的发布具有如下进步意义：一是标志地方政府债务风险应急管理机制的初步建立，是地方政府债务管理体系的重要组成部分；二是对地方政府性债务风险事件采用四级分类机制，明确了各级债务风险事件的特征，并对各级风险事件的应对进行安排，具有一定的可操作性；三是提出了地方政府债务重整计划的架构，明确指出政府资产可以进行处置以偿还债务，省级政府可以对下级政府的债务风险采取救助措施，并负有救助责任；四是明确提出省级政府应当将政府性债务风险纳入政绩考核范围，对债务风险事件形成的有关人员采取责任追究。

但该预案受现行债务管理体制尤其是债务预算管理体制的制约，也存在如下改进空间：一是债务风险应急处置对于风险事件的定义与划分，均为地方政府性债务风险已经爆发的情况，是对于已经对地方政府债务信用造成损失的情况，政府如何采取措施进行弥补，而不是在风险指标对债务风险进行预警后，政府如何采取应急机制安排偿债计划，保证政府债务的信誉，因此，本次《预案》具有明显的事后管控特征；二是有关责任追究问题，本次《预案》仅是提供了风险应急中追责的思路，对于具体的操作还有待细化，而关于追责程序的启动，只有当地方政府债务风险已经爆发，形成《预案》描述的风险事件后，才对有关人员展开追责，但关于地方政府债务风险已经暴露，在继任官员及有关人员的努力下得到化解的情况，缺乏相应的追责；三是救助责任有待明确，《预案》指出地方政府财政重整过程中可以向省级政府申请救助，但省级政府是否具有救助责任并不明确，县乡级政府的财政重整救助责任也有待进一步明确。此外，还应注意，本次《预案》仅是财政部制定的风险应急机制设计思路，地方政府如何落实还有待观察，但从上文分析，本次《预案》缺乏对风险应急的事中管控，仅是事后管控，从风险应急结构上具有先天不足，有待后续结合风险监控机制的完善，继续填补应急机制的结构性缺失。

10.5 加快地方政府债务风险预警机制建设

10.5.1 政府债务风险预警机制的内涵及原则

1. 政府债务风险预警机制的内涵

政府债务风险预警机制是政府债务风险管理的重要内容，对于解决政府债务风险问题有着重要的意义。目前我国中央政府债务的余额管理制度即是政府债务风险预警的一种基本方式，每年通过人大规定债务余额限额控制债务风险。

在国际上各国均有自己的债务风险管理制度。一般来讲，中央政府或者联邦政府的债务风险预警方式往往是通过限制债务上限的方式控制。比如美国联邦政府即通过设定政府债务上限来预警政府债务的风险，不过近年美国联邦政府对政府债务上限的法律规定做出了多次修改，扩大了其债务的限额。德国和一些欧盟国家也有相似措施，比如早在20世纪90年代，欧盟国家即在《马斯特里赫特条约》中规定各国的债务上限不能超过GDP的60%。这是欧盟一些国家联邦政府的债务风险预警措施，然而规定是规定，近年欧盟很多国家包括经济处于前列的发达国家都纷纷突破了其债务的上限，对债务风险造成很大问题，这也从侧面说明风险预警也往往是相对的。另外我国台湾地区也有类似的风险预警系统，规定其债务占GNP不超过40%，但近年也面临微调。

地方政府也往往通过同样的思路建立地方政府的债务风险预警机制。但在具体选举的指标方面，各个国家各个政府又有不同的区别，而且有的选取单一指标，有的选取多指标综合考虑。比如美国有些地方政府规定其债务负担率（债务占GDP的比重）的警戒线在13%~16%之间；加拿大规定债务负担率不得超过 25%。又如对于债务率来讲，一般政府规定都在 100% 左右，或略有偏差。比如美国规定其债务率（州或地方政府债务余额占州或地方政府年度总收入的比重）为 90%～120%；巴西则规定地方政府的借款规模不得超过其资本性预算的规模，并将州政府债务率限额设定在 200%，市政府债务率设定在 120%；其他还包括俄罗斯规定的地方政府借款额不得超过"俄联邦体制下各自预算体系的收入总额"；哥伦比亚规定债务率（债务余额占经常性收入比重）按要求不得超过 80%。

对于我们国家来讲，中央政府的债务管理较为规范，每年都限制了债务余额，基本可以控制债务的增长速度。但是地方政府近年债务增长迅速，对地方财政和经济造成了一定的负担，因此有必要借鉴国内外的一些债务预警机制控制债务风险的不断扩大。

2. 政府债务预警系统的功能和原则

基本来讲，政府债务预警系统需要有以下四种基本功能。

一是债务风险的监测功能。政府债务预警系统首先应该具有良好的经济、财政和债务实情信息收集能力，准确把握影响政府债务风险的相关情况，比如 GDP 增长状况、财政收支状况以及新增债务情况等。

二是危机预知功能。在对与政府债务相关的信息了解之后，地方政府相关财政部门应该对债务发生危机有一定的预知能力。这首先需要设立一系列相关指标，并且参考国内外政府债务预警系统所规定的债务风险区间来判断债务风险的状况。

三是对债务风险转化为可能危机的防范功能。在债务风险可能出现扩大时，采取一定的防范措施是必要的。并且在财经领域，危机往往带有蝴蝶效应，会带来不断扩大的效应影响到金融、经济等更多领域，因此有必要考虑在债务发生违约时采取何种强制措施。

四是促进政府财政健康发展的功能。通过预警体系的建立，可以促使地方政府进一步加强日常财政活动的规范化和法制化，祛除不良的财务活动和习惯，通过"日常保健"的方式预防政府财政危险因素，达到财政健康发展的目的。

在政府债务预警系统的构建中，也应该把握一些整体的原则，使政府债务预警系统更好地运行。其中最重要的原则是预警系统的实用性。相比于发达国家，我国政府以及财政体系仍然缺乏一定的透明度、财政信息的完整性。考虑到地方政府的复杂性，有必要使债务风险预警指标更切实反映债务风险状况。由于涉及债务风险预警的指标非常多，选择合适的指标才能反映债务风险的实际状况。这一原则须始终贯彻在预警体系的构建当中。另外，预警体系的构建不仅要从静态的角度，也要灵活地从动态角度出发及时且有针对性地了解债务风险的变动。

3. 债务风险预警方法的选择

关于债务风险的预警方法，如果参照金融风险预警体系，有信号提取法和经济计量法两种。其中，信号提取法是指针对一段特定时期，计算一系列指标，与其门槛值对比以判断风险的方法，其优点是比较简洁直接，所需要的样本量不必很大，而且能够比较清楚地揭示出对风险造成影响的各个因素的情况，但缺点是这种单一分析各个信号的方法，忽略了各信号之间可能存在的相关性。之后的学者在其基础之上发展起来合成指数法，以期判断得更全面，但合成指数中的权重赋值也容易引起分歧与结果的误差。而经济计量法是指将通过显著性检验的单变量纳入构建的模型，以预测在多长时间内可能发生危机、发生危机的概率有多大等，其优点是综合考虑了各要素对总体及其相互间的影响，但缺点是不能显示是哪个因素对风险结果造成了主要影响，从而无法进行针对性的该领域的预防工作，而且计量法要求的样本容量很大，对数据收集要求很高。主要的信号提取法包括 KLR 信号法、刘遵义的主观概率法等；主要的经济计量法包括 FR 概率模型、STV 横截面回归模型、BP 概率基础法等。

基于中国的现状考虑，首先应该选取一组恰当的预警单因素指标，在近期内数据容量不是很大的情况下，采用信号法来分析，在长期来看，随着经验和数据的积累，可采用建立计量模型的方法来分析。但需要指出的是，各种模型都是在历史数据的基础上对已发生事件进行的拟合，其预测功能都有待检验，因此不能过分依赖数理预测的方法，也必须与经验分析相结合，才能更好地发挥作用。

10.5.2 政府债务预警机制构建的总体思路

1. 区分各类政府债务，有针对性地制定预警机制

在 2013 年末发布的政府性债务审计报告中，陈列了我国政府性债务基本分为三类，分别是政府负有偿还责任的债务、政府负有担保责任的债务和政府可能承担一定救助责任的债务，其中后两种债务又称为或有债务。在预警系统建立之前，应该对债务的类别有所区分，并且进行区别对待。因为负有偿还责任的债务是政府的直接债务，可以确定其具有的偿还确定性，而或有债务还不能确定其可能的偿还额，因此考虑其可能的偿还额来确定最终实际承担的债务额。可以考虑的是，或有债务会是一个较为难以把握的部分。一是因为或有债务往往会涉及外部经济运行的影响。比如对于国有企业经济运行良好时债务偿还不成问题，当经济或企业效益出现问题时债务便可能成为政府的直接债务。二是因为或有债务也有可能成为一些部门通过会计手段隐藏实际债务的一种方式。因此，或有债务的预警可能需要单独特别有针对性的研究来制定。

2. 政府债务预警机制的具体构建

（1）针对性地选取风险预警指标。风险预警指标的确定包括两部分内容：一是指标的选取，二是指标警戒线的确定。

风险预警指标选取的原则：在上文进行政府债务风险分析的时候也曾提到，预警指标的选取要把握几个原则：一是指标与评价目标的相关性比较大，或者说有较强的针对性；二是指标数据容易获得，有较充分的数据库，尤其是有较好的连续性；三是指标集能够较全面且不重复地覆盖评价目标的各个方面，注意指标构建的系统性；四是能将评价目标的静态状况与动态状况相结合。而在指标警戒线的确定上，也要注意几点：一是要在较长的历史范围内考察该指标的变动情况，并要注意历史上相关的特定经济活动与政治因素对这项指标的影响；二是要参考国外的成熟经验，但也不能照搬；三是根据评价目标的特定性，制定有区域针对性的警戒线；四是要考虑该指标与其他指标的关联性；五是可以请有经验的专家根据指标的相对重要性进行定性分析与指导。这样确立的评价指标体系才能够有较强的科学性与说服力，其预警功能才比较可靠。

风险预警指标的选取方法：指标的选择既可以从经验出发，也可以用统计学的相关性分析的方法。本书的第六章曾介绍了多位学者以及财政部国库司的指标选择标准，他们大多是从经验出发进行选择的，由于切入点不同，指标的构建也呈现不同的层次性，依据国际和国内的经验构建的指标是可靠的，因此本书在上文中也采取了这种方法建立了自己的一套评价体系，此处不再赘述。而在本章，准备通过统计方法，给出另一套指标选择标准，此处仅作简要描述，详情可见作者文章[①]。

第一步是在借鉴以往研究的基础上，先选取多个指标作为衡量财政风险的指示因素，形成初选的财政风险预警指标体系，如表 10 - 2 所示。此处由

---

① 孙玉栋，刘喆，常春. 我国财政审计中财政风险管理预警指标体系的构建 [J]. 南京审计学院学报，2013（5）：16 - 26.

于地方债务数据的非连续性，无法进行统计度量，因此暂未将其列入考虑。

表 10 - 2   风险预警指标的初选

指标	直接风险*	或有风险
显性风险	赤字率、国债负担率、国债依存度、国债偿债率、国债借债率、外债偿债率、外债负债率、外债债务率、全国财政收入占 GDP 的比重、中央财政收入占全国财政收入的比重、税收收入占财政收入的比重	经济增长率、通货膨胀率、城镇登记失业率、国有商业银行资本充足率、国有商业银行不良贷款率、国有企业亏损面、国有企业亏损深度、环境污染治理投资占 GDP 比重
隐性风险	财政支出对财政收入的弹性、社会保障支出占财政支出的比重、文教科学卫生支出占财政支出的比重、支农支出占财政支出的比重	股票流通市值占 GDP 比重、M2 占 GDP 比重**、基尼系数

注：*此处的国债依存度和国债偿债率都采用的是国家财政收入/支出的口径，而不是中央政府财政收入/支出口径。**M2 是广义货币供应量。

第二步，将审计查出的单位违规金额（即违规金额和被审计单位个数的比值）作为因变量，将其与上述 28 个风险指标两两进行格兰杰因果分析，选取具有因果关系的指标作为财政风险预警指标，进而确定各指标的风险警戒值或警戒区间。结果选取的指标如表 10 - 3 所示。

表 10 - 3   财政风险预警指标表

指标	直接风险	或有风险
显性风险	赤字率、国债负担率、外债偿债率、外债债务率、全国财政收入占 GDP 比重、中央财政收入占全国财政收入比重	经济增长率、城镇登记失业率国有商业银行不良贷款率、环境污染投资额占 GDP 比重
隐性风险	社会保障支出占财政支出的比重、支农支出占财政支出的比重	股票流通市值占 GDP 比重、M2 占 GDP 比重

（2）构建适合的风险预警模型。一般来说，根据上述已经确定的单个风险预警指标及其警戒值，就可以实现监控跟踪及预警的功能，比如美国大多数州所采用的就是单指标预警的方法，通过监测其各州的债务负担率、偿债率等指标，将超出警戒值的州作为重点监测对象，并采取一定的措施（见下文举例）。但鉴于单个指标可能不全面的问题，目前学术界也发展出了多种综合预警模型，其思路主要是两个方向：一是将一系列指标通过一定方法构建成一个综合指标，通过实时监测该综合指标及其分支指标，来了解每一时

段的风险情况，如标准普尔公司针对各国主权外债的评级，以及本书第六章所用的综合指数分析法等；二是通过对几个重点指标构建计量经济模型的方法，对未来的风险情况以及风险可能发生的时段进行预估，以此来判断现时的风险情况，这种预警方法主要是借鉴了宏观经济危机与金融危机的预警研究的内容，将其应用到债务风险分析中，比如 ARIMA 指数模型，KLR 信号法等，这种分析方法对数据量的要求比较高。单指标的分析法具有简单直观等优点，是目前国际通用的债务风险衡量与比较方法；综合指标分析法与计量预警的方法都是在单指标的基础上发展出来的，虽然还未得到广泛应用，但是能够作为辅助手段来对债务问题进行综合的审视和参考，其具体优缺点已在上文有所介绍，此处不再赘述。

（3）设计科学合理的风险预警体系。风险预警工作是一整套针对债务风险进行监控、反应、调整以及再评价的过程，需要联合统计、财政、审计等多部门的工作，在一整套预警与反应机制的基础上，形成合力才能实现。以上确定的预警指标与预警模型是预警系统的一个重要组成部分，但还需要进行一整套预警反应机制的设计，并确保能够得到严格执行，才能起到有效的预警作用。结合以往学者的研究，本书设计了一套预警体系以供参考，如图 10 - 3 所示。

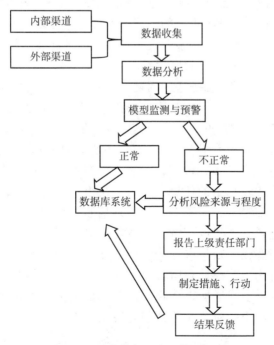

图 10 - 3　政府债务风险预警机制流程

（4）完善组织机制，加强管理。按照上图的设计，债务风险的预警工作涉及财政、统计、信息、审计等多个部门。一般来说，审计部门可以作为债务风险监控的主体，选择专人负责监控风险的变化情况，预报风险警情，定期编制风险报告；而信息、统计部门则负责数据的收集、整理工作，及时将债务有关数据提交给财政和审计部门。审计的专门负责人一旦通过风险预警系统发现警情，要及时追踪风险来源，形成风险分析报告，提交给审计和财政的相关部门，由财政部门负责提出具体化解措施并强制执行，审计部门进行跟踪和反馈。在这个过程中，既要保证债务和财政数据的准确性与时效性，也要求风险监控人员有高度的责任感，同时财政和审计部门还要有应对风险情况升级的解决预案和措施建议，并能将整套流程落实成制度，做到有规可查，有法可依。

（5）当债务风险达到警戒线的处理措施。风险预警模型给出了监测债务风险的具体方法，而一旦债务风险达到其警戒线，就需要根据预设的处理规则，采取一定措施，以化解当前债务的紧急局面，避免债务风险进一步升级，甚至向财政和金融体系蔓延。目前我国还缺乏相关的预制措施，但是很多发达国家在经历了各次债务危机甚至地方政府破产的经验后，制定了一些比较完备的应急处理措施。比如1997年开始哥伦比亚的中央政府为解决地方政府的债务风险问题设定了几项重要的预警指标，当地方政府债务超过不同的风险警戒区域后，将受到难以从金融机构继续贷款等惩戒措施；而美国政府在经历了1945~1969年的地方政府债务违约风潮之后，成立了美国政府间关系顾问委员会，对地方政府债务违约问题进行专门的研究，并随后出台了研究报告和政策建议，要求各州制定符合自身情况的风险预警机制，并在很多细节上给出了具体的指导意见。其后，美国俄亥俄州的"地方财政监控计划"比较有代表性地反映了美国地方政府债务的监控预警措施，其州政府规定：当一个地方政府（包括市、村庄、大学等）在达到三项标准（关于地方经济与债务规模的比较）中的任意一种时，州审计局就会将该地方列入"预警名单"进行重点监控，并责令其地方政府自我整改。如果在规定的时间内，情况得到缓解，则州审计局就会将其从"预警名单"中删除，如果情况没有好转甚至恶化，则州审计局就会成立一个专门委员会，赴发生债务风险的地区进行沟通、指导和监督，帮助其制定应急的及长期的财务改善计划，包括削减开支、增加现金收入以及长期的财务改革计划等。可以说美国根据实践总结出的应急改善计划对我们制定自己的预警处置措施有很大的参考价值。

10.5.3　设立风险指标，实现地方政府债务风险跟踪与预警

地方政府债务流动性风险与信用风险是地方政府风险衡量的两个主要方面。信用风险指标主要对地方政府的偿债能力进行风险提示，在政府过度举债时将成为债务风险的主要指标。地方政府债务流动性风险则主要考察地方政府偿债规划的安全程度，在地方政府具有较好偿债能力，具有充足的可抵债资产与较好的融资能力前提下，政府债务依然存在流动性风险，债务期限结构不合理，债务集中到期导致短期偿付困难，或者政府受经济周期波动的影响导致财政收入增速下降或总量下降，都可能造成流动性风险。

前文对地方政府债务规模进行指标控制展开探讨，以期控制地方政府债务的信用风险。从我国当前地方政府债务现状看，信用风险基本在可控范围内，从长期看也具有加大举债的空间。但我国政府债务的流动性风险相对突出，关于地方政府债务流动性风险的指标监控设立要求也更为迫切。因此对我国当前而言，债务风险的跟踪预警主要在于流动性风险的监控。

流动性风险监控完善与风险指标的优化，并不意味着需要构建复杂的指标体系，现行通用的债务流动性风险衡量指标即可以满足要求。流动性风险监控落实的关键在于债务信息伴随债务偿付规划的及时更新与定期评测。因此除了需要地方政府债务纳入预算管理保障债务信息的掌控力度外，还需要根据债务偿付规划定期出具风险评测报告，而不是仅仅对地方政府债务进行预算调整。

除了上述涉及的信用风险与流动性风险衡量指标外，地方政府债务风险指标体系还应纳入一些可用于分析经济发展、财政结构的指标，如借债率（当年新增债务/当年 GDP）衡量当期 GDP 中债务的贡献情况，债务依存度（当年新增债务/当年财政支出）衡量财政对政府举债的依存情况等。[①]具体指标如表 10 - 4 所示。

表 10 - 4　　　　　　　　地方政府债务风险评测指标

分类	指标	说明
信用风险	债务率	年末债务余额/当年政府综合财力
	负债率	年末债务余额/当年 GDP

---

① 孙玉栋，常春. 政府债务风险预警机制构建 [J]. 中国特色社会主义研究，2014（6）：57 - 62.

续表

分类	指标	说明
流动性风险	债务偿债率	年偿债本息/年财政收入
	债务余额增长率	新增债务/上年债务余额
	逾期债务率	到期未偿还债务/债务余额
其他指标	借债率	当年新增债务/当年 GDP
	债务依存度	当年新增债务/当年财政支出
	外债率	年末外债余额/年末债务余额

地方政府债务风险测评的预警标准确定应该基于以下考虑：一是预警标准要符合国内现状，标准确定可以起到风险预警的作用；二是预警标准要考量国际惯例，主要国家的债务风险预警实质上对公众债务风险的预期形成了锚定效应；三是预警标准的制定与公布应考量国内地方政府债务风险环境，以当前地方政府债务情况为例，目前地方政府债务流动性风险依然存在，制定过于谨慎的风险预警标准或盲目公布预警标准，都可能加剧公众对地方政府债务风险的恐慌，从而加剧地方政府债务风险。风险跟踪与预警机制的设立目的，既有完善地方政府债务风险管理、控制债务风险水平的应有之义，也具有稳定公众对债务市场风险预期的作用。综合考虑各国地方政府债务风险预警做法与我国当前地方政府债务风险现状，对上述风险指标预警标准的确定进行如下探讨：

（1）关于债务率。根据前文地方政府债务现状分析，2012 年我国地方政府债务率达到 90% 国际风险参考值的仅有北京、重庆、贵州、云南四个省市。参考国际经验，国际货币基金组织设定的债务率风险参考值为 90% ~ 150%；美国地方政府债务率预警值在 90% ~ 120% 区间[1]；巴西州政府债务率设定较高，为 200%，市政府债务率相对谨慎，预警值在 120%[2]；新西兰债务率预警值在 150%[3]；哥伦比亚预警设定较为谨慎，为 80%[4]。综上，建

---

① 财政部预算司考察团.美国、加拿大州（省）、地方政府债务情况考察报告 [J].财政研究，2010（2）：78 - 80.

② 张志华，周娅，尹李峰，吕伟，刘谊，闫晓茗.巴西整治地方政府债务危机的经验教训及启示 [J].经济研究参考，2008（22）：11 - 14.

③ 张志华，周娅，尹李峰，吕伟，刘谊，闫晓茗.国外地方政府债务的规模控制与风险预警 [J].经济研究参考，2008（22）：8 - 10.

④ 张志华，周娅，尹李峰，吕伟，刘谊，闫晓茗.哥伦比亚的地方政府债务管理 [J].经济研究参考，2008（22）：20 - 23.

议参照美国经验，将风险预警值设定在 90%～120% 区间，考虑到我国各省区市经济发展情况差异，各地方政府预警值可做适当调整，预警值标准最终由中央政府决定。

（2）关于负债率。根据前文现状分析，2012～2015 年间负债率整体呈攀升态势，大部分省区市负债率在 15%～30% 区间，但也存在贵州、云南、宁夏等负债率过高的地方政府。参考国际经验，美国州和地方政府负债率设定较低，在 13%～16% 区间；加拿大设定预警值为 25%[①]；波兰风险控制标准在 50%[②]；欧盟《马斯特里赫特条约》将该债务风险指标的安全标准值设定为 60%（但该标准适用于主权国家，而非地方政府债务风险标准）。由于该项指标旨在反映 GDP 增长与政府举债的关系，不同经济体或同一经济体的不同发展阶段实质上会形成不同的负债率。考虑到我国区域发展不平衡，东部与中西部在经济发展模式、基础设施建设水平等方面的差异，建议由中央政府确定各省市区的负债率预警标准，东部地区预警值可以设置在 20%～25% 区间，而中西部省份的预警值可以适当调高。

（3）关于债务偿债率。由于目前地方政府债务数据公开力度不足，尚缺乏地方政府债务偿债率预期分析的可支撑数据。参考国际经验，美国州与地方政府一般将风险预警值设定在 20%～25% 区间[③]；日本将该指标设置了 18%、25%、35% 三档预警值[④]；波兰为 15%[⑤]；巴西为 13%[⑥]；韩国为 20%[⑦]等。考虑到我国当前财政收入预期受经济下行压力影响，流动性风险依然存在，建议该项指标可暂缓公开，风险预警标准可参考他国做法从高设立。

上述三大类指标旨在实现规模风险与流动性风险的控制，通过设置风险预警标准实现对地方政府债务的监控，但过多的债务风险指标预警标准

---

①　财政部预算司考察团. 美国、加拿大州（省）、地方政府债务情况考察报告［J］. 财政研究，2010（2）：78－80.

②　张志华，周娅，尹李峰，吕伟，刘谊，闫晓茗. 波兰的地方政府债务管理［J］. 经济研究参考，2008（22）：33－37.

③　财政部预算司考察团. 美国、加拿大州（省）、地方政府债务情况考察报告［J］. 财政研究，2010（2）：78－80

④　张志华，周娅，尹李峰，刘谊，闫晓茗，陈志洁. 日本地方政府债务管理［J］. 经济研究参考，2008（62）：24－31.

⑤　张志华，周娅，尹李峰，吕伟，刘谊，闫晓茗. 波兰的地方政府债务管理［J］. 经济研究参考，2008（22）：33－37.

⑥　张志华，周娅，尹李峰，吕伟，刘谊，闫晓茗. 巴西整治地方政府债务危机的经验教训及启示［J］. 经济研究参考，2008（22）：11－14.

⑦　张志华，周娅，尹李峰，吕伟，刘谊，闫晓茗. 国外地方政府债务的规模控制与风险预警［J］. 经济研究参考，2008（22）：8－10.

设置可能制约了地方政府债务决策的机动性，建议债务余额增长率、借债率、债务依存度、外债率（现行政策条件下，该项控制较为严格，风险较低）等指标主要用于观测地方政府债务风险变动情况，以供债务风险评价参考。

10.6 推动地方政府融资平台转型，完善城投债券融资机制

上文对地方政府债务的预算管理及债务风险管控机制进行探讨，在本轮地方政府债务管理改革中，地方政府融资将主要依靠发行地方政府债券。伴随改革的推进，原有承担为地方政府举债融资责任的地方政府融资平台公司面临转型要求。根据 2015 年底《关于规范地方政府债务管理工作情况的报告》对下一阶段的工作安排，总体思路是推进融资平台向市场化转型，公司从事领域依然为市政工程建设、道路交通及其他基础设施建设领域，但公司融资与政府融资实现切割，公司市场化融资行为不能通过政府隐性担保，融资平台将成为地方政府在基础设施建设与市政工程建设及运维方面代替政府进行国有资本管理的新平台。此举有利于减少地方政府债务管理改革带来的人事、机构设置等一系列改革成本，也有利于推进上述领域的市场化改革进程。结合前文分析，融资平台代表政府参与 PPP 项目成为做实融资平台的有效手段。

此外，融资平台市场化转型中，城投债券依然是融资平台融资的有效手段，也是地方基建及市政融资的有效融资渠道之一。融资平台与城投债券可持续发展的关键，是与政府财政的切割，实现市场化运作下的债务自发自偿，风险自负。

10.7 规范推进 PPP 项目，明晰政府与市场的边界

根据第 8 章的分析，本书认为以化解地方债务风险为目的推动的 PPP 项目实质上很可能沦为债务风险的后置和隐藏，而缺乏良好运营环境的 PPP 项目并不足以吸引社会资本，也不足以保障已参与 PPP 项目企业的合理利润水平，如不进行政策调整，很可能导致一系列后续矛盾冲突。

10.7.1　PPP 项目定位有待进一步明确

PPP 项目的定位应侧重于改善公共服务，提高服务绩效，而非政府融资。一个成功的 PPP 项目可以发挥提高公共服务水平、促进项目融资、减轻政府负担等多种作用，但这些成效的显现应基于如下逻辑：通过 PPP 项目吸引社会资本，引入竞争和市场化力量，从而提高公共服务质量，提高服务供给效率，压缩生产和经营管理成本，而公众获得更高水平的公共服务后，也相应会逐渐接受更高的服务价格，从而 PPP 项目可以获得稳定的盈利甚至更大的利润空间，而获利能力良好的 PPP 项目有利于吸收社会资本，从而实现促进项目融资、减轻政府负担的作用。

PPP 模式在发展中国家推行时间较早，从各国 PPP 项目的实践经验看，期待私人融资是不现实的。以供水行业为例，根据世界银行关于城市水务行业 PPP 项目的研究结论，20 世纪 90 年代的水务领域 PPP 项目最具吸引力之处在于政府认为项目具有所谓的融资能力，但实践证明社会资本能作出的最大贡献是提高公共服务质量和运营效率，缺乏合理利润支撑的项目中，许多项目不能保证初期预计的投资。因此，PPP 项目的成效可以从多维度呈现，但政府推行 PPP 项目的政策定位应该清晰，即：PPP 项目的定位应侧重于改善公共服务，提高服务绩效，而非单纯项目融资，推卸政府投资责任。

10.7.2　深化市场化改革，优化 PPP 项目生存环境

政府有关部门应该深刻理解，PPP 项目是一个大工程，并非仅仅是地方政府债务化解的一种手段，并不是地方政府开展基础设施建设、市政工程运维的融资渠道，PPP 项目将社会资本引入，实现利益共享、风险共担，是推进经济民营化，深化市场经济体制改革的重要举措。因此，推动 PPP 项目发展，需要做好顶层设计，需要一个系统性的涉及多领域体制机制的改革，优化 PPP 项目的企业生存环境。以城镇供水行业为例，做好城镇供水 PPP 项目，必须为项目营造良好的外部环境，保障企业合理的利润空间。当前城镇供水行业可以从如下渠道改善 PPP 项目环境。

一是明晰投资责任。城镇供水通常被视为自然垄断行业，但细分下行业的自然垄断特性主要体现在供水管网上，自来水厂则是供水产品的生产者。因此，水厂和管网的投资运营可以拆分为两个 PPP 项目，水厂 PPP 项目可以

主要依靠社会资本投资，采用使用者付费的形式补偿社会资本的投资，而管网的投资责任还应主要由政府承担。

二是改变服务结算模式。有两种服务结算方案可以替代现行的"政府价格管制＋使用者付费"方案。如深化水务市场化改革，放松价格管制，改变目前工商业用水价格补贴居民水价的价格交叉补贴模式，由供水服务提供者根据服务成本与供需环境理顺价格，但该方案将面临较大的价格变动，社会阻力短期较大。又如可以将用户水价与运营商收入分离，政府购买 PPP 项目的供水服务并进行结算，而用户水价划归政府，当前污水处理项目多采用该种模式，能否较好地保证运营商的合理利润，这也是当前水务 PPP 项目中污水处理项目比城镇供水项目更具有吸引力的主要原因。

10.7.3　完善 PPP 项目相关立法，避免政出多门

目前有关 PPP 模式的法律法规并不完善，对 PPP 模式的内涵和外延界定模糊，操作法规政出多门。财政部、发改委等部委权责划分不明，出台办法依托的上位法不同，导致 PPP 项目中的政企关系定位冲突、PPP 项目审批标准不同等一系列问题。2016 年 7 月的国务院常务会议对两部门的 PPP 权责加以明确，传统基础设施领域 PPP 项目由国家发展改革委牵头负责，公共服务领域 PPP 项目的推进工作自然由财政部牵头负责，但此二者存在交叉，如何界定项目属于基础设施领域还是公共服务领域依然存在争议。在实际操作中，财政部依靠"PPP 物有所值评估"，其主推的 PPP 项目更易受到银行信贷青睐。2017 年初 PPP 项目 ABS 资产证券化在发改委的主推下出台，被解读为发改委推广其主导的 PPP 项目的融资手段。相关法规模糊、两部委分别推行 PPP 模式争取项目的现状，增加了社会资本的顾虑，从而影响社会资本参与 PPP 项目的积极性。为促进 PPP 项目的推广工作，保障 PPP 项目的良好运行，亟待完善 PPP 项目相关立法工作，统一政令，而不宜举棋不定，政出多门。

10.7.4　规范 PPP 项目审批，慎重安排政府补贴

结合前文分析，以 PPP 项目化解地方政府性债务风险，实质上是将政府债务后置和分散化，而这类伪 PPP 项目的粗放运作，难以实现改善公共服务的目的，项目缺乏合理利润支撑，可持续性堪忧。建议规范 PPP 项目审批，慎防伪 PPP 项目，尤其是在当前债务整顿时期，地方政府通过 PPP 项目化解

存量债务的行为，应着重从以下角度考察：一是 PPP 项目依托工程的实际进展情况，是否存在工程已完工，政府通过债务绑架相关企业参与项目，虚报瞒报工程进展，损害社会资本利益；二是 PPP 项目是否具有盈利条件，当期 PPP 项目涉及的市政等领域的市场化程度，上报的预期利润是否属实，是否足以满足社会资本的预期收益，缺乏利润支撑的项目将导致社会资本中途退出；三是政府在推进 PPP 项目时，是否对预期收益进行承诺，或者进而通过安排财政补贴等形式保证社会资本收益，将地方政府债务转变为地方政府支出责任。

从目前改革进展看，PPP 项目的主要投向领域，即市政工程的市场化程度较低，各地管理制度不统一，市场利润预期不稳定。以政府补贴保障社会资本的盈利水平是 PPP 项目吸引社会资本的权宜之计，也是 PPP 项目化解地方债务风险，将存量债务转化为政府中长期固定支出的主要手段。目前有关该方面的制约是：财政部规定，有关 PPP 项目的财政支出上限为支出总额的10％，该标准的严格执行将 PPP 项目的风险控制在一定程度内。但从长远看，依靠财政支出维系的 PPP 项目从某种程度上，失去了 PPP 项目风险共担、激励社会资本加强经营、激励地方政府改善市政管理市场环境的最主要功能。

10.7.5　妥善设计 PPP 项目的退出机制

在本轮地方政府债务整顿过程中，为疏解地方政府面临较为迫切的流动性风险，地方政府尤其是内蒙古、四川、重庆等省份大批量推广 PPP 项目，PPP 质量良莠不齐，既有地方政府利用债务对债权企业的绑架，更为普遍的是地方政府通过财政补贴等形式，将政府债务转化为年度财政支出责任。结合第 8 章供水 PPP 案例，旨在化解地方政府债务风险的伪 PPP 项目并没有引入竞争和市场化改革，反而某种程度上加剧了当地未来水务工程的垄断情况，因而该项目没有起到改善公共服务、提高运营效率的作用。PPP 项目的特许经营期长达 30 年，如果不能让该类伪 PPP 项目的运营商尽快退出项目，则实质上阻碍了当地城镇供水市场吸引更有竞争力、更为专业的供水运营商进入。

对于本轮地方政府债务化解背景下推出的 PPP 项目，其可持续性上受到质疑。对于通过后续 PPP 项目领域市场化改革推进良好，能够保证项目可持续预期收益的，应该鼓励 PPP 项目运作，推进相关改革予以配合。但对于相关领域市场化改革推进阻力较大，PPP 项目不具有可持续预期收益条件的，还应建议妥善设计 PPP 项目（尤其是该类已实施的伪 PPP 项目）的退出机制。①

10.8　完善地方政府相关财政体制

分税制改革后，中央财权集中，中央与地方财权与事权矛盾凸显是地方政府债务不断累积的制度性根源。2016 年全面推行营改增后，地方主体税种营业税取消，地方税体系主体税种缺失将加剧地方政府可控财力的紧张局面。为保证地方政府债务风险管控的可持续性，除了完善地方政府债务管理机制，更需要对地方政府相关财政体制进行完善。

10.8.1　完善中央与地方财政收支权责划分，优化转移支付

从长期来看，保障地方政府债务风险管控的良好运作，保障地方政府债务规模的可控性，离不开完善的中央与地方财政收支权责划分，离不开转移支付制度的优化。2014 年 12 月，国务院出台《关于改革和完善中央对地方转移支付制度的意见》（以下简称《意见》），转移支付制度改革目标为"形成以均衡地区间基本财力、由地方政府统筹安排使用的一般性转移支付为主体，一般性转移支付和专项转移支付相结合的转移支付制度"，加强地方政府的可控财力配置。此外，该《意见》吸取原有政策推行的经验教训，强调中央在安排专项转移支付时，不得要求地方政府承担配套资金，但依规定应由中央与地方共同承担的事项除外；强调完善省级以下的转移支付制度。2016 年 8 月国务院出台《关于推进中央与地方财政事权和支出责任划分改革的指导意见》，并提出要在 2020 年形成中央与地方财政事权和支出责任划分的清晰框架。

中央与地方财权与事权，财力与支出责任的匹配，将是随着经济社会发展、区域间发展差异程度变化而常议常新的议题。在分税制改革二十多年来，中央与地方的财政收支矛盾通过地方政府债务问题得到了一次释放，本轮改革将以加大地方政府可控财力，中央承担更多事权的基调下开展，符合当前中央与地方的财政现实情况。

---

① 孙玉栋，孟凡达. PPP 项目管理、地方政府债务风险及化解［J］. 现代管理科学，2017（5）.

10.8.2 完善县级基本财力保障机制

2013 年 12 月 30 日，国务院办公厅转发了财政部《关于调整和完善县级基本财力保障机制意见》，旨在保障县乡政府履行职责的基本财力需求。虽然从内容上，该国办发文并未涉及地方政府债务问题，选择在 2013 年底这一时间点，提前于地方政府债务管理一系列改革举措出台前发布，实质上具有为地方政府债务治理改革账本的意图。

根据前文分析，地方政府转移支付的实施存在一定问题，导致转移支付不能畅通下达到县乡基层政府，县乡政府履职的基本财力无法得到保障，且由于基层政府的财政管理规范性较上级政府更弱，因此存在地方政府债务用于经常性支出的现象。通过该意见的实施，将从制度上保障县乡基层政府财力，避免基层政府变相举债维系政府运转。

10.8.3 完善地方税体系构建，保障地方政府财力

相较于中央与地方事权与支出责任的划分，完善地方财权保障也颇为迫切。随着 2016 年全面推行营改增后，营业税这一原地方主体税种取消，地方税面临主体税种缺失的局面。消费税可否变为中央与地方共享税还需进一步论证。房产税如何落实以及开征后能否承担地方主体税种的税收筹资地位也并不明朗。

综上所述，地方税体系构建的要求日益迫切。就地方政府债务管理而言，根据公债理论的李嘉图等价定理，现期债务实质是对未来税收的等价。从税收角度出发，每一个税种的产生都应该有其背后的法理支撑。目前我国地方政府债务的偿付实际上就缺少这样一种财政收入保障的法理依据关系。从长期看，完善地方税体系，强化地方税收税种设立的法理依据，强化地方政府财政收支科目保障地方政府债务本息偿付的法理依据，是我国税收法制化、地方政府债务管理法制化的必然要求。

10.8.4 开源节流，减少政府不必要开支

解决地方政府债务风险问题，除了需要在财政收入端调配各级政府之间的财权财力分配，还应注意对财政支出端口的控制。近年来反腐整风及对"三公"经费等财政支出管理的加强，在一定程度上确实有效减少了政府一

些不必要的开支，但政府财政支出还有待深入推进精细化管理。具体可从以下几方面展开：一是在现有政府管理框架及模式下，严格财政纪律，整肃政务风气，压缩控制不必要的政府支出，如当前的八项规定对风气的整顿对于压缩政府支出取得了较好的效果；二是在现有政府管理框架下，推进预算改革深化，通过建设严格、科学、透明、规范的政府预算制度，细化预算编制，使政府支出项目在阳光下合理化、规范化；三是明晰政府与市场的分界，改革政府管理制度，对于能够由市场与社会推动的领域，政府应该抽身出来，减少政府支出压力，优化政府财政资金的配置。

第 11 章

结　语

本书围绕我国地方政府债务风险管控问题展开研究，在相关文献资料及调研获取资料的基础上，分析总结了地方政府债务风险的形成机制。结合地方政府债务公开数据及近年来地方政府债务治理举措，分析地方政府债务风险情况，评价地方政府债务信用风险及流动性风险，并就当前地方政府债务风险化解途径及效果进行探讨。在借鉴国际债务管理经验的基础上，结合我国地方政府债务管理实践，提出相应政策建议。

11.1　结　论

我国地方政府债务风险管控面临着如下宏观经济背景：一是总体看经济进入新常态，经济增速平稳回落，但经济下行压力大，这意味着地方政府财政收入也将存在下行压力；二是经济运行走势分化，区域间产业结构调整步调不一致，东部与中西部、东北地区差距拉大，这意味着各地方政府债务举借及偿付面临不同经济背景；三是推进供给侧结构性改革，需要完成去产能、去杠杆等重要任务，而相对于国企债务风险高企，地方政府是否具有举债空间将涉及政府以投资稳定经济的政策空间。对我国地方政府债务风险管控机制展开研究，具有规范地方政府债务管理，加强地方政府债务风险管控，完善我国财政管理体制，防范宏观经济风险等重要意义。

关于地方政府债务风险形成机制的分析，本书研究认为：地方政府债务风险形成是财税体制因素、政府扩张激励与外部融资环境综合作用的结果；从体制层面看，分税制改革后地方政府可控财力相对缺乏，转移支付制度不合理加剧了中央与地方政府财政矛盾，而地方政府未赋予举债权导致融资间接隐性化；从内在动因看，公众对地方政府公共服务要求不断提高，府际竞争激励地方政府提高招商引资硬环境水平，片面的官员考核机制强化了政府扩张激励；从外部融资环境看，土地财政为地方政府债务融资提供债信支撑，而政府主导的金融生态加速政府债务扩张。

本书利用审计系统公开数据及 Wind 债券市场数据，对地方政府债务风险情况展开分析，认为：由于地方政府债务资金主要用于资本性支出，形成大量优良的可抵债资产，支撑地方政府债务信用风险保持在可控水平；由于地方政府举债受宏观经济政策影响，债务主要为间接隐性债务，导致地方政府债务管理不规范，债务偿付期限配置不合理，地方政府债务流动性风险较高，部分省份存在债务偿付违约可能；各省份地方政府债务风险差异较大，总体来看，东部等经济强省债务风险较低，而中部、西部以及东北地区债务风险较高。

关于当前地方政府债务风险化解途径及效果的分析，本书认为：当前地方政府债务管理处在由间接隐性债务融资向公开显性债务融资转型阶段，债务整顿通过地方政府置换债与 PPP 项目两大类途径开展；地方政府置换债主要解决存量债务到期偿付问题，从政策效果看，债务置换降低了地方政府债务融资成本，后置地方政府债务偿付风险，优化地方政府债务偿付期限结构配置；PPP 项目旨在化解部分存量债务，引入社会资本将债务转化为风险共担的项目，甚至将部分债务转化为地方政府财政支出责任，伪 PPP 项目的推行可能将地方政府债务风险隐性化、损害社会资本利益。

结合地方政府债务管理的国际经验，本书对地方政府债务风险管控提出如下建议：一是完善地方政府债务预算管理，将地方政府债务纳入预算管理，逐步将地方政府债务限额管理转为余额管理，统合地方政府一般债券与专项债券管理，将债务预算独立模块，设立中长期资本性支出及债务偿付规划；二是完善地方政府债务风险管理，确定债务规模上限标准，设立风险指标，实现地方政府债务风险跟踪与预警，完善地方政府偿债基金制度，完善地方政府债务风险应急机制，明确救助责任，完善追责机制；三是完善地方政府债券融资管理，完善地方政府债券发行的决策与审批机制，严格地方政府债券发行的信息披露，培育独立自主的信用评级机构；四是规范推进 PPP 项目，明晰政府与市场的边界，深化市场化改革，优化 PPP 项目生存环境，完善 PPP 项目相关立法，规范 PPP 项目审批，慎重安排政府补贴，妥善设计 PPP 项目的退出机制；五是完善我国财税体制机制设计，完善中央与地方财政收支权责划分，优化转移支付制度，完善地方税体系构建，完善县级基本财力保障机制。

11.2　进一步研究与展望

由于受到数据获得和信息公开以及本书选题视角等原因所限，本书还存在以下不足及后续研究空间，具体如下：

一是对地方政府债务现状、债务风险评价分析的时间节点选取均受到数据信息可获取性的限制。由于在《预算法》修订前，地方政府债务融资大多通过融资平台、事业单位进行间接债务融资，上级政府对下级政府的债务信息掌控较差。目前出具的较为权威与详细的债务数据信息还是源于截至 2013 年 6 月底的地方政府性债务审计数据。2015 年部分省份虽然在预算中公开了地方政府负有偿还责任的债务余额，但仅有总量数据，反映的信息有限。由于 2014 年后地方政府允许举债，并于 2015 年开始大规模公开发行地方政府债券，因此 2013 年 6 月底的债务信息能够较好反映本轮地方政府债务整顿面临的债务情况，但后续债务数据的缺失导致本书在分析债务整顿效果时，只能退而求其次采用公开市场的地方政府债券信息为依据。

二是地方政府债务分析及相关风险评价的深度受到数据质量的制约。首先，审计系统公开信息只统计到省级单位，对市级政府以及县乡级政府债务情况缺乏数据反馈，因此本书的相关债务分析及风险评价也只能落实到省级政府，分析结果能够反映省级统筹情况下各省地方政府债务风险情况，但省内债务风险分布、债务风险对应的地方政府特征等方面的研究，受数据制约无法深入。此外，在地方政府债务信息统计过程中，数据的真实性受到中央与地方政府博弈的影响，因此 2010 年与 2013 年地方政府债务数据的统计力度可能存在差异，各省级政府之间的债务信息审计情况也存在差异，由于本书分析基于审计系统发布的相对较为权威的数据，因此研究结果受制于审计系统统计的债务信息数据质量。

三是本书定位在我国地方政府债务风险管控研究，政府债务风险的研究范围界定在政府能否按时偿债的债信情况。但从地方政府举债行为带来的不确定性看，除了政府能否偿债的风险外，政府举债行为的经济效应也充满了不确定性。例如：政府举债的投融资行为是否对社会资本产生挤出效应，以及这种挤出效应对宏观调控行为预期经济效果的影响；政府债务融资的使用是否会扭曲市场的资源调配行为；政府大规模的经济刺激政策对于宏观经济及相关产业的影响，如金融危机后的强刺激政策对产能过剩情况的影响。上述问题均是地方政府债务投融资行为经济效应的不确定性，可以作为债务经济风险的进一步研究方向。

　　四是由于本书的主题定位于地方政府债务风险管控研究，对于地方政府债务管控相关的宏观经济问题，如土地财政方面，地方政府土地资源利用对地方政府举债的影响、政府积极推动土地出让的经济学逻辑、当前宏观政策背景中货币超发对地方政府举债的影响、在经济转型阵痛期中地方政府通过投资稳定经济的预判等多方面，本书仅给出了定性判断而没有展开深入探讨。地方政府债务是宏观经济治理大棋局中的一枚棋子，债务治理的取向、改革进程与推进方式均应从宏观社会经济治理的大局出发。地方政府债务治理与宏观经济的关系，尤其是与当前金融体制的关系，具有广阔的研究空间。

参 考 文 献

中文文献

[1] 阿伦·威尔达夫斯基，娜奥米·凯顿. 预算过程中的新政治 [M]. 北京：中国人民大学出版社，2014.

[2] 埃莉诺·奥斯特罗姆. 公共事物的治理之道：集体行动制度的演进 [M]. 上海：上海译文出版社，2012.

[3] 安国俊，唐臻怡. 对债券市场化发行的若干思考 [J]. 财政研究，2010 (5)：54 – 56.

[4] 安国俊. 地方政府融资平台风险与政府债务 [J]. 中国金融，2010 (7)：43 – 44.

[5] 奥茨. 财政联邦主义 [M]. 南京：译林出版社，2012.

[6] 巴曙松. 中国地方政府债务的宏观考察 [J]. 经济，2010 (10)：16 – 17.

[7] 白景明. 我国公共财政债务风险的衡量 [J]. 中国金融，2012 (5)：34 – 37.

[8] 保罗·克雷·罗伯茨. 供给学派革命 [M]. 上海：上海译文出版社，1987.

[9] 保罗·莫罗. 削减公共债务：财政调控的成功之道与失败之源 [M]. 大连：东北财经大学出版社，2013.

[10] "乡镇财政赤字与债务研究"课题组. 乡镇财政赤字与债务研究报告 [J]. 经济研究参考，2002 (78)：2 – 11.

[11] 毕英杰. 控制地方政府性债务风险的对策研究 [J]. 中国财政，2013 (16)：56 – 57.

[12] 布坎南，马斯格雷夫. 公共财政与公共选择：两种截然对立的国家观 [M]. 北京：中国财政经济出版社，2000.

[13] 布坎南. 公共财政 [M]. 北京：中国财政经济出版社，1991.

[14] 财政部财政科学研究所本书组. 我国地方政府债务态势及其国际借鉴：以财政风险为视角 [J]. 宏观经济，2009 (1)：5 – 24.

[15] 财政部科研所课题组. 乡村政府债务化解对策研究 [J]. 财经论丛（浙江财经学院学报），2004 (4)：1 – 8.

［16］财政部预算司考察团．美国、加拿大州（省）、地方政府债务情况考察报告［J］．财政研究，2010（2）：78 – 80.

［17］陈共．财政学［M］．北京：中国人民大学出版社，2009.

［18］陈杰，顾巧明．美国市政债券市场监管的经验与启示［J］．管理现代化，2013（2）：120 – 122.

［19］陈洁，赵冬缓，齐顾波，等．村级债务的现状、体制成因及其化解——对223个行政村及3个样本县（市）的调查［J］．管理世界，2006（5）：76 – 85.

［20］陈敏尔．关于我省地方政府性债务管理情况的报告［J］．浙江人大（公报版），2010（5）：32.

［21］陈瑞，卞洋，齐天翔．房价波动对地方债规模的影响——基于省级数据的实证研究［J］．财政研究，2016（6）：86 – 94.

［22］陈文胜．乡村债务的社会公共危机研究［J］．求索，2006（3）：71 – 73.

［23］陈欣．多元冲突下的欧债危机：根源、演变与应对［J］．学习与实践，2015（10）：44 – 52.

［24］陈志勇，陈莉莉．财政体制与地方政府财政行为探讨——基于治理“土地财政”的视角［J］．中南财经政法大学学报，2009（2）：42 – 46，143.

［25］陈志勇，陈莉莉．“土地财政”：缘由与出路［J］．财政研究，2010（1）：29 – 34.

［26］成涛林，孙文基．新型城镇化视角下的地方政府债务管理探讨［J］．南京社会科学，2015（2）：27 – 32，39.

［27］崔兵，邱少春．地方政府债务置换：模式选择与制度绩效［J］．理论月刊，2016（7）：130 – 133.

［28］大卫·李嘉图．政治经济学及赋税原理［M］．南京：译林出版社，2011.

［29］丹尼尔·施特尔特．21世纪债务论［M］．北京：北京时代华文书局，2015.

［30］单飞，韩国高．中国国债风险预警实证分析［J］．大连海事大学学报（社会科学版），2012（6）：10 – 14.

［31］邓靖，田亮．国外地方政府债务管理的政策及启示［J］．中国财政，2013（21）：69 – 71.

［32］刁伟涛，王楠．我国各省地方政府偿债能力的空间格局和动态演进——一般债务和专项债务的分类评估［J］．财经丛论，2017（4）：26 – 36.

［33］刁伟涛．国有资产与我国地方政府债务风险——基于未定权益分析方法［J］．财贸研究，2016（3）：99 – 105.

［34］刁伟涛．经济增长视角下我国地方政府债务的适度规模研究——基于省际数据的分析［J］．经济问题，2016（3）：50 – 54.

［35］刁伟涛．“十三五”时期我国地方政府债务风险评估：负债总量与期限结构［J］．中央财经大学学报，2016（3）：12 – 21.

［36］刁伟涛．纵向博弈、横向竞争与地方政府举债融资及其治理［J］．当代经济科学，2017（5）：87 – 94，127.

［37］丁一凡. 底特律破产的教训［J］. 首席财务官，2013（8）：21.

［38］董仕军. 论地方政府举债总量的规模控制［J］. 中央财经大学学报，2013（11）：1－8.

［39］杜爽，赵红. 防范和化解地方政府融资平台债务风险对策探讨［J］. 学习论坛，2011（1）：39－41.

［40］杜爽，赵红. 欠发达地区县级政府债务风险状况评析［J］. 湖北行政学院学报，2011（5）：77－81.

［41］杜威. 关于地方政府债务债券化的探讨［J］. 辽东学院学报，2006（2）：95－98.

［42］段际凯. 赤字·债务·挂账·欠资——试论县乡地方财政风险问题［J］. 财政研究，2000（11）：68－71.

［43］樊丽明，黄春蕾. 中国地方政府债务权责划分：实践探索与改革建议［J］. 中央财经大学学报，2006（8）：1－5.

［44］樊轶侠. 运用PPP治理地方政府债务需注意的问题［J］. 中国发展观察，2016（5）：20－21.

［45］傅志华. 德国财政政策的发展变化及其特点［J］. 经济研究参考，1993（Z1）：1045－1057.

［46］富田俊基. 国债的历史：凝结在利率中的过去与未来［M］. 南京：南京大学出版社，2011.

［47］高培勇. 中国国债规模：现状、由来与出路［J］. 教学与研究，2003（3）：5－9.

［48］高嵘. 地方经济的发展需要地方债券［J］. 现代商业，2009（2）：125－127.

［49］顾巧明，邱毅. 我国地方政府债券信用风险测度研究［J］. 财经论丛，2014（7）：25－30.

［50］顾巧明. 地方政府融资平台视角下我国市政债券风险管理的思考［J］. 科学发展，2013（10）：28－33.

［51］管清友. 第三次债务风险［J］. 中国经济和信息化，2013（8）：24－25.

［52］管清友. 中国债务风险实践［J］. 金融博览，2013（4）：35.

［53］光明. 浅析日本财政金融改革下的地方政府债券市场［J］. 企业管理，2011（23）：102－104.

［54］郭琳，樊丽明. 地方政府债务风险分析［J］. 财政研究，2001（5）：64－68.

［55］郭庆旺，赵志耘. 中国财政赤字的规模与作用［J］. 经济理论与经济管理，2002（2）：35－41.

［56］哈维·S. 罗森，特雷·盖亚. 财政学［M］. 第8版. 北京：中国人民大学出版社，2009.

［57］韩俊，谢扬. 中国县乡公共财政现状：问题与影响——湖北省襄阳县、河南省鄢陵县、江西省泰和县案例研究［J］. 税收与社会，2003（9）：4－8.

［58］韩永辉，邹建华. 产业空心化与地区债务危机——再探欧债危机根源［J］. 国际经贸探索，2016（2）：91－102.

[59] 何俊，郭岚．上海市点发行地方政府债券制度优化研究［J］．经济体制改革，2013（3）：118-122.

[60] 贺俊，邢路，曹苏．转移支付、支出分权与地方政府债务［J］．湖南大学学报，2017（5）：49-56.

[61] 呼显岗．地方政府债务风险的特点、成因和对策［J］．财政研究，2004（8）：42-45.

[62] 呼显岗．我国地方政府隐性、或有债务研究［J］．西部财会，2007（3）：15-22.

[63] 胡晖．我国国债适度规模研究［J］．商业时代，2011（26）：47-50.

[64] 胡晖．我国国债适度规模影响因素的计量分析［J］．商业时代，2011（11）：58-60.

[65] 黄立华．论欧元时代德国财政政策的困境与出路［J］．当代经理人，2005（3）：70-73.

[66] 霍尔斯，曼斯伯格．政策建模技术：CGE模型的理论与实现［M］．北京：清华大学出版社，2009.

[67] 纪凤兰，张巍．国债规模的实证分析［J］．财经问题研究，2004（7）：55-58.

[68] 季栋伟，朴明根，任烨．我国国债风险预警系统的构建及其实证检验［J］．青岛大学学报（自然科学版），2011（3）：70-76.

[69] 贾康，白景明．县乡财政解困与财政体制创新［J］．经济研究，2002（2）：3-9.

[70] 贾康，李炜光，刘军民．关于发展中国地方政府公债融资的研究［J］．经济社会体制比较，2002（5）：38-45.

[71] 贾康，刘微，张立承，等．我国地方政府债务风险和对策［J］．经济研究参考，2010（14）：2-28.

[72] 贾康，赵全厚．国债适度规模与我国国债的现实规模［J］．经济研究，2000（10）：46-54.

[73] 贾康．我国国债政策：总量扩张的同时注意结构调整与风险控制［J］．中国财政，2000（6）：16-18.

[74] 贾晓俊，顾莹博．我国各省份地方债风险及预警实证研究［J］．中央财经大学学报，2017（3）：16-24.

[75] 姜彬．从制度演进的角度考察地方财政融资与担保［J］．生产力研究，2008（12）：37-39.

[76] 姜长青．我国三次发行地方债券的历史考察——以财政体制变迁为视角［J］．金融理论与时间，2010（4）：28-33.

[77] 姜洪．日本会爆发主权债务危机吗？［J］．国际经济评论，2012（5）：140-147.

[78] 蒋枫．中国地方政府债券的分析与研究［J］．经济研究导刊，2013（19）：118-119.

[79] 蒋军成．地方政府债务研究：实证分析抑或制度重构［J］．云南财经大学学报，2013（5）：26-30.

[80] 蒋忠元．地方政府债券发行过程中的信用风险度量和发债规模研究——基于

KMV 模型分析江苏省地方政府债券［J］．经济研究导刊，2011（19）：61 – 62.

［81］金虎斌，张成虎．从欧债危机看我国地方政府债务风险的制度性缺陷［J］．世界经济与政治论坛，2015（4）：127 – 140.

［82］匡小平．论地方财政可持续性的分析方法［J］．财经理论与实践，2004（6）：77 – 80.

［83］拉尔夫·P. 郝梅尔．官僚经验：后现代主义的挑战［M］．北京：中国人民大学出版社，2013.

［84］李冬梅．开放地方公债市场促进中部地区崛起［J］．价格月刊，2006（2）：9 – 10.

［85］李红霞，刘天琦．我国不同时期地方发债模式及其异同分析［J］．东方企业文化·产业经济，2013（12）：234 – 235.

［86］李画，王颖．加快推进政府债务置换规范政府债务管理［J］．经济研究参考，2016（17）：30 – 32.

［87］李经纬．经济社会学视角中的地方政府债务风险问题［D］．上海：复旦大学，2012.

［88］李静．城投债规模、政府审计力度与经济发展水平［J］．财经问题研究，2017（11）：73 – 78.

［89］李俊生，乔宝云，刘乐峥．明晰政府间事权划分构建现代化政府治理体系［J］．中央财经大学学报，2014（3）：3 – 10.

［90］李俊生，王淑杰．论国会预算权力的实现机制：基于中美两国的比较分析［J］．宏观经济研究，2011（3）：8 – 13.

［91］李俊生，王文素．再论"财政"——"财政"渊源探究［J］．财政研究，2014（6）：8 – 13.

［92］李俊生．益格鲁 – 撒克逊学派财政理论的破产与科学财政理论的重建——反思当代"主流"财政理论［J］．经济学动态，2014（4）：117 – 130.

［93］李鹏．中国财政投融资资金运用绩效评价体系研究［D］．沈阳：辽宁大学，2013.

［94］李尚蒲，罗必良，何勤英．土地市场化是否推动城投债发行？［J］．经济评论，2017（4）：106 – 117.

［95］李塔娜．内蒙古地方政府债务风险问题研究［J］．理论研究，2013（5）：19 – 23.

［96］李亚玲．我国地方政府自主发债模式及其债务管理研究［D］．北京：财政部财政科学研究所，2013.

［97］李扬，张晓晶，常欣，汤铎铎，李成．中国主权资产负债表及其风险评估（上）［J］．经济研究，2012（6）：4 – 19.

［98］李扬，张晓晶，常欣，汤铎铎，李成．中国主权资产负债表及其风险评估（下）［J］．经济研究，2012（7）：4 – 21.

［99］李扬．国债规模：在财政与金融之间寻求平衡［J］．财贸经济，2003（1）：51 – 57，96.

[100] 李一花, 张芳洁, 亓艳萍. 地方债规模增长的一个解释框架 [J]. 当代经济科学, 2017 (3): 95 - 101, 127.

[101] 李振宁. 信用评级理论与实践 [M]. 北京: 中国金融出版社, 2015.

[102] 梁朝晖, 费兆楠, 张亮. 中国地方政府债券风险溢价研究 [J]. 首都经济贸易大学学报, 2017 (1): 12 - 17.

[103] 林双林. 中国财政赤字和政府债务分析 [J]. 经济科学, 2010 (3): 5 - 16.

[104] 林晓宁. 基于财政视角下我国地方政府债务危机再探讨 [J]. 东北师大学报 (哲学社会科学版), 2013 (1): 35 - 38.

[105] 刘瀚波. 美国地方政府破产制度探析 [J]. 经济与管理研究, 2015 (12): 99 - 108.

[106] 刘昊. 地方政府债务理论: 国内外研究比较与国内研究展望 [J]. 经济理论与经济管理, 2013 (11): 59 - 70.

[107] 刘立峰. 国债政策可持续性与财政风险的理论解析 [J]. 改革, 2002 (3): 52 - 60.

[108] 刘立峰. 我国国债政策的经济可能性 [J]. 宏观经济管理, 2002 (4): 20 - 23.

[109] 刘梅. 新《预算法》背景下地方政府债务治理思路和策略 [J]. 西南民族大学学报 (人文社科版), 2016 (10): 107 - 111.

[110] 刘楠楠, 侯臣, 钟秋波. 中国地方财政的风险研判与应对 [J]. 中国行政管理, 2017 (8): 25 - 29.

[111] 刘溶沧, 马拴友. 赤字、国债与经济增长关系的实证分析——兼评积极财政政策是否有挤出效应 [J]. 经济研究, 2001 (2): 13 - 19.

[112] 刘溶沧, 夏杰长. 中国国债规模: 现状、趋势及对策 [J]. 经济研究, 1998 (4): 14 - 21.

[113] 刘尚希, 郭鸿勋, 郭煜晓. 政府或有负债: 隐匿性财政风险解析 [J]. 中央财经大学学报, 2003 (5): 7 - 12.

[114] 刘尚希, 赵全厚, 孟艳, 等. "十二五"时期我国地方政府性债务压力测试研究 [J]. 经济研究参考, 2012 (8): 3 - 58.

[115] 刘尚希, 赵全厚. 政府债务: 风险状况的初步分析 [J]. 管理世界, 2002 (5): 22 - 32, 41.

[116] 刘尚希, 赵晓静. 中国: 市政收益债券的风险与防范 [J]. 管理世界, 2005 (3): 50 - 57.

[117] 刘尚希. 财政风险: 从经济总量角度的分析 [J]. 管理世界, 2005 (7): 31 - 39, 170.

[118] 刘尚希. 财政风险: 一个分析框架 [J]. 经济研究, 2003 (5): 23 - 31, 91.

[119] 刘尚希. 公共支出范围: 分析与界定 [J]. 经济研究, 2002 (6): 77 - 85, 96.

[120] 刘尚希. 论政府的公共主体身份与财政风险的两个层次 [J]. 现代财经 - 天津

财经学院学报，2005（6）：3 – 7.

[121] 刘尚希 . 以 "公共风险" 为导向调整公共支出的配置范围 [J]. 中国财政，2002（10）：27 – 29.

[122] 刘谊，刘星，马千真，等 . 地方财政风险监控体系的建立及实证分析 [J]. 中央财经大学学报，2004（7）：1 – 5.

[123] 娄峥嵘 . 我国公共服务财政支出效率研究 [D]. 徐州：中国矿业大学，2008.

[124] 路路，祖强 . 欧盟财政联盟前景 [J]. 天津市财贸管理干部学院学报，2012（2）：24 – 26.

[125] 罗伯特 · 齐普夫 . 市政债券运作 [M]. 叶翔，译 . 北京：清华大学出版社，1998.

[126] 罗志红，朱青 . 地方债务风险化解的国际经验：比较与借鉴 [J]. 经济研究参考，2012（52）：72 – 78.

[127] 马丹丹 . 地方政府债务风险监管研究 [D]. 兰州：兰州大学，2011.

[128] 马海涛，吕强 . 我国地方政府债务风险问题研究 [J]. 财贸经济，2004（2）：12 – 17.

[129] 马拴友 . 中国公共部门债务和赤字的可持续性分析——兼评积极财政政策的不可持续性及其冲击 [J]. 经济研究，2001（8）：15 – 24.

[130] 马斯格雷夫 . 财政理论与实践 [M]. 北京：中国财政经济出版社，2003.

[131] 马亭玉，刘泽龙 . 基于改进的 KMV 模型的地方政府债券信用风险的度量的研究 [J]. 财政金融，2012（10）：57 – 58.

[132] 马泽昊，董二磊 . 欧债危机对我国财政体制改革的启示——基于博弈论视角的分析 [J]. 财政研究，2015（1）：41 – 45.

[133] 潘琰，吴修瑶 . 地方政府可流动性资产对其偿债能力影响的实证研究 [J]. 当代财经，2017（7）：124 – 133.

[134] 潘迎喜，董素 . 地方政府性债务成因研究及治理路径 [J]. 经济研究参考，2016（19）：34 – 38.

[135] 裴育，欧阳华生 . 财政安全保障：基于地方债务风险防范的预警理论探讨 [C]：江苏省外国经济学说研究会 2007 年学术年会，南京，2007.

[136] 平新乔，白洁 . 中国财政分权与地方公共品的供给 [J]. 财贸经济，2006（2）：49 – 55，97.

[137] 齐银山，李文兴，段建强 . 高速铁路与其他运输方式客运分担率研究 [J]. 管理现代化，2010（4）：9 – 11.

[138] 钱海燕，李俊杰 . 我国地方政府债券的 "挤入效应" 与规模控制 [J]. 财政研究，2013（2）：23 – 26.

[139] 钱颖一 . 激励理论的新发展与中国的金融改革 [J]. 经济社会体制比较，1996（6）：33 – 37.

[140] 萨缪尔森 . 经济学 [M]. 第 17 版 . 北京：人民邮电出版社，2004.

［141］萨瓦斯．民营化与 PPP 模式：推动政府和社会资本合作［M］．北京：中国人民大学出版社，2015.

［142］史朝阳．经济增长视角下我国地方政府债务问题研究［D］．武汉：华中科技大学，2012.

［143］宋福铁．国债利率期限结构预测与风险管理［M］．上海：上海财经大学出版社，2008.

［144］宋立．地方公共机构债券融资制度的国际比较及启示——以美国市政债券与日本地方债券为例［J］．经济社会体制比较，2005（2）：76－83.

［145］宋立．美国的市政债券及对我国的启示［J］．宏观经济管理，2004（9）：51－52.

［146］宋立．市政收益债券：解决地方政府债务问题的重要途径［J］．管理世界，2004（2）：27－34.

［147］苏培科．拨开地方债的层层迷雾［J］．数据，2009（5）：24－25.

［148］睢党臣，李盼．我国地方政府债务问题研究——基于财政风险视角下的动态可持续性分析［J］．云南财经大学学报，2013（5）：17－25.

［149］孙玉栋，常春．政府债务风险预警机制构建［J］．中国特色社会主义研究，2014（6）：57－62.

［150］孙玉栋，刘喆，常春．我国财政审计中财政风险管理预警指标体系的构建［J］．南京审计学院学报，2013（5）：16－26.

［151］孙玉栋，孟凡达．PPP 项目管理、地方政府债务风险及化解［J］．现代管理科学，2017（5）.

［152］唐传辉，张健．探究近年地方政府债务危机的解决途径［J］．金融经济，2013（20）：121－122.

［153］托马斯·D. 林奇．美国公共预算［M］．北京：中国财政经济出版社，2002.

［154］万莎．我国地方政府债券发行风险分析——基于经济学维度的思考［J］．财经政法资讯，2010（2）：48－53.

［155］汪柱旺，谭安华．基于 DEA 的财政支出效率评价研究［J］．当代财经，2007（10）：34－37.

［156］王诚尧．试论税费分流改革［J］．税务研究，1998（10）：35－39.

［157］王光国．中国地方政府债券发展现状和发展之路的探讨［J］．时代金融，2013（4）：236.

［158］王虎．重新审视日本政府债务问题［J］．中国经贸导刊，2013（27）：17－19.

［159］王晖．熵权系数法的原理及其在综合评价中的应用［C］．中国药理学会数学药理专业委员会 2010 年度理事会暨第四届全国定量药理研究方法学研讨会论文集，2010.

［160］王建鸿，刘军，杨振．适度举债促跨越发展防范风险保稳定增长——对湖北省武汉市本级地方政府性债务管理的调查与思考［J］．财政监督，2013（7）：63－66.

［161］王立国．论我国地方政府债务风险防控机制的完善［J］．天津社会科学，2013（6）：99－103.

［162］王丽娅，余江．银行与公共部门间的风险分担与转移研究——基于 CCA 方法的分析［J］．中国投资，2008（3）：112－116．

［163］王其藩．系统动力学［M］．上海：上海财经大学出版社，2009．

［164］王其文，李善同，高颖．社会核算矩阵：原理、方法和应用［M］．北京：清华大学出版社，2008．

［165］王锐，张韶华，黎惠民．从美日经验看地方政府债券制度［J］．经济问题，2004（5）：67－69．

［166］王爽，白宇飞，王丹．欧债危机与中国地方债务风险比较研究［J］．时代金融，2012（36）：306．

［167］王庭，张婷婷．地方政府债务的状况、成因与风险化解分析［J］．铜陵学院学报，2013（5）：30－34．

［168］王婷婷，范卫国．财政责任视角下的地方债务治理：域外经验与中国路径［J］．经济体制改革，2016（6）：161－167．

［169］王维国，杨晓华．我国国债与经济增长关系的计量分析——兼论国债负担对国债经济增长效应的影响［J］．中国管理科学，2008（z1）：300－305．

［170］王维国，杨晓华．中国税收负担与经济增长关系的计量分析［J］．财经问题研究，2006（11）：74－81．

［171］王学凯，黄瑞玲．基于 KMV 模型的地方政府性债务违约风险分析——以长三角地区为例［J］．上海经济研究，2015（4）：62－69．

［172］王亚斌，王漫．论国债对经济增长的影响［J］．北方经济，2012（19）：73－74．

［173］王哲．我国地方政府性债务风险约束机制研究［D］．北京：财政部财政科学研究所，2014．

［174］王志浩，申岚，李炜，等．中国地方政府性债务规模测算［J］．金融发展评论，2013（12）：32－41．

［175］威廉·N．戈兹曼，K．哥特·罗文霍斯特．价值起源［M］．沈阳：万卷出版公司，2010．

［176］魏权龄．数据包络分析［M］．北京：科学出版社，2004．

［177］温铁军，彭辉，范堉暐，等．中央支农资金配套制度对中国乡村负债的影响：一个初步估算——以中西部地区贫困县为例［J］．中国农村经济，2009（2）：13－21．

［178］吴凯．中国地方政府性债务形成机制的动态分析——基于审计报告的研究［J］．南京审计学院学报，2013（6）：34－42．

［179］细江敦弘，长泽建二，桥本秀夫．可计算一般均衡模型导论：模型构建与政策模拟［M］．大连：东北财经大学出版社，2014．

［180］夏锦良．公债经济学［M］．北京：中国财政经济出版社，1991．

［181］肖林，马海倩．特许经营管理：城市基础设施存量资产资本化［M］．上海：格致出版社，2013．

［182］肖毅，何志强，吴宗书．货币政策对地方债发行的影响机制［J］．上海金融，

2017（8）：17－23.

[183] 肖珍. 我国地方债务风险成因与对策研究——兼论国外地方债务管理办法 [J]. 汉江师范学院学报，2012（4）：104－108.

[184] 谢国财，刘慎. 我国地方政府债务管理问题研究——以福建省为例 [J]. 中共福建省委党校学报，2013（12）：46－53.

[185] 谢虹. 地方政府债务风险构成及预警评价模型构建初探 [J]. 现代财经（天津财经大学学报），2007（7）：63－65.

[186] 谢群. 国外地方政府债券发行模式借鉴及启示 [J]. 地方财政研究，2013（6）：71－75.

[187] 谢群. 中国地方政府共同发行债券模式研究 [J]. 经济研究参考，2013（28）：55－60.

[188] 谢群. 中国未来地方债券发行模式建议 [J]. 经济研究参考，2013（42）：15－16.

[189] 谢尚行. 城镇化与地方政府债务问题探析 [J]. 当代经济，2013（22）：76－77.

[190] 谢早春. 我国国债管理存在的问题与治理策略分析 [J]. 市场研究，2013（5）：34－35.

[191] 邢少文. 地方债悬疑 [J]. 南风窗，2009（6）：35－37.

[192] 徐明亮. 我国开放地方政府债券的可行性分析与政策选择 [J]. 金融与经济，2007（7）：46－48.

[193] 徐昕. 民间收债的政治经济学——来自华南的一个收债案例 [J]. 中国制度变迁的案例研究，2005（10）：226－277.

[194] 徐元东. 我国地方政府债券的发行现状及信用风险研究 [J]. 现代商业，2012（27）：28－29.

[195] 许安拓. 地方融资平台风险：总量可控局地凸显 [J]. 中央财经大学学报，2011（10）：7－12.

[196] 薛钢. 地方政府债务诱发财政外部性问题的研究 [J]. 财政研究，2010（5）：51－53.

[197] 薛军，闻勇. 地方政府债务管理：模式选择与制度借鉴 [J]. 当代经济管理，2015（2）：87－93.

[198] 闫坤，徐鹏庆. 分税制、财政困境与地方政府转型 [J]. 改革，2015（12）：61－69.

[199] 晏露蓉，黄飞. 欧债危机与德国政府债务管理的启示 [J]. 福建金融，2011（2）：9－13.

[200] 杨华. 日本地方政府债务管理及近年来的改革动向 [J]. 首都经济贸易大学学报，2011（4）：13－17.

[201] 杨萍. 国外地方政府债券市场的发展经验 [J]. 经济社会体制比较，2004（1）：137－141.

[202] 杨宇婷. 我国国债运行风险管理研究 [D]. 北京：财政部财政科学研究所，

2014.

[203] 杨志安, 闫婷, 郭矜. 影响地方政府债务规模因素的实证分析——以辽宁省为例 [J]. 辽宁大学学报 (哲学社会科学版), 2012 (4): 79 – 83.

[204] 姚静. 内蒙古发行地方债券的实证分析及其政策建议 [J]. 新西部, 2009 (18): 33 – 34.

[205] 伊曼纽尔·德曼. 失灵: 为什么看起来可靠的模型最终都会失效 [M]. 北京: 中信出版社, 2013.

[206] 易千. 主要发达国家政府债务规模和风险问题研究 [D]. 北京: 财政部财政科学研究所, 2013.

[207] 尹恒, 叶海云. 政府债务规模的国际比较及决定因素研究 [J]. 世界经济文汇, 2006 (5): 60 – 71.

[208] 尹恒. 政府债务问题研究 [M]. 北京: 北京师范大学出版社, 2007.

[209] 尹启华, 陈志斌. 国家治理视域下我国地方政府债务管理制度的演进及启示 [J]. 当代财经, 2016 (6): 34 – 41.

[210] 尹启华, 陈志斌. 国家治理视域下我国地方政府债务管理制度的演进及启示 [J]. 当代财经, 2016 (6): 34 – 41.

[211] 余斌. 欧债危机——且看德法金融寡头如何火中取栗 [J]. 河北经贸大学学报, 2012 (3): 15 – 17.

[212] 余永定. 财政稳定问题研究的一个理论框架 [J]. 世界经济, 2000 (6): 3 – 12.

[213] 余竹旗, 胡健, 杜婷婷. 财政分权视角下我国推行地方政府债券的可行性研究 [J]. 金融发展评论, 2012 (4): 117 – 129.

[214] 俞伯阳. 我国地债发行中的困境与对策——兼论地方债 "自发自还" 问题 [J]. 经济与管理, 2016 (11): 44 – 49.

[215] 袁东, 王晓悦. 关于公债挤出效应理论的几点认识 [J]. 财政研究, 2000 (6): 7 – 11.

[216] 袁兰兰, 刘毅. 对发展我国地方政府债券的探讨 [J]. 四川财政, 1999 (7): 12 – 14.

[217] 袁战. 从欧债危机看我国的地方政府债务风险 [J]. 经济视角 (下旬刊), 2013 (9): 67 – 68.

[218] 约瑟夫·斯蒂格利茨. 公共财政 [M]. 北京: 中国金融出版社, 2007.

[219] 渣打银行. 亚洲债务大起底 [J]. 金融发展评论, 2013 (9): 23 – 47.

[220] 张丛, 曾诚. 政府债务水平与主权违约——发达经济体政府债务抗压能力分析 [J]. 债券, 2013 (7): 66 – 72.

[221] 张海星, 靳伟凤. 地方政府债券信用风险测度与安全发债规模研究——基于KMV模型的十省市样本分析 [J]. 宏观经济研究, 2016 (5): 48 – 60.

[222] 张海星. 中国地方政府债务风险分析 [J]. 宁夏社会科学, 2006 (6): 62 – 67.

[223] 张金清. 金融风险管理 [M]. 上海: 复旦大学出版社, 2009.

［224］张平，周全林．"十三五"时期我国地方政府性债务风险的预测与监控［J］.当代财经，2017（2）：22 – 30.

［225］张同功．新常态下我国地方政府债务风险评价与防范研究［J］.宏观经济研究，2015（9）：134 – 143.

［226］张文君．构建科学的地方政府债务目标管理体系［J］.江西行政学院学报，2013（4）：9 – 11.

［227］张馨．当代财政与财政学主流［M］.大连：东北财经大学出版社，2000.

［228］张徐．德国政府债务管理及其借鉴［J］.中国财政，2009（20）：70 – 71.

［229］张旭，龚睿，甘莉．基于 KMV 模型的我国地方债适度规模研究［J］.商业时代，2011（28）：45 – 46.

［230］张旭昆，李晓红．财政分权、地方政府竞争与地方债发行［J］.社会科学战线，2016（9）：62 – 70.

［231］张瑜．我国地方政府债券发行的问题分析——基于 2009 年地方债券的发行案例［J］.山西财政税务专科学校学报，2012（2）：8 – 11.

［232］张志华，周娅，尹李峰，刘谊，闫晓茗，陈志洁．日本地方政府债务管理［J］.经济研究参考，2008（62）：24 – 31.

［233］张志华，周娅，尹李峰，刘谊，闫晓茗，陈志洁．英国地方政府债务管理［J］.经济研究参考，2008（62）：18 – 23.

［234］张志华，周娅，尹李峰，吕伟，刘谊，闫晓茗．巴西整治地方政府债务危机的经验教训及启示［J］.经济研究参考，2008（22）：11 – 14.

［235］张志华，周娅，尹李峰，吕伟，刘谊，闫晓茗．波兰的地方政府债务管理［J］.经济研究参考，2008（22）：33 – 37.

［236］张志华，周娅，尹李峰，吕伟，刘谊，闫晓茗．哥伦比亚的地方政府债务管理［J］.经济研究参考，2008（22）：20 – 23.

［237］张志华，周娅，尹李峰，吕伟，刘谊，闫晓茗．国外地方政府债务的规模控制与风险预警［J］.经济研究参考，2008（22）：8 – 10.

［238］张志华，周娅，尹李峰等．德国地方政府债务管理概况［J］.经济研究参考，2008（62）：31 – 36.

［239］赵剑锋．省级地方政府性债务风险测度、分解与归因——基于 2014 省级地方债审计的因子 – 聚类分析［J］.经济经纬，2016（3）：144 – 149.

［240］赵迎春．地方政府债务风险防范研究——基于发达地区政府债务的样本分析［J］.中央财经大学学报，2006（10）：6 – 9.

［241］赵志耘，郭庆旺．论公债融资对经济增长的影响［J］.财贸经济，1997（2）：14 – 19.

［242］赵志耘，郭庆旺．我国公债融资增长的实证分析［J］.经济研究参考，1997（25）：15 – 16.

［243］郑春荣．中国地方政府债务的真正风险：违约风险之外的风险［J］.公共行政

评论，2012，5（4）：52－76.

［244］郑志勇．金融数量分析：基于 MATLAB 编程［M］．第三版．北京：北京航空航天大学出版社，2014.

［245］中国工商银行投资银行部本书组，李勇，陈振锋，等．地方政府债务风险的衡量、分布与防范［J］．金融论坛，2011（1）：14－24.

［246］中国银行本书组．把握政府与市场的边界——英国地方政府债务管理的国际镜鉴［J］．金融市场研究，2014（11）：44－52.

［247］钟永光，贾晓菁，李旭，等．系统动力学［M］．北京：科学出版社，2012.

［248］钟正生．日本会爆发主权债务危机吗？［J］．金融市场研究，2013（1）：46－55.

［249］周飞舟，赵阳．剖析农村公共财政：乡镇财政的困境和成因——对中西部地区乡镇财政的案例研究［J］．中国农村观察，2003（4）：25－37.

［250］周海赟，王晓芳．地方政府债券信用风险研究——基于改进的 KMV 模型［J］．审计与经济研究，2015（4）：95－102.

［251］周黎安．中国地方官员的晋升锦标赛模式研究［J］．经济研究，2007（7）：36－50.

［252］周雪光．"逆向软预算约束"：一个政府行为的组织分析［J］．中国社会科学，2005（2）：132－143，207.

［253］周业安．地方财政收支的国际比较［J］．财经科学，2000（3）：29－34.

［254］周业安．县乡级财政支出管理体制改革的理论与对策［J］．管理世界，2000（5）：122－132.

［255］周业安．中国制度变迁的演进论解释［J］．经济研究，2000（5）：3－11，79.

［256］朱德忠，袁星侯．公债负担：理论比较与现实思考［J］．审计与经济研究，1999（3）：64－66.

［257］朱洁，李齐云．信用风险视角下地方政府债券发行规模测算——基于 KMV 模型的实证分析［J］．中南财经大学学报，2016（2）：37－42.

［258］朱文蔚．我国地方政府性债务与区域经济增长的关系研究［D］．深圳：深圳大学，2015.

［259］朱岩．进一步加强我国地方政府债券管理［J］．中国财政，2013（21）：50－51.

［260］庄晓季．公共债务对我国实体经济发展的影响研究［D］．长春：吉林大学，2015.

外文文献

［1］Albino－War M M A, Singh M R J, Ahmad M E. Subnational public financial management: institutions and macroeconomic considerations［M］. International Monetary Fund, 2005.

［2］Alt J E, Lassen D D. Fiscal transparency, political parties, and debt in OECD countries［J］. European Economic Review, 2006, 50（6）：1403－1439.

［3］Arena M P, Roper A H. The effect of taxes on multinational debt location［J］. Journal of Corporate Finance, 2010, 16 (5): 637 – 654.

[4] Armenter R. Time-consistent fiscal policy and heterogeneous agents [J]. Review of Economic Dynamics, 2007, 10 (1): 31 – 54.

[5] Asatryan Z, Baskaran T, Grigoriadis T, Heinemann F. Direct democracy and local public finances under cooperative federalism [J]. The Scandinavian Journal of Economics, 2016.

[6] Baber W R, Gore A K, Rich K T, Zhang J X. Accounting restatements, governance and municipal debt financing [J]. Journal of Accounting and Economics, 2013, 56 (2): 212 – 227.

[7] Balaguer – Coll M T, Prior D, Tortosa – Ausina E. On the determinants of local government debt: Does one size fit all? [J]. International Public Management Journal, 2016, 19 (4): 513 – 542.

[8] Balassone F, Franco D, Zotteri S. Fiscal rules for subnational governments in the EMU context [C]. Seminarios Y Conferencias, 2003 – 10.

[9] Barro R J. Are government bonds net wealth? [J]. Journal of Political Economy, 1974, 82 (6): 1095 – 1117.

[10] Baskaran T. On the link between fiscal decentralization and public debt in OECD countries [J]. Public Choice, 2010, 145 (3 – 4): 351 – 378.

[11] Bastida F, Beyaert A, Benito B. Electoral cycles and local government debt management [J]. Local Government Studies, 2013, 39 (1), 107 – 132.

[12] Bertocchi G, Spagat M. Learning, experimentation, and monetary policy [J]. Journal of Monetary Economics, 1993, 32 (1): 169 – 183.

[13] Bierwag G O, Kaufman G G, Leonard P H. Interest rate effects of commercial bank underwriting of municipal revenue bonds : Additional evidence [J]. Banking & Finance, 1984 (8): 35 – 50.

[14] Black F. The tax consequences of long-run pension policy [J]. Journal of Applied Corporate Finance, 2006, 18 (1): 8 – 14.

[15] Bowen W E I, Jiang L. A Study of the problems for local governmental debt scale based on net assets [J]. Credit Reference, 2013 (3): 86 – 89.

[16] Brainard L, Zhuang B. Is China's local government debt a serious problem? [EB/OL]. http: //www. trustedsources. co. uk/china/macro-policy/Is-China-s-local-government-debt-a-serious-problem.

[17] Brealey R A, Myers S C. Principles of corporate finance [M]. New York: McGraw – Hill, 1991.

[18] Brixi H P. Contingent government liabilities: A hidden risk for fiscal stability [J]. World Bank Publications, 1998 (2).

[19] Brixi H P, Schick A. Government at risk: Contingent liabilities and fiscal risk [J]. World Bank Publications, 2002 (12).

[20] Buchanan J M. Public principles of public debt: A defense and restatement [M].

R. D. Irwin, 1958.

［21］ Chan A. China's hidden domestic public debt: Some perspective on the risks ［EB/OL］. http: //www. alliancebernstein. com/CmsObjectABD/PDF/EconomicPerspectives/EPAS _ 100312 _ AC. pdf.

［22］ Charnes A, Cooper W W, Rhodes E. Measuring the efficiency of decisionmaking units ［J］. European Journal of Operational Research, 1978, 12: 429 – 444.

［23］ Chen R, Li Z, Zeng L, et al. Local government debt risk assessment and future borrowing planning in the process of urbanization ［J］. Quantitative Economics and Its Development, 2016, 30 （15）: 3933 – 3948.

［24］ Cooper R, Kempf H, Peled D. Regional debt in monetary unions: Is it inflationary? ［J］. European Economic Review, 2010, 54 （3）: 345 – 358.

［25］ De Broeck M. The financial structure of government debt in OECD countries: An examination of the time-consistency issue ［J］. Journal of Monetary Economics, 1997, 39 （2）: 279 – 301.

［26］ Doi T, Hoshi T, Okimoto T. Japanese government debt and sustainability of fiscal policy ［J］. Journal of the Japanese and International Economics, 2011, 25 （4）: 414 – 433.

［27］ Dooley M P. Debt management and crisis in developing countries ［J］. Journal of Development Economics, 2000, 63 （1）: 45 – 58.

［28］ Facchini G, Testa C. Fiscal decentralization, regional inequality and bail-outs: Lessons from Brazil's debt crisis ［J］. The Quarterly Review of Economics and Finance, 2008, 48 （2）: 333 – 344.

［29］ Fanti L, Manfredi P. Chaotic business cycles and fiscal policy: An IS – LM model with distributed tax collection lags ［J］. Chaos, Solitons & Fractals, 2007, 32 （2）: 736 – 744.

［30］ Farber G. Local government borrowing in Germany ［J］. Local Public Finance in Europe: Balancing the Budget and Controlling Debt, 2002: 135.

［31］ Faulk D, Killian L. Special districts and local government debt: An analysis of "Old Northwest Territory" states ［J］. Public Budgeting & Finance, 2017, 37 （1）: 112 – 134.

［32］ Feldstein M S, Eckstein O. The Fundamental determinants of the interest rate ［J］. The Review of Economics and Statistics, 1970, 52 （4）: 363.

［33］ Fernandez – Ruiz J. Debt and incentives in a dynamic context ［J］. Journal of International Economics, 1996, 41 （1）: 139 – 151.

［34］ Fung M K, Ho W, Zhu L. Stagflationary effect of government bond financing in the transforming Chinese economy: a general equilibrium analysis ［J］. Journal of Development Economics, 2000, 61 （1）: 111 – 135.

［35］ Greer R. Three essays on local government debt ［J］. Theses and Dissertations – Public Policy Administration, 2013: 6.

［36］ Greiner A. Public debt in a basic endogenous growth model ［J］. Economic Modelling,

2012, 29 (4): 1344 – 1348.

［37］Grigorian D A, Raei F. Government involvement in corporate debt restructuring: Case studies from the great recession. ［J］. Modern Economy, 2013, 4 (3).

［38］Guscina A, Broeck M D. Government debt issuance in the Euro area: The impact of the financial crisis ［R］. IMF Working Papers, 2011: 1 – 29.

［39］Hamilton J D, Flavin M. On the limitations of government borrowing: A framework for empirical testing ［R］. NBER Working Paper No. W1632, 2004: 32.

［40］Harris S E. The National Debt and The New Economics ［M］. Seymour Edwin Harris, 1947.

［41］Hemming R. Policies to promote fiscal discipline ［J］. Fiscal Affairs Department, IMF, 2003 (s2).

［42］Herber B P. Modern public finance ［M］. Homewood: Richard D. Irwin Inc. , 1975.

［43］Huang C, Mao J. Fiscal condition and local debt scale: New findings based on the perspective of transfer payments ［J］. Finance & Trade Economics, 2015 (6): 3.

［44］Huang Y, Yan M, Chang J, et al. China beyond the miracle: The coming financial revolution ［J］. Barclays Capital Emerging Markets Research, 2011, 6.

［45］Jiang L, Xu Y. Will China's local debt crisis break out? Evidence from local government financing practice ［J］. International Journal of Business and Commerce, 2014, 3 (10): 32 – 42.

［46］Kiewiet D R, McCubbins M D. State and local government finance: The new fiscal ice age ［J］. Annual Review of Political Science, 2014 (17): 105 – 122.

［47］Kime K M. Seigniorage, domestic debt, and financial reform in China ［J］. Contemporary Economic Policy, 1998, 16 (1): 12 – 21.

［48］Lane T D. Market discipline ［J］. Staff Papers, 1993, 40 (1): 53 – 88.

［49］Leigland J, R H Thomas. Municipal bonds as alternatives to PPPs: Facilitating direct municipal access to private capital ［J］. Development Southern Africa, 1999, 16 (4).

［50］Lejour A, Lukkezen J, Veenendaal P. Sustainability of government debt in the EU: The economic crisis and the process of European integration, Brussels ［C］. European Parliament, 2010.

［51］Liang Y, Shi K, Wang L, Xu J. Local government debt and firm leverage: evidence from China ［J］. Asian Economic Policy Review, 2017, 12 (2): 210 – 232.

［52］Lin S. China's government debt: How serious? ［J］. China: An International Journal, 2003, 1 (1): 73 – 98.

［53］Li S, Liang Y. Competition model and the change of local governments' behavior-and governance of China's local government debt ［J］. Chinese Economy, 2016, 49 (3): 199 – 212.

［54］Li S, Lin S. The size and structure of China's government debt ［J］. The Social Science Journal, 2011, 48 (3): 527 – 542.

［55］Liu L. Strengthening subnational debt financing and managing risks ［J］. Review of Economic Research, 2010, 46.

［56］Lojsch D H, Rodríguez – Vives M, Slavík M. The size and composition of government debt in the euro area ［J］. ECB Occasional Paper, 2011 (132).

［57］Long L I. Comparative analysis of local government debt management ［J］. Future and Development, 2011, 7: 7.

［58］Mahdavi S. Shifts in the composition of government spending in response to external debt burden ［J］. World Development, 2004, 32 (7): 1139 – 1157.

［59］Martin F M. A positive theory of government debt ［J］. Review of economic Dynamics, 2009, 12 (4): 608 – 631.

［60］Melecky M. Formulation of public debt management strategies: An empirical study of possible drivers ［J］. Economic Systems, 2012, 36 (2): 218 – 234.

［61］Moody's Investors Service Municipal bond defaults have increased since financial crisis, but numbers remain low ［R］. Global Credit Research, 2012.

［62］Moody's Public Finance Credit Committee. U. S. municipal bond defaults and recoveries, 1970 – 2011 ［R］. Moody's Investors Service, Special Comment, 2012, 3.

［63］Moon C – G, Stotsky J G. Municipal bond rating analysis: Sample selectivity and simultaneous equations bias ［J］. Regional Science and Urban Economics, 1993 (23): 29 – 50.

［64］Mosteanu T, Lacatus C M. The municipal bonds – the cause and the effect of the local financial decentralisation growth. Romanian case ［J］. Theoretical & Applied Economics, 2008 (9): 51.

［65］Oates W E. An easy on fiscal federalism ［J］. Journal of Economic Literature, 1999, 37 (3): 1120 – 1149.

［66］Park J H. Local government reform: Is it effective on debt burdens? ［J］. Public Finance and Management, 2013, 13 (3): 195.

［67］Poterba J M. Do budget rules work? ［R］. National Bureau of Economic Research, 1996.

［68］Reinhart C M, Rogoff K S. Financial and sovereign debt crises: Some lessons learned and those forgotten ［R］. International Monetary Fund, 2013.

［69］Rivenbark W C, Roenigk D J, Allison G S. Conceptualizing financial condition in local government ［J］. Journal of Public Budgeting, Accounting & Financial Management, 2010, 22 (2): 149.

［70］Shannon C E. Communication theory of secrecy systems ［J］. Bell System Technical Journal, 1949, 28 (4): 656 – 715.

［71］Shih V. Factions matter: Personal networks and the distribution of bank loans in China ［J］. Journal of Contemporary China, 2004, 13 (38): 3 – 19.

［72］Shih V. Local government debt, Big Rock – Candy Mountain ［J］. China Economic Quarterly, 2010, 14 (2): 26 – 32.

［73］ Singh R J, Plekhanov A. How should subnational government borrowing be regulated? Some cross-country empirical evidence ［M］. International Monetary Fund, 2005.

［74］ Sylla R, Wilson J W. Sinking funds as credible commitments: Two centuries of US national-debt experience ［J］. Japan and the World Economy, 1999, 11 (2): 199 – 222.

［75］ Ter – Minassian T, Craig J. Control of subnational government borrowing ［J］. Fiscal Federalism in Theory and Practice, 1997: 156 – 172.

［76］ Tiebout C M. A pure theory of local expenditures ［J］. The Journal of Political Economy, 1956: 416 – 424.

［77］ Tsui K Y. China's infrastructure investment boom and local debt crisis ［J］. Eurasian Geography and Economics, 2011, 52 (5): 686 – 711.

［78］ Wang J, Wu C, Zhang F. Liquidity, default, taxes, and yields on municipal bonds ［J］. Banking & Finance, 2008 (32): 1133 – 1149.

后　记

　　本书是国家社科基金重点项目《中国地方政府债务形成机制与风险控制研究》的成果。课题于 2012 年中标后，课题组进行了多次实地调研和考察，与地方政府业务部门的管理者进行了深度的互动。研究中得到各方帮助的同时，也遇到了一些技术上的瓶颈。在前期的研究中遇到比较多的问题是数据的公开程度不够高，很多实证的计量由于数据因素无法得到有效的引证。伴随新的《预算法》实施和预算透明度的不断改善，同时，我国地方政府债务管理的相关制度也进一步开始规范，这为后续研究奠定了较好的基础。课题完成于 2017 年初，基于社科基金项目结项周期的原因，本书交付出版已是 2019 年的新年了！

　　本课题的研究中，我的学生常春、徐达松、孟凡达、吴哲芳、庞伟、刘喆、曾祥坤、赵晓丹、王思睿、张城彬、付佳、邹驰、郑垚等，有的发表了阶段性成果，有的基于课题的研究完成各自的学位论文。在课题结项期间，孟凡达同学做了大量的工作。在此感谢我的这些优秀的学生们。

　　感谢国家社科基金的资助，也感谢评委专家提出的意见和建议！

　　我们经历了不平凡的 2018 年，宏观经济的运行中出现了越来越多的不确定性因素。地方专项债券的发行、地方政府隐性债务的化解等问题使地方债务管理又增加了新的内容，地方政府债务管理将是个常谈常新的研究课题。我们也将持续关注！

孙玉栋

2019 年 3 月 8 日于中国人民大学求是楼